高等继续教育财经专业精品教材系列

中级财务会计
Intermediate Financial Accounting（第二版）

王 敏 主 编
王 珊 王 迅 李好香 副主编

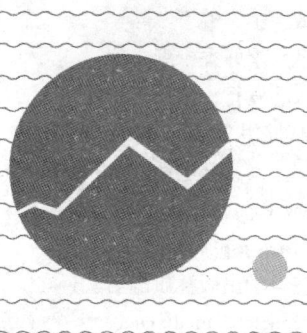

中国财经出版传媒集团
经济科学出版社
Economic Science Press

图书在版编目（CIP）数据

中级财务会计/王敏主编 . —2 版 . —北京：经济科学出版社，2020.1（2023.1 重印）

高等继续教育财经专业精品教材系列

ISBN 978 - 7 - 5218 - 1208 - 4

Ⅰ.①中… Ⅱ.①王… Ⅲ.①财务会计 - 成人高等教育 - 教材 Ⅳ.①F234.4

中国版本图书馆 CIP 数据核字（2020）第 008049 号

责任编辑：于海汛 李 林
责任校对：隗立娜 王肖楠
版式设计：齐 杰
责任印制：李 鹏

中级财务会计

（第二版）

王 敏 主编

王 珊 王 迅 李好香 副主编

经济科学出版社出版、发行 新华书店经销

社址：北京市海淀区阜成路甲 28 号 邮编：100142

总编部电话：010 - 88191217 发行部电话：010 - 88191522

网址：www.esp.com.cn

电子邮箱：esp@ esp.com.cn

天猫网店：经济科学出版社旗舰店

网址：http://jjkxcbs.tmall.com

北京季蜂印刷有限公司印装

787×1092 16 开 20.75 印张 360000 字

2020 年 1 月第 2 版 2023 年 1 月第 3 次印刷

印数：6001—10500 册

ISBN 978 - 7 - 5218 - 1208 - 4 定价：36.00 元

(图书出现印装问题，本社负责调换。电话：010 - 88191510)

(版权所有 侵权必究 打击盗版 举报热线：010 - 88191661

QQ：2242791300 营销中心电话：010 - 88191537

电子邮箱：dbts@ esp.com.cn)

前　言

党的十八大以来，以习近平同志为核心的党中央坚定不移地实施科教兴国战略和人才强国战略，党的十九大明确提出要"办好继续教育"，为落实这一要求，推动高等继续教育提质增效，内涵式发展，同时也为了适应互联网技术快速发展带来的教育领域教学模式和学习方式的新变化，山东财经大学在原有成人高等教育财经专业精品教材系列的基础上，重新组织编写制作了新的高等继续教育财经专业精品教材系列。

该系列教材的编写制作，在内容上紧扣财经类专业课程设置和教学大纲，科学、系统地涵盖了专业教学的基本内容，适用于经济、管理学科，尤其是经济学、会计学、金融学和工商管理等专业高等继续教育的教学，对指导和帮助学生获取专业基础知识和基本技能具有较强的针对性；在形式上，注重突破传统纸媒局限，将课程内容中的重点、难点等用微课的形式加以呈现，实现教师授课"一扫即现"，知识点讲解深入浅出，满足学生在学习传统网络课程的基础上利用互联网进行移动学习、远程学习、在线学习等信息化学习需求，为学生提供更直观、更便捷的学习方式。

另外，这套教材的作者都是多年从事一线教学的教师，经验丰富，了解学生的学习特点和需求，在篇章安排及体例设计方面融合了国内外相应领域优秀教材的编写方法，每章开头提示"本章要点"，结束进行"本章小结"，前后呼应，并根据章节重点内容设计相应的练习题，对知识点加以巩固，符合学生学习的认知规律。该系列教材在使用范围和地域上，具有广泛的适应性。

《中级财务会计》是本"互联网+"系列教材之一。本教材的编写以最新的会计法规制度为依据，充分吸收新发布或新修订的企业会计准则的相关内容，同时适应成人高等教育会计学专业教学要求以及与《基础会计》内容的衔接，在完整地阐述企业财务会计的基本理论、基本方法和基本技能的基础上，力求通过多种形式展现给学生，以调动学生的学习兴趣和主观能动性，避免传统教材的抽象式说教多、教材内容形式单一的缺陷。该教材具有以下特点：

（1）教材的每一章，除了开篇的"本章要点"之外，还在每章教材内容的最后，增加了"本章小结"和"本章练习题"（练习附答案），以使学生在学习了每章之后有一个前后呼应，便于总结、巩固已学过的会计知识。

（2）将每章的教学内容，根据学生的学习进度、教材内容的深入，对比较难点的或重要的学习内容，适时地划分出若干个模块，以"请你思考""请你分析""请你判断""请你一试""请你计算""请你选择"等形式，让学生自己进行独立思考，并且对每一种形式提供了相应的参考答案，以帮助验证自己所思考问题的正确与否。

（3）《中级财务会计》主要介绍企业所发生的基本经济业务的会计处理方法，为了便于学生从更深层次来理解财务会计知识，该教材还以"知识拓展"的形式，对相应的财务会计知识做了进一步地深入介绍，以使学生能够更广泛地了解财务会计发展的动态，以及更深层次的会计问题。

参加本教材编写的有：山东财经大学会计学院王敏（第1、第2、第3、第4章），山东省胸科医院王珊（第5章），山东财经大学会计学院王迅（第6、第7、第8章），山东财经大学继续教育学院李好香（第11章），对外经济贸易大学国际商学院王昭颖（第9、第10章）。本教材由王敏任主编，对全部内容进行修改和总纂；王珊、王迅和李好香任副主编。

由于时间仓促，编者水平有限，书中难免有不足之处，恳请读者批评指正。

编者
2019年12月

目 录

第1章 财务会计概述 ·················· 1
  1.1 财务会计的概念与特征 ·············· 1
  1.2 会计信息质量要求 ················ 3
  1.3 企业财务会计的计量属性 ············· 7
  本章小结 ······················ 9
  本章练习题 ····················· 10

第2章 货币资金及应收款项 ·············· 12
  2.1 货币资金 ···················· 12
  2.2 应收款项 ···················· 24
  本章小结 ······················ 36
  本章练习题 ····················· 38

第3章 金融资产 ···················· 40
  3.1 以公允价值计量且其变动计入当期损益的
      金融资产 ···················· 40
  3.2 以公允价值计量且其变动计入其他综合
      收益的金融资产 ················· 45
  3.3 以摊余成本计量的金融资产——债权投资 ····· 49
  本章小结 ······················ 55
  本章练习题 ····················· 55

第4章 存货 ······················ 58
  4.1 存货概述 ···················· 58
  4.2 原材料存货 ··················· 60
  4.3 其他存货 ···················· 77

4.4　存货的期末计量与清查 …………………………………………… 87
本章小结 ………………………………………………………………… 95
本章练习题 ……………………………………………………………… 95

第5章　长期股权投资 ………………………………………………… 99

5.1　长期股权投资概述 …………………………………………………… 99
5.2　长期股权投资成本法 ………………………………………………… 105
5.3　长期股权投资权益法 ………………………………………………… 107
5.4　长期股权投资的减值 ………………………………………………… 116
本章小结 ………………………………………………………………… 117
本章练习题 ……………………………………………………………… 118

第6章　固定资产 ……………………………………………………… 121

6.1　固定资产概述 ………………………………………………………… 121
6.2　固定资产的初始计量 ………………………………………………… 123
6.3　固定资产的后续计量 ………………………………………………… 130
6.4　固定资产的处置和清查 ……………………………………………… 140
本章小结 ………………………………………………………………… 144
本章练习题 ……………………………………………………………… 145

第7章　无形资产及其他资产 ………………………………………… 148

7.1　无形资产概述 ………………………………………………………… 148
7.2　无形资产的核算 ……………………………………………………… 153
7.3　其他资产 ……………………………………………………………… 165
本章小结 ………………………………………………………………… 166
本章练习题 ……………………………………………………………… 167

第8章　负债 …………………………………………………………… 169

8.1　负债概述 ……………………………………………………………… 169
8.2　流动负债 ……………………………………………………………… 172
8.3　非流动负债 …………………………………………………………… 199
本章小结 ………………………………………………………………… 208
本章练习题 ……………………………………………………………… 210

第9章　所有者权益 …………………………………………………… 213

9.1　所有者权益概述 ……………………………………………………… 213

9.2 实收资本和其他权益工具 …………… 215
9.3 资本公积和其他综合收益 …………… 221
9.4 留存收益 …………………………………… 226
本章小结 ………………………………………… 231
本章练习题 ……………………………………… 232

第10章 收入、费用和利润 …………… 235

10.1 收入 ……………………………………… 235
10.2 费用 ……………………………………… 263
10.3 利润 ……………………………………… 267
本章小结 ………………………………………… 273
本章练习题 ……………………………………… 274

第11章 财务报告 …………………………… 278

11.1 财务报告概述 …………………………… 278
11.2 资产负债表 ……………………………… 280
11.3 利润表 …………………………………… 290
11.4 现金流量表 ……………………………… 298
11.5 所有者权益变动表 ……………………… 308
11.6 财务报表附注 …………………………… 312
本章小结 ………………………………………… 315
本章练习题 ……………………………………… 316

练习题答案 ……………………………………… 320

参考文献 ………………………………………… 324

第 1 章 财务会计概述

本章要点

◇ 了解财务会计的基本特征
◇ 熟悉会计信息质量要求
◇ 理解财务会计的计量属性

1.1 财务会计的概念与特征

1.1.1 会计的概念

会计是什么？会计既是一门应用技术，也是一种服务活动，其功能在于提供一个单位会计主体的量化信息。

只要有经济活动，人们就会有对会计的需求；因为在经济活动中，资源是有限的，人们总是尽可能地用最少的消耗获得最大的效益。为此就必须对物质生产的耗费与产出进行计量、记录与比较。而会计作为其重要的工具随之产生、发展并不断完善。

会计，是以货币为主要计量单位，反映和监督一个单位经济活动的一种管理活动。会计的过程，是按照会计规范确认、计量、记录、报告经济信息的过程。

确认，是指按照会计规范，判定某项经济活动是否应当作为会计信息记录，作为什么会计要素记录，以及何时记录的会计程序。

计量，是指对确认的会计信息其金额的描述，也就是说，计量解决如何度量并以多少度量单位进行记录的问题。

记录，是指对经过确认和计量的会计信息，按照既定的会计方法在凭证、账簿等会计信息载体中进行的登记。

报告，是指在确认、计量、记录的基础上，将会计信息以财务报表的形式，提供给会计信息使用者。

请你分析：甲公司于 2014 年 7 月 20 日购买一批原材料 100 公斤，价款共计 20 万元，其中当日支付 15 万元，其余 5 万元双方约定待年底结算。请你根据以上所学知识，尝试一下分析该业务。你能区分确认、计量与记录的各自内容吗？

答案提示：属于确认的内容包括：（1）该业务需要会计人员记录；（2）该业务应分别作为存货（原材料）、银行存款、应付账款记录；（3）该业务应当于 2014 年 7 月 20 日记录。

属于计量的内容包括：对上述确认的存货（原材料）、银行存款、应付账款记录，应分别计量为：（1）存货：数量 100 公斤，金额 20 万元；（2）银行存款：15 万元；（3）应付账款：5 万元。

属于记录的内容包括：（1）编制会计凭证（记账凭证）；（2）登记存货、银行存款、应付账款明细账或日记账；（3）登记总账。

财务会计的功能是什么？

1.1.2　财务会计的特征

财务会计是在传统会计的基础上发展起来的。所谓财务会计，是指立足于一定的会计主体，主要通过货币表现形式，运用确认、计量、记录和报告等程序，以会计规范为依据，提供一切有助于信息使用者进行决策所需要的信息。

现代会计主要有两大分支：财务会计和管理会计；其中，财务会计为外部使用者提供信息，而企业的管理者则利用管理会计帮助其经营。财务会计信息和管理会计信息，既互相配合、互相渗透，又互相利用。特别是成本会计的存在，它作为一座"桥梁"，有机地把财务会计和管理会计紧密地联系在一起。虽然如此，财务会计和管理会计均有各自特定的目标与相应的处理程序与方法，从而形成不同的系统结构。

管理会计和财务会计的区别可以通过表 1-1 进行对比。

财务会计是为外部使用者提供会计信息的，尽管会计信息使用者的要求有多方面，但会计信息至少应当可比，否则就无法通过会计信息的比较发现企业之间的差别，因此，迫切需要一套社会公认的统一的会计标准来规范其行为。在这种情况下，会计准则应运而生。

表1-1 财务会计与管理会计比较

比较项目	会计分支	
	财务会计	管理会计
1. 是否存在权威会计准则制约	是	否
2. 提供信息侧重的时间框架	过去	现在和未来
3. 提供信息的范围	主要是公司整体的财务信息	分部、责任中心和整个公司
4. 信息和类型	基本上是财务信息	既有数量信息,也有质量信息
5. 报表的安排	基本是面向企业外部投资者和债权人的需要,有会计准则规范	取决于公司具体情况,面向已决定的专门决策
6. 面向对象	外部	内部

企业会计准则是指约束企业财务会计行为,指导财务报表的规范。2006年2月15日,我国发布了包括《企业会计准则——基本准则》和38项具体准则在内的企业会计准则体系,2006年10月30日,又发布了企业会计准则应用指南,从而实现了我国会计准则与国际财务报告准则的实质性趋同。2014年和2017年财政部在38项具体准则基础上又陆续颁布了4项具体的企业会计准则。所以截至目前,我国共有42项具体的企业会计准则,同时对某些已颁布的会计准则进行了修订。如职工薪酬、长期股权投资等。

我国企业会计准则体系由基本准则、具体准则、会计准则应用指南和解释公告等组成。其中基本准则统驭具体准则的制定,为会计实务中出现的并且具体准则尚未规范的新问题提供会计处理依据。具体会计准则则是在基本准则基础上,对具体交易或者事项进行会计处理的规范;应用指南是对具体准则的一些重点难点问题做出的操作性规定,以利于会计准则的贯彻落实和指导实务操作;解释公告是随着企业会计准则的贯彻实施,就实务中遇到的实施问题而对准则做出的具体解释或补充说明。

1.2 会计信息质量要求

会计最重要的目标就是为会计信息使用者提供有用的会计信息。有用的会计信息才是高质量的会计信息。什么是高质量的会计信息?

我国会计准则体系的建立

按照我国企业会计准则的规定,有用的、高质量会计信息应当具备以下特征:

1.2.1 可靠性

所谓可靠性,就是要求企业应当以实际发生的交易或事项为依据进行确认、计量和报告,如实反映符合确认和计量要求的各项会计要素及其他相关信息,保证会计信息真实可靠、内容完整。

如果企业的会计核算不是以实际发生的交易或事项为依据,没有如实地反映企业的财务状况、经营成果和现金流量,会计工作就失去了存在的意义,甚至会误导会计信息使用者,导致决策的失误。但是可靠性并不意味着会计信息绝对真实、数字绝对精确,因为经济活动中,存在许多内在的不确定性,它需要会计人员进行相应的职业判断,如坏账损失的估计,固定资产使用年限及残值的估计等,所以,绝对真实地反映某个企业的财务状况和经营成果的会计数据是不可能存在的。

1.2.2 相关性

所谓相关性,就是要求企业提供的会计信息应当与投资者等财务报告使用者的经济决策需要相关,有助于投资者等财务报告使用者对企业过去、现在或者未来的情况做出评价或者预测。如果会计信息提供以后,没有满足会计信息使用者的需要,对会计信息使用者的决策没有什么作用,就不具有相关性。可见,会计信息质量的相关性要求,需要企业在提供会计信息过程中,充分考虑会计信息使用者进行决策的信息需要。

在正常情况下,会计信息可以达到相关性和可靠性的统一,但两者有时也可能出现矛盾。例如,历史成本计量可以验证实际交易的会计信息数据,它具有高度的可靠性,然而在价格变动情况下却不能反映当前的财务状况和经营成果的现行价值,而这样就与信息使用者的具体决策需要不相关。这时,相关性和可靠性就存在着矛盾。所以为了提高会计信息的质量,就需要通过综合分析,实现相关性和可靠性的最佳结合。

知 识 拓 展

会计信息的相关性具有反馈价值、预测价值和时效性三个基本特征。其中反馈价值是指投资者在获得相关会计信息后，有助于肯定或者修正某些以前的预测或认识；预测价值是指投资者在获得相关会计信息后可以用于预测未来的结果；时效性是指会计信息的获得必须及时，因为等到决策作出后才能获得的会计信息是没有用的。

1.2.3 可理解性

所谓可理解性，就是要求企业提供的会计信息应当清晰明了，便于投资者等财务报告使用者理解和使用。只有这样才能提高会计信息的有用性，实现财务报告的目标，满足向投资者等财务报告使用者提供决策有用信息的要求。

1.2.4 可比性

所谓可比性，就是要求企业提供的会计信息应当相互可比，即：同一企业不同时期可比；不同企业相同会计期间可比。

为了确保会计信息具有可比性，就需要不同企业在同一会计期间发生的相同交易或事项采用一致的会计政策，或者同一企业在不同会计期间发生的相同交易或事项采用一致的会计政策，采用的会计政策不得随意变更。

1.2.5 实质重于形式

所谓实质重于形式，就是要求企业应当按照交易或者事项的经济实质进行会计确认、计量和报告，不仅仅以交易或者事项的法律形式为依据。

一般情况下，企业发生的交易或事项，其经济实质和法律形式是一致的。但有些时候两者也会存在差异。在这种情况下，会计更加强调以经济实质为重。例如，同样是销售的形式，有些是真实的销售，而有些销售实质上却是融资；还例如，同样是租赁合同，就需要判断是经营租赁还是融资租赁。

请你分析：如果甲公司按照销售合同销售商品给乙企业，同时又与乙企业签订了售后回购协议（回购价高于前销售价），请你根据实质重于形式的信息质量要求分析甲公司是否应当确认销售收入？

答案提示：在这种情况下，虽然从法律形式上甲公司实现了收入，但是由于甲公司并没有最终将商品控制权转移给乙企业，没有满足收入确认的各项条件，这样即使甲公司与乙企业签订了销售合同甚至已将商品交付给乙企业，甲公司仍不应当确认销售收入，因为从本质上它是一种融资活动。

1.2.6 重要性

所谓重要性，就是要求企业提供的会计信息应当反映与企业财务状况、经营成果和现金流量有关的所有重要交易或者事项。

重要性是相对的，对不同企业，某一交易的重要性可能不一样，即使对于同一企业来说，在不同的发展时期，一项交易的重要性也有区别。重要性没有一个明确定义的数字起点，它需要依靠会计人员的主观判断。一般来说，交易的金额、规模或者交易的性质是判断一项交易是否重要的几个关键因素。

1.2.7 谨慎性

所谓谨慎性，就是要求企业对交易或者事项进行会计确认、计量和报告时保持应有的谨慎，不应高估资产或者收益、低估负债或者费用。

谨慎性反映了企业在面临不肯定的变化时，会计人员对其承担的责任所秉持的一种保守的态度，而这种态度是非常必要的，因为它可以在一定程度上抵消管理当局通常持有的过于乐观的态度所可能导致的危险。另一方面，因为会计人员的谨慎，稳健、保守的财务数据也更适应保护相关利益者的需要。例如，低估的资产价值实际上为债权人提供了更多的保障。目前我国企业会计准则中对许多资产规范了计提减值损失的会计处理，如应收款项估计坏账损失，对存货估计跌价损失，对长期投资估计减值等，都是谨慎性的具体运用。

但是，谨慎性的运用不意味着滥用，企业不能以谨慎性为手段来达到蓄意操纵利润等目的。

1.2.8 及时性

所谓及时性，就是要求企业对于已经发生的交易或者事项，应当及时进行确认、计量和报告，不得提前或拖后。

请你判断： 2013年末，甲公司对应收账款按其年末余额的10%计提了坏账准备10万元。2014年，甲公司应收账款余额为200万元。鉴于 2014 年经营情况良好,回款率高,为分散以后年度财务风险,甲公司董事会决定将坏账准备提取比例由上年的 10% 提高到 50%。请你分析判断一下甲公司的做法合理吗?为什么?

答案提示:显然,甲公司的做法是不正确的,实属滥用谨慎性原则。坏账准备提取比例由上年的 10% 提高到 50% 的前提必须是有证据表明甲公司 2014 年及以后应收账款回款率不高的情况。而甲公司出于"分散以后年度财务风险"之目的提高提取比例显然是错误的,属于对谨慎性的滥用。

请你分析:企业将劳动资料划分为固定资产和低值易耗品,是基于什么会计信息质量要求?

答案提示:是基于重要性。重要性要求企业在进行会计核算时,要考虑经济业务本身的性质和规模,根据特定的经济业务对经济决策影响的大小来选择合适的会计方法和程序。

请你分析:"根据会计信息质量的可比性要求,某一会计主体前后期使用的会计处理方法必须一致,不得变更"。请问这句话正确吗?为什么?

答案提示:不正确。同一企业不同时期发生的相同或者相似的交易或事项,应当采用一致的会计政策,不得随意变更。但是确需变更的(变更可能会提高会计信息质量),应当在会计报表附注中说明。

1.3 企业财务会计的计量属性

每一个被确认的项目要成为会计上的某一项要素,必须符合会计要素的质与量两个方面。被确认的项目应具有可计量的属性。可计量性主要是指用货币计量。对确认来说,计量是财务会计的一个重要程序,而计量又是确认的基本标准之一,即使一个项目符合会计要素的定义,但如果不能可靠计量,也不应予以确认。如企业自创的商誉、人力资源等就不能确认为资产,因为它不能满足可计量性、可靠性和相关性的要求。

会计计量属性主要包括:

1.3.1 历史成本

在历史成本计量下,资产按照购置时支付的现金或者现金等价物的金额，或者按照购置资产时所付出的对价的公允价值计量。负债按照因承担现时义务而实际收到的款项或者资产的金额，或者承担现时义务的合同金额，或者按照日常活动中为偿还负债预期需要支付的现金或者现金等价物的金额计量。

1.3.2　重置成本

在重置成本计量下，资产按照现在购买相同或者相似资产所需支付的现金或者现金等价物的金额计量。负债按照现在偿付该项债务所需支付的现金或者现金等价物的金额计量。

1.3.3　可变现净值

在可变现净值计量下，资产按照其正常对外销售所能收到现金或者现金等价物的金额扣减该资产至完工时估计将要发生的成本、估计的销售费用以及相关税费后的金额计量。

1.3.4　现值

在现值计量下，资产按照预计从其持续使用和最终处置中所产生的未来净现金流入量的折现金额计量。负债按照预计期限内需要偿还的未来净现金流出量的折现金额计量。

1.3.5　公允价值

在公允价值计量下，公允价值是市场参与者在计量日发生的有序交易中，出售一项资产所能收到或者转移一项负债所需支付的价格，即脱手价格。

在各种会计要素计量属性中，历史成本通常反映的是资产或者负债过去的价值，而重置成本、可变现净值、现值以及公允价值通常反映的是资产或负债的现时成本或现时价值。至于如何选择计量属性要视具体主体、具体要素项目经过具体分析后才能确定。一般来说，企业应当采用历史成本。

请你判断 1：甲公司拥有以下资产，根据所学知识，判断它们是以何种属性进行计量的。

（1）上月购买一办公房屋，支付的价款中包括：买价款为 200

万元，增值税款 26 万元，其他杂费为 3 万元。

（2）去年所购并待售的一批商品，原成本价为 8 万元；因市场不利因素影响，当前的销售价格已经降为 7.5 万元，并且短期内没有回升的可能。

（3）公司欲购买一块土地，经与卖方（乙公司）讨价还价，甲公司开始出价 4 000 万元，乙公司还价 4 800 万元，最终甲公司以 4 600 万元支付了款项。

答案提示：对于（1），甲公司应按历史成本计量，即为取得该房屋（固定资产）所付出的全部代价共计 203 万元（增值税 26 万为价外税，需单列）；对于（2），甲公司应按可变现净值计量。虽然该批商品（库存商品）的历史成本为 8 万元，但由于其价格已经下降，且无上升的可能，故甲公司对该批商品出于相关性、谨慎性等的考虑，均应采用可变现净值计量属性。对于（3），该块土地价值应以历史成本计量，即为 4 600 万元。

请你判断 2：会计的五大计量属性中，是否仅仅指的是资产的计量属性？

答案提示：会计的五大计量属性中，除了可变现净值仅仅指的是资产（存货）的计量属性外，其他均为相关资产和负债的计量属性。

知 识 拓 展

历史成本和公允价值都是以市场价格为基础的。但是历史成本作为对过去的市场价格所包含的风险和报酬已经被固定为一个已知数，因此它具有可以令人信赖的可靠性。但是市场是千变万化的，历史成本在反映不确定性和风险方面因固定而不现实，在这方面它不如公允价值，因此它缺乏对决策的相关性，而公允价值因每期必须进行新起点的计量，从而能够反映当期考虑到的不确定性和风险的市场价格。所以公允价值的计量对于会计信息使用者来说，要比历史成本更加相关。

本 章 小 结

1. 财务会计的基本特征。现代会计主要有两大分支，即财务会计和管理会计。其本质都属于经济信息系统，但两者都各有各自的主要信息使用者，对信息有着不同的要求，其中，财务会计为外部使用者提供信息，而企业的管理者则利用管理会计帮助其经营。

2. 会计信息质量要求。会计信息质量要求是评价企业会计信息有用性的具体标准。在国外（尤其是美国）会计文献中，会计信息特征也称为会计信息质量特征。根据我国《企业会计准则——基本准则》的规定,会计信息质量要求体现在八个方面:可靠性、相关性、可理解性、可比性、实质重于形式、重要性、谨慎性、及时性。其中,首要的质量要求包括可靠性、相关性、可理解性、可比性;次要的质量要求包括实质重于形式、重要性、谨慎性、及时性。

3. 财务会计的计量属性。财务会计不仅要说明一个企业经营活动及其经营结果,而且要定量描述这一活动和结果,会计的计量总是与货币相结合。究竟在何种情况下采用什么属性,主要是要看计量对象的特点。历史成本之所以能够成为财务会计的主要计量属性,其根本原因是由于财务会计本质上是对一个企业经营活动的历史进行量化的描述有关,因所描述的项目都是已发生的交易或事项所引起,所以具有确定性,是一个已知数,反映了历史的经济实质。除了历史成本计量属性以外,会计上还有重置成本、可变现净值、现值、公允价值。

本章练习题

一、复习思考题

1. 会计的两大分支是什么?其主要区别体现在几方面?
2. 试述会计要素计量及其应用原则。
3. 简述我国企业会计准则体系。

二、选择题（含单项选择或多项选择,后同）

1. 关于会计的基本特征有很多,但不包括（　　）。
    A. 会计既是一种经济管理活动,也是一个经济信息系统
    B. 会计以货币作为主要计量单位并具有核算和监督的基本职能
    C. 会计具有一系列专门的方法
    D. 会计具有数据性、完整性、精确性、目的性和有效性

2. 会计核算是以货币为主要计量单位,如实反映特定主体的财务状况、经营成果（或运营绩效）和现金流量等信息。会计核算的重要环节包括（　　）。
    A. 会计确认与计量　　　　　　B. 会计确认与报告
    C. 会计确认、计量与报告　　　D. 会计确认、分析与报告

3. 企业提供的会计信息应当清晰明了,便于财务报告使用者的理解和使用。这个概念属于（　　）。
    A. 谨慎性　　　　　　　　　　B. 可理解性
    C. 实质重于形式　　　　　　　D. 相关性

4. 会计信息质量中的谨慎性,要求企业在对交易或事项进行确

认、计量和报告时保持应有的谨慎,即( )。
    A. 不高估资产   B. 不高估收益
    C. 不低估负债   D. 不低估费用

5. 会计信息质量要求中的可比性,要求企业提供的会计信息应当相互可比。即( )。
    A. 同一企业前后各期所采用的会计处理方法和程序应当一致
    B. 各企业之间不同会计各期所采用的会计处理方法和程序应当一致
    C. 各企业之间在相同会计期间会计指标的口径一致,相互可比
    D. 同一企业在相同会计期间会计指标的口径一致,相互可比

三、判断题

1. 会计作为一种商业语言,其主要采用的计量单位是货币。 ( )

2. 尽管财务会计与管理会计存在许多的不同,但两者都属于会计信息系统。 ( )

3. 财务会计具有反映和监督两项基本职能,至于管理会计,则把传统的职能扩大到了预测、控制、分析评价等职能方面。 ( )

4. 企业会计准则体系包括企业会计基本准则、企业会计具体准则。 ( )

5. 企业以5万元的价格买到了一项在别处需要花费6万元的资产。那么这项资产的价值应当计量5万元,因为这是现值计量的要求所在。 ( )

第 2 章 货币资金及应收款项

本章要点

◇ 清楚有关货币资金的基本管理规定
◇ 熟悉常见的银行转账方式
◇ 掌握货币资金及各种应收款项的基本会计处理，主要包括：
　(1) 货币资金的清查
　(2) 应收票据的取得、到期及转让
　(3) 应收账款的具体确认和计量
　(4) 其他应收款的基本会计处理
　(5) 应收款项的减值

2.1 货币资金

货币资金是指处于货币形态的资产。企业的货币资金是交易的媒介和会计计量的基础，货币资金可以直接用于交换各种形态的其他资产和偿还有关负债，它在整个流动资产中流动性最强。

根据货币资金的存放地点或表现形式不同，货币资金一般分为三个部分：库存现金、银行存款和其他货币资金。

2.1.1 库存现金

库存现金是指存放于企业财会部门、由出纳人员经管的货币。库存现金是企业流动性最强的资产，企业应当严格遵守国家有关库存现金管理制度，正确进行库存现金收支的核算，监督库存现金使用的合法性与合理性。

1. 现金的管理规定

国务院于1988年颁布了《中华人民共和国现金管理暂行条例》，根据该管理条例，企业只能在规定的范围内使用库存现金，在经批准的限额内保留一定数额的现金。

（1）现金的使用范围。按照国务院颁布的《中华人民共和国现金管理暂行条例》的规定，企业可以用库存现金支付的款项有：

①职工工资、津贴；

②个人劳动报酬；

③根据国家规定颁发给个人的科学技术、文化艺术、体育等各种奖金；

④各种劳保、福利费用以及国家规定的对个人的其他支出等；

⑤向个人收购农副产品和其他物资的价款；

⑥出差人员必须随身携带的差旅费；

⑦结算起点（1 000元）以下的零星支出；

⑧中国人民银行确定需要支付现金的其他支出。

除以上情况可以使用库存现金支付外，其他款项的支付均应通过银行进行转账结算。

请你判断：以下哪笔业务可能会影响现金的金额发生变化？

1. 购买生产用原料30 000元；
2. 本单位购买办公用品120元；
3. 为宣传本企业产品，发生邮寄费78元；
4. 从银行提取3 000元现金备用。

答案提示：第2、3、4笔业务会影响现金的金额变化。第1笔业务数额较大，一般应通过银行转账。

（2）库存现金的限额。一个单位究竟存放多少库存现金合适？根据有关规定，每一个单位存放的库存现金数额应能够保证该单位日常零星开支的需要，这个允许单位留存现金的最高数额，就是现金的限额。

现金的限额由开户银行根据单位的实际需要核定，一般按照单位3~5天的日常零星开支的需要确定，边远地区和交通不便地区开户单位的库存现金限额，可按多于5天但不超过15天的日常零星开支的需要确定。核定后的现金限额，开户单位必须严格遵守，超过部分应于当日业务终了前存入银行。需要增加或减少现金限额的单位，应向开户银行提出申请，由开户银行核定。

（3）库存现金收支的规定。企业在经营过程中，经常会有一些现金收入，例如企业向个人销售商品的销货款收入，职工出差的差旅费，等等。按照规定，开户单位收入的现金应于当日送存开户银行，当日送存确有困难的，由开户银行确定送存时间。企业在经营过程中，对于一些收付现金的情况，必须按照以下规定正确执行：

①开户单位支付现金，可以从本单位库存现金中支付或从开户银行提取，不得从本单位的现金收入中直接支付，即不得"坐支"现金，因特殊情况需要坐支现金的单位，应事先报经有关部门审查批准，并在核定的范围和限额内进行，同时，收支的现金必须入账。

②开户单位从开户银行提取现金时，应如实写明提取现金的用途，由本单位财会部门负责人签字盖章，并经开户银行审查批准后予以支付。因采购地点不确定、交通不便、抢险救灾及其他特殊情况必须使用现金的单位，应向开户银行提出书面申请，由本单位财会部门负责人签字盖章，并经开户银行审查批准后予以支付。

③做到几不准：不准用不符合国家统一会计制度的凭证顶替库存现金，即不得"白条顶库"；不准谎报用途套取现金；不准用银行账户代其他单位和个人存入或支取现金；不准用单位收入的现金以个人名义存入储蓄；不准保留账外公款，即不得"公款私存"，不准设置"小金库"等。

企业如果违反以上规定，银行将按照违规金额的一定比例予以处罚。

2. 库存现金的核算

为了总括地反映企业库存现金的收入、支出和结存情况，企业应当设置"库存现金"账户，该账户属于资产类账户，其借方登记现金的增加，贷方登记现金的减少，期末余额在借方，反映企业实际持有的库存现金的金额。企业内部各部门周转使用的备用金，可以单独设置"备用金"或"其他应收款"科目进行核算。

企业应当设置现金总账和现金日记账，分别进行企业库存现金的总分类核算和明细分类核算。

现金日记账由出纳人员根据收付款凭证，按照业务发生顺序逐笔登记。每日终了，应当在现金日记账上计算出当日的现金收入合计额、现金支出合计额和结余额，并将现金日记账的账面结余额与实际库存现金额相核对，保证账款相符；月度终了，现金日记账的余额应当与现金总账的余额核对，做到账账相符。

企业应当按规定于每日终了进行现金的清查，现金的清查一般采用实地盘点法，对于清查的结果应当编制现金盘点报告单，列明现金账存额、现金实存额、差异额及其原因,对无法确定原因的差异,应及时报告有关负责人。现金的清查如果发现有现金短款或溢余,应先通过"待处理财产损溢"账户核算,并按照管理权限报经批准后,分别以下情况处理:

(1) 如为现金短缺,属于应由责任人赔偿或保险公司赔偿的部分,计入其他应收款;属于无法查明的其他原因,计入管理费用。

(2) 如为现金溢余,属于应支付给有关人员或单位的,计入其他应付款;属于无法查明原因的,计入营业外收入。

【例 2–1】2014 年 8 月 3 日,甲公司的会计人员在核对当日的现金日记账时,发现账户结余数比实际库存数多计 270 元。后于 2014 年 8 月 6 日查清,现金短缺是因为出纳员工作责任心不强原因造成的丢失,故,责其照价赔偿。对此,甲公司的相关会计处理如下:

(1) 2014 年 8 月 3 日,记录发现的现金短缺,编制会计分录如下:

借:待处理财产损溢——待处理流动资产损溢　　　270
　　贷:库存现金　　　　　　　　　　　　　　　　270

(2) 2014 年 8 月 6 日,记录查明现金短缺原因及处理决定,编制会计分录如下:

借:其他应收款(或:库存现金)　　　　　　　　270
　　贷:待处理财产损溢——待处理流动资产损溢　　270

请你判断:承上例,如果短缺数额经批准,作为本企业损失处理,你能编制什么样的会计分录?

答案提示:如果短缺数额经批准,作为本企业损失处理,正确的会计分录如下:

借:管理费用　　　　　　　　　　　　　　　　　270
　　贷:待处理财产损溢——待处理流动资产损溢　　270

请你判断:承上例,如果短缺数额经查,实属清查人员粗心,即:漏点了 270 元库存现金(实际账实相符)。对此,你该如何编制正确的会计分录?

答案提示:正确的会计分录如下:

借:库存现金　　　　　　　　　　　　　　　　　270
　　贷:待处理财产损溢——待处理流动资产损溢　　270

请你回答:企业的库存现金是定期清查吗?多久清查一次?

答案提示:企业的库存现金是定期清查,每日清查一次。

知 识 拓 展

现金的流动性决定了现金内部控制的必要性。除了个人的道德与法制观念的建立之外，一个企业必须强调加强现金的内部控制，要严格现金内部控制的措施与手段，建立健全现金的内部控制制度，以防止现金的丢失、被盗以及违法乱纪行为的发生，以保持现金流动的合理性、安全性，提高现金的使用效果与获利能力。现金的内部控制包括以下几个方面：

（1）实行职能分开原则；

（2）现金收付的交易必须有合法的原始凭证；

（3）建立收据和发票的领用制度；

（4）加强对现金的监督与检查；

（5）企业的出纳人员应定期进行轮岗。

2.1.2 银行存款

1. 银行存款的有关管理规定

银行存款是指企业存入银行或其他金融机构的各种款项。根据中国人民银行的规定，所有企业必须遵循《银行账户管理办法》的规定，开立存款账户。企业可以开立的银行存款账户包括：

（1）基本存款账户；

（2）一般存款账户；

（3）临时存款账户；

（4）专用存款账户。

按照规定，企业发放工资、奖金等需要支取的现金，只能通过基本存款户办理。一般存款户是企业为了业务方便在银行或金融机构开立的基本存款户以外的账户，该类账户主要用于银行存款的转存以及与开立基本存款账户的企业不在同一地点的附属非独立核算的单位开立的账户，按规定，企业可以通过一般存款户办理转账结算和现金缴存，但不得支取现金。临时存款户是因企业的临时业务活动需要而开立的暂时性账户，企业可以通过此类账户办理转账结算以及按照现金管理的规定办理现金收付。专用存款户是企业因特定用途需要开立的具有特定用途的账户。

根据银行账户管理的有关规定，一个企业只能选择一家银行的一个营业机构开立一个基本存款户，不得在多家银行机构开立基本存款户，也不得在同一家银行的几个分支机构开立多个一般存款户。

在我国，现金开支范围以外的各项款项收付，都必须通过银行办理转账结算。转账结算方式在我国主要有银行汇票、银行本票、支票、商业汇票、汇兑、委托收款、托收承付、信用卡、信用证等。

(1) 银行汇票结算方式。银行汇票是出票银行签发的，由其在见票时按照实际结算金额无条件支付给收款人或者持票人的票据。银行汇票的出票银行为银行汇票的付款人。单位和个人各种款项结算，均可使用银行汇票。银行汇票可以用于转账，填明"现金"字样的银行汇票也可以用于支取现金。

银行汇票的出票和付款，全国范围限于中国人民银行和各商业银行参加"全国联行往来"的银行机构办理。银行汇票结算方式通常适用于异地付款的交易，尤其是先收款后发货或者钱货两清的商品交易。

银行汇票的基本业务流程：申请人使用银行汇票，应向出票银行填写"银行汇票申请书"，银行受理银行汇票申请书，收妥款项后签发银行汇票，并用压数机压印出票金额，然后将银行汇票和解讫通知一并交给汇款人（申请人）；申请人取得银行汇票后即可持银行汇票向填明的收款单位办理结算；收款企业在收到付款单位送来的银行汇票时，应当在出票金额以内，根据实际需要的款项填写进账单，办理结算；银行审核无误后，办理转账；银行汇票及其相关单证经过传递后，最终结清汇票款项及余额。

银行汇票结算方式的相关会计处理见【例 2-3】。

(2) 银行本票结算方式。银行本票是银行签发的，承诺自己在见票时无条件支付确定金额给收款人或者持票人的票据。单位和个人在同一票据交换区域需要支付各种款项，均可以使用银行本票。银行本票可以用于转账，注明"现金"字样的银行本票可以用于支取现金。银行本票结算方式多用于在同一票据交换区域内支付的各种款项。

银行本票的基本业务流程：申请人使用银行本票，应向银行填写"银行本票申请书"，由银行签发银行本票；申请人取得银行本票后，即可向填明的收款单位（或个人）办理结算；收款方在收到银行本票时，应该在提示付款时在本票背面"持票人向银行提示付款签章"处加盖预留银行印鉴，同时填写进账单，连同银行本票一并交开户银行转账，最终结清银行本票款。

银行本票结算方式的相关会计处理见【例 2-4】。

(3) 支票结算方式。支票是出票人签发的，委托办理支票存款业务的银行在见票时无条件支付确定金额给收款人或持票人的票据。支票分为现金支票和转账支票。单位和个人在同一票据交换区域的各种款项结算，均可使用支票。

转账支票的基本业务流程：支票由出票人签发后，交由持票人；

持票人将支票以及填写的进账单一并交存银行，银行受理支票；经过审查、交换等程序，最终结清支票款。

（4）商业汇票结算方式。商业汇票是出票人签发的，委托付款人在指定日期无条件支付确定的金额给收款人或者持票人的票据。商业汇票分为商业承兑汇票和银行承兑汇票。商业承兑汇票由付款人承兑，银行承兑汇票由银行承兑。商业汇票是一种远期票据，它可以使购货企业得以利用商业信用达到延期付款的目的。商业汇票结算方式可在同城和异地使用。

银行承兑汇票的基本业务流程：银行承兑汇票应由在承兑银行开立存款账户的存款人签发（出票），然后由出票人或持票人持银行承兑汇票向银行提示承兑；汇票经过银行承兑后，由持票人在提示付款期内，委托开户银行向承兑银行收取票款；承兑银行支付票款后，经过单据的传递，由持票人收账。

知 识 拓 展

商业承兑汇票的基本业务流程：商业承兑汇票可以由付款人签发并承兑，也可以由收款人签发交由付款人承兑；商业承兑汇票的付款人承兑后，交付汇票给持票人（收款人）；持票人在提示付款期内，委托银行收取商业承兑汇票款项。

请你选择：

1. 以下哪些票据属于应由银行签发的票据（　　）？
  A. 银行本票　　　　　　　B.（银行）支票
  C. 商业汇票　　　　　　　D. 银行汇票

2. 票据按能否立即兑付，分为即期票据和远期票据。即期票据见票即付，远期票据则须到指定的付款日期到期时才兑付。以下哪一种属于远期票据（　　）？
  A. 银行本票　　　　　　　B.（银行）支票
  C. 商业汇票　　　　　　　D. 银行汇票

答案提示： 1. AD　2. C

（5）汇兑。汇兑是汇款人委托银行将其款项支付给收款人的结算方式。汇兑分为信汇和电汇两种。信汇是指汇款人委托银行通过邮寄方式将款项划给收款人；电汇是指汇款人委托银行通过电报等方式将款项划给收款人。汇兑广泛应用于单位和个人的各种款项的结算。汇兑适用于异地结算。

汇兑的基本业务流程：汇款人到银行办理汇兑结算时，签发汇兑凭证，委托银行汇款；银行审查后予以办理汇款，并将相关汇兑凭证交由汇款人进行付款的会计处理。

（6）委托收款结算方式。委托收款是收款人委托银行向付款人收取款项的结算方式。按银行结算办法规定，单位和个人凭已承兑商业汇票、债券、存单等付款人债务证明办理款项的结算，均可以使用委托收款结算方式。委托收款在同城和异地均可以使用。委托收款结算款项的划回方式，分为邮寄和电报两种。

委托收款结算的基本业务流程：收款人办理收款时，填制委托收款凭证，交由开户银行；开户银行经过审查后，予以办理收款，即：将有关单证传递给相关付款人的开户银行；付款人的开户银行收到委托收款凭证，经过审查，办理相关付款手续。

（7）托收承付结算方式。托收承付是根据购销合同由收款单位发货后委托银行向异地付款人收取款项，由付款人向银行承认付款的结算方式。

托收承付的业务流程与委托收款结算方式基本相似。但是使用托收承付结算方式的，必须具备一定的条件，如收付双方使用托收承付结算必须签有符合《经济合同法》的购销合同，并在合同上订明使用托收承付结算方式，收付双方办理托收承付结算，必须重合同、守信用。

（8）信用卡结算方式。信用卡是商业银行向个人和单位发行的凭以向特约单位购物、消费和银行存取现金，且具有消费信用的特制载体卡片。信用卡广泛运用于商品经济的支付与结算，具有"电子货币"功能。

信用卡的基本业务流程：单位申请使用信用卡，应向发卡银行填写申请表；发卡银行审查同意后，予以办理发卡手续；持卡人凭卡在特约单位购物或消费，并按要求在签购单上签名确认；每日营业终了，特约单位应将当日受理的信用卡签购单汇总，一并送交收单银行；收单银行经过认真审查予以办理转账手续。

信用卡结算方式的相关会计处理见【例2-5】。

知 识 拓 展

除了以上转账结算方式以外，还有一种信用证结算方式。信用证是指开证行依据申请人的申请开出的，凭符合信用证条款的单据支付的付款承诺。就国内信用证来讲，信用证结算就是国内商品交易买卖双方签订购销合同后，购买方向开户银行申请向国内供货方开立信用证，经过通知行通知供货方，根据信用证规定的条款，备货发运后将全套单据送交银行，由开证行承担付款责任的一种结算方式。

请你分析：转账结算方式与企业日常会计核算有什么关联？更进一步地，它通常与具体的哪些会计科目存在密切关联？

答案提示：所谓（转账）结算方式，是指用一定的形式和条件来实现各单位（或个人）之间货币收付的程序和方法。可见，转账结算方式与企业日常的收款或付款业务具有明显的关联度；它通常会涉及"银行存款"和"其他货币资金"等会计科目（账户）；这些科目增减的原始凭据一般是有关结算方式下产生的收款凭证或付款凭证。

2. 银行存款的核算

为了详细反映银行存款的收付及结存情况，企业除了设置"银行存款"账户进行总分类核算外，还必须设置银行存款日记账，按照业务发生顺序逐日逐笔连续记录银行存款收付，并随时结出余额。银行存款应按银行和其他金融机构的名称和存款种类进行明细核算，有外币存款的企业，还应分别按人民币和外币进行明细核算。

银行存款日记账一般由出纳人员根据收付款凭证进行登记，定期与银行存款总账科目相核对。企业每月至少应将银行存款日记账与银行对账单核对一次，以检查银行存款收付及结存情况。

请你判断：以下经济业务涉及银行存款的增减变化吗？你能编制出正确的会计分录吗？

1. 企业销售产品，销售收入 2 000 元，增值税 260 元，共计 2 260 元，收到支票存入银行；
2. 企业预收销货款 6 000 元存入银行，商品尚未提供；
3. 以转账支票支付销售产品的运费 300 元；
4. 签发现金支票从银行提取现金 4 000 元以备零用。

答案提示：以上业务均涉及银行存款的增减变化，具体的会计分录编制如下：

1. 借：银行存款　　　　　　　　　　　　　　　2 260
　　　贷：主营业务收入　　　　　　　　　　　2 000
　　　　　应交税费——应交增值税（销项税额）　260
2. 借：银行存款　　　　　　　　　　　　　　　6 000
　　　贷：合同负债　　　　　　　　　　　　　6 000
3. 借：销售费用　　　　　　　　　　　　　　　　300
　　　贷：银行存款　　　　　　　　　　　　　　300
4. 借：库存现金　　　　　　　　　　　　　　　4 000
　　　贷：银行存款　　　　　　　　　　　　　4 000

请你回答：企业的银行存款日记账需要与谁对账？是定期核对

吗？多久核对一次？

答案提示： 企业的银行存款日记账需要与开户银行对账；定期核对，一般每月一次。

请你回忆： 根据原来已经学过的基础会计知识，请你回忆一下：如果出现银行存款日记账余额与银行对账单同日余额不符，应该怎么办？

答案提示： 如果出现银行存款日记账余额与银行对账单同日余额不符，需要编制"银行存款余额调节表"进行调节。

2.1.3 其他货币资金

1. 其他货币资金的内容

其他货币资金是指除现金、银行存款以外的其他各种货币资金。其他货币资金同现金和银行存款一样，是企业可以作为支付手段的货币。其他货币资金同现金和银行存款相比，有其特殊的存在形式和支付方式，在管理上有别于现金和银行存款，应单独进行会计核算。

其他货币资金主要包括外埠存款、银行汇票存款、银行本票存款、信用卡存款、信用证保证金存款、存出投资款等。其中，外埠存款是指到外地进行临时或零星采购时，汇往采购地银行并在采购地银行开立采购专户的款项；银行汇票存款是指企业为取得银行汇票，按规定用于银行汇票结算而存入银行的款项；银行本票存款是指企业为取得银行本票，按规定用于银行本票结算而存入银行的款项；信用卡存款是指企业为取得信用卡以办理信用卡结算而按规定存入银行信用卡专户的款项；信用证保证金存款是指企业为取得信用证按规定存入银行的款项；存出投资款是指企业已存入证券公司但尚未进行投资的现金。

2. 其他货币资金的核算

为了全面反映和监督其他货币资金收、支和结存情况，应设置"其他货币资金"账户进行核算。"其他货币资金"账户属资产类。其借方登记其他货币资金的增加数额，贷方登记其他货币资金的减少数额，期末借方余额为企业实际持有的其他货币资金数额。

为了反映和监督其他货币资金增减变动和结存的详细情况，还应按其他货币资金的内容设置明细科目进行明细核算，办理信用卡业务的企业应当在"信用卡"明细科目中按开出信用卡的银行和信用卡种类设置明细账进行明细核算。

（1）外埠存款核算。企业在外埠开立临时采购专户，需经开户地银行批准。银行对临时采购户一般实行半封闭式管理的办法,即只付不收,付完清户。除采购人员差旅费用可以支取少量现金外,其他支出一律转账。

【例2-2】某企业根据发生的有关外埠存款收付业务,进行会计处理如下:

①企业在外埠开立临时采购账户,委托银行将120 000元汇往采购地。根据银行转来的相关单证回单联,编制会计分录如下:

借:其他货币资金——外埠存款　　　　120 000
　　贷:银行存款　　　　　　　　　　　　　　120 000

②采购员以外埠存款购买材料,材料价款100 000元,增值税13 000元,共计113 000元,材料入库。根据发票等单证,编制会计分录如下:

借:原材料　　　　　　　　　　　　　　100 000
　　应交税费——应交增值税(进项税额)　13 000
　　贷:其他货币资金——外埠存款　　　　　　113 000

③外埠采购结束,将外埠存款清户,收到银行转来收账通知,余款7 000元收妥入账。根据银行转来的收款通知,编制会计分录如下:

借:银行存款　　　　　　　　　　　　　7 000
　　贷:其他货币资金——外埠存款　　　　　　7 000

(2)银行汇票存款核算。企业办理银行汇票,需将款项交存开户银行。对于逾期尚未办理结算的银行汇票,应按规定及时转回,未用的汇票存款也应及时办理退款。

【例2-3】某企业根据发生的有关银行汇票存款收付业务,进行会计处理如下:

①企业申请办理银行汇票,将银行存款30 000元转为银行汇票存款。根据"银行汇票委托书"存根联,编制会计分录如下:

借:其他货币资金——银行汇票　　　　30 000
　　贷:银行存款　　　　　　　　　　　　　　30 000

②收到收款单位发票等单据,采购材料付款28 250元,其中,材料价款25 000元,增值税3 250元,材料入库。根据银行汇票相关联次及所附发货票等单证,编制会计分录如下:

借:原材料　　　　　　　　　　　　　　25 000
　　应交税费——应交增值税(进项税额)　3 250
　　贷:其他货币资金——银行汇票　　　　　　28 250

③收到多余款项退回通知,将余款1 750元收妥入账。根据银行退回的多余款收账通知,编制会计分录如下:

借：银行存款　　　　　　　　　　　　　　　1 750
　　贷：其他货币资金——银行汇票　　　　　　　　1 750

（3）银行本票存款核算。企业办理银行本票，需将款项交存开户银行。本票存款实行全额结算，本票存款额与结算金额的差额一般采用支票或其他方式结清。对于逾期尚未办理结算的银行本票，应按规定及时转回。其账务处理与银行汇票存款基本相同。

【例2-4】 某企业根据发生的有关银行本票存款收付业务，进行会计处理如下：

①企业申请办理银行本票，将银行存款40 000元转入银行本票存款。根据"银行本票申请书"，编制会计分录如下：

借：其他货币资金——银行本票　　　　　　　40 000
　　贷：银行存款　　　　　　　　　　　　　　　40 000

②收到收款单位发票等单据，采购材料付款38 420元，其中，材料价款34 000元，增值税4 420元，材料入库。根据发货票等单证，编制会计分录如下：

借：原材料　　　　　　　　　　　　　　　　34 000
　　应交税费——应交增值税（进项税额）　　　4 420
　　其他应收款　　　　　　　　　　　　　　　1 580
　　贷：其他货币资金——银行本票　　　　　　　40 000

③收到收款单位退回的银行本票余款1 580元，存入银行。根据进账单的相关联次，编制会计分录如下：

借：银行存款　　　　　　　　　　　　　　　1 580
　　贷：其他应收款　　　　　　　　　　　　　　1 580

（4）信用卡存款核算。企业对于信用卡存款的核算主要包括办理信用卡存款、以信用卡支付有关费用、收取信用卡存款利息收入等。

【例2-5】 某企业根据发生的有关信用卡存款收付业务，进行会计处理如下：

①将银行存款50 000元存入信用卡。根据银行盖章退回的进账单，编制会计分录如下：

借：其他货币资金——信用卡　　　　　　　　50 000
　　贷：银行存款　　　　　　　　　　　　　　　50 000

②信用卡支付业务招待费1 500元。根据发票等相关单证，编制会计分录如下：

借：管理费用　　　　　　　　　　　　　　　1 500
　　贷：其他货币资金——信用卡　　　　　　　　1 500

③收到信用卡存款的利息60元。根据利息通知单等相关凭证，

编制会计分录如下:

  借:其他货币资金——信用卡   60
    贷:财务费用   60

(5)存出投资款核算。企业存出投资款核算主要包括向证券公司划出资金以及在证券公司购买股票、债券时支付的款项。

【例 2-6】 某企业根据发生的短期投资的业务,编制会计分录如下:

①将银行存款 500 000 元划入某证券公司准备进行短期股票投资。

  借:其他货币资金——存出投资款   500 000
    贷:银行存款   500 000

②将存入证券公司款项用于购买股票,并已成交,购买股票的成本为 200 000 元。

  借:交易性金融资产   200 000
    贷:其他货币资金——存出投资款   200 000

请你分析: 你能根据以下会计分录,判断出该笔经济业务的具体内容吗?试试看?

  1. 借:其他应收款——预支差旅费   2 400
     贷:其他货币资金——外埠存款   2 400
  2. 借:银行存款   500
     贷:其他货币资金——外埠存款   500

答案提示: 1. 根据单位实际需要,采购员从采购专户里支取现金作为差旅费。

2. 采购专户的结余款 500 元予以转回。

2.2 应收款项

应收款项是指企业在日常生产经营过程中发生的各项债权。应收款项包括应收票据、应收账款、预付账款、其他应收款和长期应收款等。

2.2.1 应收票据

1. 应收票据的种类

从广义上讲,应收票据作为一种债权凭证,应包括企业持有的、未到期兑现的汇票、本票和支票。但在我国会计实务中,支票、银行本票及银行汇票都属于即期票据,无须将其列为应收票据予以处理。因此,我国的应收票据就是企业持有的未到期或未兑现的商业汇票。根据我国现行法律的有关规定,商业汇票的期限不得超过 6 个月,因而我国的应收票据是一种流动资产。

商业汇票可以按不同的标准进行分类。

(1) 按照票据是否带息分类,商业汇票分为带息票据和不带息票据两种。带息票据是指商业汇票到期时,承兑人除向收款人或被背书人支付票面金额款外,还应按票面金额和票据规定的利息率支付自票据生效日起至票据到期日止的利息的商业汇票。不带息票据是指商业汇票到期时,承兑人只按票面金额向收款人或被背书人支付票面款项的票据。

(2) 按照票据承兑人的不同进行分类,商业汇票分为银行承兑汇票和商业承兑汇票两种。承兑是汇票付款人承诺在汇票到期日支付汇票金额的票据行为。商业汇票必须经承兑后方可生效。银行承兑汇票的承兑人是承兑申请人的开户银行,商业承兑汇票的承兑人是付款人。

(3) 按照票据是否带有追索权分类,商业汇票分为带追索权的商业汇票和不带追索权的商业汇票两种。追索权是指企业在转让应收款项的情况下,接受应收款项转让方在应收款项遭拒付或逾期时,向该应收款项转让方索取应收金额的权利。在我国,商业票据可背书转让,持票人可以对背书人、出票人以及票据的其他债务人行使追索权。一般来说,负债的不确定性称为或有负债。因此,转让应收票据而产生的被追索的不确定性也属于一种或有负债,但并不是所有应收票据的转让都会产生或有负债。在我国的会计实务中,仅就应收票据贴现而言,银行承兑汇票的贴现不会使企业被追索,企业也就不会因汇票贴现而发生或有负债;商业承兑汇票的贴现可能会使企业被追索,企业也就会因汇票贴现而发生或有负债。

2. 应收票据的核算

为了反映和监督应收票据的取得、票款收回等经济业务,企业应当设置"应收票据"账户。该账户属于资产类账户,其借方登记取得的商业汇票(经过承兑后),贷方登记到期收回票款或到期前转让的应收票据;期末余额在借方,反映企业持有的商业汇票。

应收票据应当按照公允价值进行初始计量。

【例 2-7】甲公司 20×4 年 8 月 4 日向乙公司销售产品一批,价款 60 000 元,增值税 7 800 元,同日收到由乙公司交来一张 3 个月期限的商业承兑汇票(假定出票日为 20×4 年 8 月 4 日),金额共计 67 800

元。甲公司编制会计分录如下：

借：应收票据　　　　　　　　　　　　　　67 800
　　贷：主营业务收入　　　　　　　　　　　　60 000
　　　　应交税费——应交增值税（销项税额）　7 800

【例2-8】承上例，20×4年11月4日，甲公司到期收到商业汇票款67 800元存入银行。甲公司编制会计分录如下：

借：银行存款　　　　　　　　　　　　　　67 800
　　贷：应收票据　　　　　　　　　　　　　　67 800

如果20×4年11月4日，甲公司到期无法收到商业汇票款，则甲公司编制会计分录如下：

借：应收账款　　　　　　　　　　　　　　67 800
　　贷：应收票据　　　　　　　　　　　　　　67 800

请你分析：如果【例2-7】、【例2-8】的资料改为：20×4年8月4日甲公司向乙公司销售商品（资料不变），将原收到的商业承兑汇票改为款项未收到，但是办妥了委托银行收款手续；20×4年8月6日，甲公司收到乙公司交来一张出票日为20×4年8月6日为期3个月期限的商业承兑汇票，金额共计67 800元；20×4年11月6日甲公司到期收到商业汇票款67 800元存入银行。你认为以上资料中，甲公司在哪些时点上会有会计处理？你应当怎样编制会计分录才是正确的？

答案提示：（1）20×4年8月4日，甲公司编制会计分录如下：

借：应收账款　　　　　　　　　　　　　　67 800
　　贷：主营业务收入　　　　　　　　　　　　60 000
　　　　应交税费——应交增值税（销项税额）　7 800

（2）20×4年8月6日，甲公司编制会计分录如下：

借：应收票据　　　　　　　　　　　　　　67 800
　　贷：应收账款　　　　　　　　　　　　　　67 800

（3）20×4年11月6日，甲公司编制会计分录如下：

借：银行存款　　　　　　　　　　　　　　67 800
　　贷：应收票据　　　　　　　　　　　　　　67 800

请你分析：通过以上会计处理，你会受到什么启发？

答案提示：应收票据取得的原因各不相同，有因销售取得的，也有因债务人抵偿前欠货款而取得的，等等。但是在对"应收票据"借方的会计处理上是一致的，即借方登记取得的商业汇票（经过承兑后）。学习时应避免死板硬记，而要具体问题具体分析，才能得出"应收票据"借方的对应账户。

经济业务中，企业有时会根据自身业务的需要，将持有的商业汇票背书转让。背书是指在票据背面或者粘单上记载有关事项并签章的票据行为。企业将持有的商业汇票背书转让，取得所需物资时，应按成本计入"原材料""库存商品"等账户的借方，按增值税专用发票上注明的增值税税额，借记"应交税费——应交增值税（进项税额）"，按应收票据的账面余额，贷记"应收票据"账户，如有差额，则调整银行存款账户。

【例2-9】承〖例2-7〗，假设甲公司20×4年8月10日将上述应收票据背书转让给丙公司，取得了生产所需的A材料（已入库）。该材料价款60 000元，增值税7 800元。甲公司编制会计分录如下：

借：原材料　　　　　　　　　　　　　60 000
　　应交税费——应交增值税（进项税额）　7 800
　　贷：应收票据　　　　　　　　　　　　67 800

请你分析：如果【例2-9】甲公司以应收票据背书转让给丙公司，取得了生产所需的A材料（已入库）。该材料价款65 000元，增值税8 450元，其他资料不变。对此，你认为甲公司应如何编制正确的会计分录？

答案提示：
借：原材料　　　　　　　　　　　　　65 000
　　应交税费——应交增值税（进项税额）　8 450
　　贷：应收票据　　　　　　　　　　　　67 800
　　　　银行存款　　　　　　　　　　　　5 650

请你分析：承上，如果该材料价款58 000元，增值税7 540元，其他资料不变。对此，你认为甲公司又该如何编制正确的会计分录？

答案提示：借：原材料　　　　　　　　　　58 000
　　　　　　应交税费——应交增值税（进项税额）
　　　　　　　　　　　　　　　　　　　　7 540
　　　　　　银行存款　　　　　　　　　　2 260
　　　　　　贷：应收票据　　　　　　　　67 800

知 识 拓 展

经济业务中，企业因急需资金，会将持有的未到期的商业汇票背书转让给银行，银行受理后，扣除贴现利息后，将余额以现金形式付给企业。这种行为，称为贴现。企业将商业汇票贴现给银行时，根据规定，企业应按实际收到的贴现款借记"银行存款"账户，按贴现票据的账面金额贷记"应收票据"账户，实际收到的贴现款与贴现的商业汇票的账面金额的差额调整"财务费用"账户。

另外,应收票据如果是带息的,除了按以上原则核算外,还应于期末计提票据利息,并增加应收票据的账面余额,同时,冲减"财务费用"。

2.2.2 应收账款

1. 应收账款的确认和计量

应收账款是伴随着产品或商品的赊销或者劳务的提供而产生的一项流动资产。它是企业因对外销售商品或提供劳务等经营业务而应向客户收取的款项,主要包括出售商品、材料、提供劳务等应向有关债务人收取的价款及代购货方垫付的运杂费等。

可见,应收账款的确认与收入的确认密切相关,即:当企业确认一项赊销收入时,就必定应确认为一项应收债权。所以,应收账款的确认应当关注收入的确认条件。

应收账款在初始确认时,应当按照公允价值计量。一般情况下,应收账款的公允价值就是合同上规定的协议价款,但是根据经济业务发生的详细情况以及现行会计惯例,应收账款计量的内容除了包括合同上规定的协议价款以外,还包括应向有关债务人收取的增值税以及代购货方垫付的包装费、运杂费等。

2. 应收账款的核算

为了反映应收账款的增减变动及其结存情况,企业应设置"应收账款"账户,该账户属于资产类账户。企业满足赊销收入确认条件时,该账户登记借方;待以后款项收回时或确认企业发生坏账损失时,该账户登记贷方;期末余额一般在借方,反映企业尚未收回的应收账款。

知 识 拓 展

企业在预收款业务不多的情况下,为了减少账户的设置,也可以不单独设置"预收账款"账户,而以"应收账款"账户代替来核算企业发生的预收款业务。在这种情况下,"应收账款"也有可能会出现贷方余额,如果期末余额在贷方,则反映企业预收的账款。

但在编制资产负债表时,应当将"应收账款"明细账户的贷方余额填入"预收账款"项目。

【例2-10】甲公司赊销给乙公司商品一批,货款总计50 000元,适用的增值税税率13%,以银行存款代垫运杂费1 000元,已经办妥托收手续。甲公司编制会计分录如下：
    借：应收账款　　　　　　　　　　　　　57 500
        贷：主营业务收入　　　　　　　　　　　　50 000
            应交税费——应交增值税（销项税额）　　6 500
            银行存款　　　　　　　　　　　　　　　1 000
待以后甲公司收到货款时，甲公司应编制会计分录如下：
    借：银行存款　　　　　　　　　　　　　57 500
        贷：应收账款　　　　　　　　　　　　　　57 500

有时候，企业为了促销，会采用各种促销折扣手段，在这时，应收账款初始计量时就要考虑这些折扣的影响。企业向购货单位销售商品提供的折扣一般有两种：商业折扣和现金折扣。

（1）商业折扣，是指企业为了促进商品销售而在价格上给予的价格扣除。例如顾客多买打折，商品残次、过时降价等。在商业折扣情况下，应收账款初始计量应当是扣除了商业折扣后的价款（见【例2-11】）。

【例2-11】承【例2-10】资料，假设甲公司给予买方（乙公司）10%的商业折扣，其他资料不变。甲公司应编制会计分录如下：
    借：应收账款　　　　　　　　　　　　　51 850
        贷：主营业务收入　　　　　　　　　　　　45 000
            应交税费——应交增值税（销项税额）　　5 850
            银行存款　　　　　　　　　　　　　　　1 000
待以后甲公司收到货款时，甲公司应编制会计分录如下：
    借：银行存款　　　　　　　　　　　　　51 850
        贷：应收账款　　　　　　　　　　　　　　51 850

（2）现金折扣，是指企业为了鼓励购货单位尽早付款而向购货单位提供的债务扣除。现金折扣一般用"折扣/付款期限"表示。例如，甲公司销售了价款为2 000元的货物，现金折扣条件是2/10，n/30；其中，"2/10"意味着如果购货单位在折扣期限10天内付款，可以享受按照售价款（2 000元）2%的债务折扣，即只需支付1 960元就够了，而"n/30"则意味着客户在折扣期限之后，信用期限之内（即30天）付款，则必须支付债务的全部价款，即2 000元。

现金折扣属于交易价格中的可变对价，在会计上一般作为对营业收入的调整。即：附有现金折扣条件的商品赊销，应将应收款总额中估计极有可能发生现金折扣金额加以扣除，扣除后的余额计入应收款项；将不含增值税的交易总价格扣除估计的现金折扣后的余额确认营业收入。资产负债表日，重新估计可能收到的对价金额，并需要对尚未发生的可变对价进行评估；如果有新的证据证明买方能够取得或者不能够取得现金折扣，应该对应收账款的金额进行调整，调整应收账款金额的同时调整营业收入（见【例2-12】）。

【例2-12】甲公司赊销给乙公司商品一批，货款总计100 000元，适用的增值税税率13%，根据甲公司规定：对货款部分给予的付款条件是：2/10，n/30。甲公司依客户乙公司以往付款情况的经验及客户的现实状况，估计很可能超过10天以后付款。甲公司编制会计分录如下：

借：应收账款　　　　　　　　　　　　　113 000
　　贷：主营业务收入　　　　　　　　　100 000
　　　　应交税费——应交增值税（销项税额）　13 000

假设以后乙公司于10天以内付款，甲公司应编制会计分录如下（假设现金折扣不考虑增值税）：

借：银行存款　　　　　　　　　　　　　111 000
　　主营业务收入　　　　　　　　　　　　2 000
　　贷：应收账款　　　　　　　　　　　113 000

假设以后乙公司超过10天付款，甲公司应编制会计分录如下：

借：银行存款　　　　　　　　　　　　　113 000
　　贷：应收账款　　　　　　　　　　　113 000

知识拓展

在现金折扣情况下，应收账款初始计量理论上有两种方法：总价法和净价法。

总价法，是将未减去现金折扣前的金额作为应收账款计量。现金折扣只有客户在折扣期限内支付货款时，才予以确认。

在净价法下，应收账款应按实际售价扣减最大现金折扣后的金额入账。这种方法是将客户取得的折扣视为正常现象，认为顾客都会为获得购货折扣而提前付款。

2.2.3 预付账款

预付款项是企业暂时被供货单位占用的资金，它是指企业按照购货合同的规定，预先以货币资金或货币等价物支付供应单位的款项。在日常核算中，预付账款按实际付出的金额入账，如预付的材料、商品采购货款、必须预先发放的在以后收回的农副产品预购定金等。对购货企业来说，预付账款是一项流动资产。预付账款一般包括预付的货款、预付的购货定金。施工企业的预付账款主要包括预付工程款、预付备料款等。

为了反映和监督预付账款的增减变动情况，企业应设置"预付账款"账户，该账户属于资产类账户，其借方登记预付的款项和补付的款项，贷方登记收到采购货物时按发票金额冲销的预付账款数和因预付货款多余而退回的款项。期末余额一般在借方，反映企业实际预付的款项；期末如为贷方余额，反映企业尚未补付的款项。

预付账款一般的会计处理如下：

（1）企业因购货等而预付账款时：

借：预付账款
　　贷：银行存款

（2）收到所购物资时：

借：原材料、库存商品等
　　应交税金——应交增值税（进项税额）
　　贷：预付账款

企业的预付账款，如有确凿证据表明其不符合预付账款性质，或者因供货单位破产、撤销等原因已无望再收到所购货物的，应将原计入预付账款的金额转入其他应收款。即：

借：其他应收款——预付账款转入
　　贷：预付账款

如果企业预付款业务不多，也可以不单独设置"预付账款"账户，直接通过"应付账款"账户核算。但在编制资产负债表时，应当将"应付账款"明细账户的借方余额填入"预付账款"项目。

应收账款与预付账款

请你一试： 甲公司按照合同规定预付给丙公司部分材料款共计11 000元；一个月后实际收到丙公司发来材料并验收入库。发票显示：该材料价款20 000元，增值税2 600元；甲公司随之补付余款。

要求：根据以上业务，分别出业务环节并编制相应的会计分录。

答案提示：

（1）甲公司预付款时：

借：预付账款——丙公司　　　　　　　　　　11 000
　　贷：银行存款　　　　　　　　　　　　　　　　11 000

（2）验收材料并补付余款时：

借：原材料　　　　　　　　　　　　　　　　20 000
　　应交税费——应交增值税（进项税额）　　 2 600
　　贷：预付账款——丙公司　　　　　　　　　　11 000
　　　　银行存款　　　　　　　　　　　　　　　　11 600

请你分析： 承上，如果最终材料价款（含税）低于最先预付款，比如实际材料款为 9 040 元（含增值税 1 040 元）其会计处理会怎样？

答案提示： 如果最终材料价款（含税）低于最先预付款，丙公司会将多收的款项退给甲公司。会计处理如下：

借：原材料　　　　　　　　　　　　　　　　　　　8 000
　　应交税费——应交增值税（进项税额）　　　　　1 040
　　银行存款　　　　　　　　　　　　　　　　　　1 960
　　贷：预付账款——丙公司　　　　　　　　　　　11 000

2.2.4　其他应收款

其他应收款是指企业除应收票据、应收账款、预付账款、应收股利和应收利息以外的各种应收、暂付款项，包括各种应收赔款、存出保证金、备用金、应收包装物租金、应收的各种罚款，应向职工收取的各种垫付款项等。

企业应设置"其他应收款"账户对其他应收款的收付业务进行核算，并应按其他应收款的项目分类以及债务人进行明细核算。"其他应收款"账户核算的其他应收及暂付款主要包括：

（1）应收的各种赔款、罚款，如企业因财产物资等遭受意外损失而应向有关保险公司收取的赔款等；

（2）应收出租包装物租金；

（3）应向职工收取的各种垫付款项，如企业为职工垫付的水电费等；

（4）备用金，如向企业所属的有关部门拨出的用于业务周转的备用金；

（5）存出保证金，如租入包装物支付的押金；

（6）其他各种应收、暂付款项。

【例 2-13】甲公司为本单位职工垫付应由其个人负担的住院医药费 1 000 元，拟从该职工的工资中扣除。甲公司编制会计分录如下：

借：其他应收款　　　　　　　　　　　　　　　　1 000
　　贷：银行存款　　　　　　　　　　　　　　　　1 000

【例 2-14】甲公司在采购过程中发生材料毁损，按保险合同规定，应由保险公司赔偿损失 45 200 元（其中含增值税 5 200 元）。甲公司编制会计分录如下：

借：其他应收款——保险公司　　　　　　　　　　45 200

　　　　贷：在途物资或材料采购　　　　　　　　　40 000
　　　　　　应交税费——应交增值税（进项税额转出）　5 200
　　请你编制：承上例〖例2-13〗，你能编制以后从其职工工资中扣款的会计分录吗？
　　答案提示：借：应付职工薪酬　　　　　　　　　1 000
　　　　　　　　　贷：其他应收款　　　　　　　　　1 000
　　请你编制：承上例〖例2-14〗，如果材料发生的毁损属于在期末财产清查过程中发生的，其他资料不变。对此，你能编制正确的会计分录吗？
　　答案提示：借：其他应收款——保险公司　　　　　45 200
　　　　　　　　　贷：待处理财产损溢　　　　　　　　40 000
　　　　　　　　　　　应交税费——应交增值税（进项税额转出）
　　　　　　　　　　　　　　　　　　　　　　　　　　5 200

2.2.5　应收款项的减值

　　企业应当在每个资产负债表日对应收款项的账面价值进行检查，如果有客观证据表明应收款项已经发生减值，就应当对应收款项进行减值测试，采用备抵法，计提减值准备。

　　备抵法，是指事先按照一定比例估计应收款项可能发生的坏账，确认信用损失、计提减值准备，同时设置一个备抵账户——"坏账准备"账户，作为应收款项的抵减项目列入资产负债表。采用备抵法，企业应设置"坏账准备"账户，该账户是资产的备抵调整账户，属于资产类，其贷方登记当期计提的坏账准备金额，借方登记实际发生的坏账损失金额和冲减的坏账准备数额；期末余额一般在贷方，反映企业已计提但尚未转销的坏账准备。

　　由于应收款项通常属于短期债权，在确定应收款项与其他信用损失金额时，一般不对未来现金流量进行折现。而且会计实务中，经常使用的确定应收款项预期信用损失的具体方法一般有账龄分析法和应收款项余额百分比法。

　　账龄分析法，是指企业根据客户所欠账款时间长短将应收款项划分若干账龄组，并分别确定每个账龄组的预期信用损失率，据以计算确定预期损失金额、计提坏账准备的一种方法。预期信用损失率，是指应收款项的预期信用损失金额占应收款项账面余额的比例。企业确定的预期信用损失率应当合理反映企业相当于整个存续期内预期信用损失的金额，并定期对预期信用损失率进行检查，以根据实际情况对预期信用损失率作出必要的调整。

采用账龄分析法计算确定预期信用损失金额，首先要对应收款项按照账龄的时间长短进行分组，然后分别确定可以反映相当于整个存续期内预期信用损失的各组应收款项预期信用损失率，据以分别计算各组应收款项预期信用损失金额，最后将各组应收款项预期信用损失金额进行加计，得出全部应收款项的预期信用损失金额，并与原有的坏账准备账面余额进行比较，以调整"坏账准备"账户。

【例2-15】甲公司2014年12月31日应收账款余额及预期信用损失情况如表2-1所示。

表2-1　　　　　　　　　坏账损失估计计算表

2014年12月31日　　　　　　　　　　　单位：元

账龄	应收账款金额	预期信用损失率（%）	估计损失金额
未到期	25 000	1	250
过期1个月	20 000	3	600
过期2个月	15 000	5	750
过期3个月	10 000	7	700
过期4个月	8 000	20	1 600
过期5个月	5 000	50	2 500
过期6个月	2 000	80	1 600
合计	85 000		8 000

根据表2-1，甲公司2014年12月31日"坏账准备"余额为8 000元，假设调整前"坏账准备"余额为6 000元，则甲公司将估计的预期信用损失（8 000元）与"坏账准备"账户余额（6 000元）进行比较，编制会计分录，并调整"坏账准备"科目余额，使之与预期信用损失数额一致。所以，根据以上数据分析，甲公司2014年12月31日编制会计分录如下：

借：信用减值损失　　　　　　　　　　　　　　2 000
　　贷：坏账准备　　　　　　　　　　　　　　　　2 000

请你分析：承上例，假设甲公司调整前"坏账准备"余额为8 500元，那么甲公司应如何编制会计分录？

答案提示：甲公司将预期信用损失数（8 000元）与"坏账准备"账户余额（8 500元）进行比较，编制会计分录，并调整"坏账准备"科目余额，使之与预期信用损失数额一致。所以，根据以上数据分析，甲公司2014年12月31日编制会计分录如下：
  借：坏账准备   500
    贷：信用减值损失   500

请你分析：通过以上举例与思考，你能够发现什么规律吗？

答案提示：当期坏账准备的计提数额应当等于当期预期的信用损失（期末坏账准备应存在数额）减去截至本期计提坏账准备前"坏账准备"的账户余额。具体地，余额为正，为计提，余额为负，则为冲销前期多计提的坏账准备。

会计实务中，有些企业还采用应收款项余额百分比法计提坏账准备。应收款项余额百分比法是指将应收账款的整个余额乘以一个预计的综合信用损失率，以此来确定坏账准备余额的一种方法。

【例 2 – 16】 甲公司按应收款项余额百分比法计提坏账准备，甲公司预期信用损失率为应收账款总余额的 5%，根据发生的有关经济业务，编制会计分录如下：

（1）第一年首次计提坏账准备时，应收账款的年末余额为 200 000 元。

预期信用损失 = 200 000 × 5% = 10 000（元）
  借：信用减值损失   10 000
    贷：坏账准备   10 000

（2）第二年实际发生坏账 6 000 元。
  借：坏账准备   6 000
    贷：应收账款   6 000

（3）已经确认为坏账的 6 000 元又收回了 4 000 元。
  借：应收账款   4 000
    贷：坏账准备   4 000

同时，
  借：银行存款   4 000
    贷：应收账款   4 000

注：以上会计分录也可以合并编制会计分录为：
  借：银行存款   4 000
    贷：坏账准备   4 000

（4）第二年末，应收账款余额为 60 000 元，调整"坏账准备"科目余额。

第二年末预期的信用损失为 3 000 元（即 60 000 × 5%），此时"坏账准备"账户余额为 8 000 元（即 10 000 – 6 000 + 4 000），故应冲销多余的坏账准备 5 000 元（即 8 000 – 3 000）。

借：坏账准备　　　　　　　　　　　　　　　　　　5 000
　　贷：信用减值损失　　　　　　　　　　　　　　　　　5 000

调整后"坏账准备"账户余额为3 000元。

可见，应收款项余额百分比法与账龄分析法相比，具有简化工作量的优点。但是由于使用的是综合预期信用损失比率，所以，估计的信用损失误差较大。

一般来说，各类应收及预付款项只要存在前述减值的客观证据，均可以计提坏账准备。具体来说，可以根据各类应收款项的性质和产生坏账的可能性，分别确定是否需要计提坏账准备。

应收账款是企业实行赊销政策形成的债权，产生坏账的风险较大，因此应计提坏账准备；其他应收款的内容较为繁杂，产生坏账的风险也较大，因此也应计提坏账准备。

应收股利和应收利息的账龄一般很短，产生坏账的可能性较小，可以不计提坏账准备；应收票据的账龄也较短，且我国目前应用较广的是银行承兑汇票，一般不会产生坏账，不需要计提坏账准备；商业承兑汇票虽然存在产生坏账的风险，但客户一般属于优质客户，也可以不计提坏账准备；预付款项一般是卖方市场条件下预付的购货款，且未来收回的是存货，而不是货币资金，因此，产生坏账的风险也较小，也可以不计提坏账准备。但是，如果上述应收款项存在减值的客观证据，应采用与应收账款、其他应收款相同的方法计提坏账准备。

应收款减值的
会计处理变化

本章小结

1. 清楚有关货币资金的基本管理规定。货币资金是企业整个资产中最活跃、流动性最强的资产，加强对货币资金的管理和控制，对于保证企业资产安全完整，提高货币资金周转速度和使用效益具有重要的意义。企业在对货币资金的日常核算中，明确并执行国家统一制定的有关货币资金的管理规定，是加强货币资金管理与控制的前提条件。与本章货币资金管理规定密切相关的有：现金使用范围的管理规定、现金限额的管理规定、现金收支的管理规定、银行存款开立账户的管理规定等。

2. 熟悉常见的银行转账方式。企业日常的经济业务，除了在规定的范围内可以使用现金直接支付款项外，其他一切货币资金收支必须通过银行存款账户进行转账结算。在我国，银行转账结算的方式主要有银行汇票、银行本票、支票、商业汇票、汇兑、委托银行收款、托收承付、信用卡和信用证等。对于这些转账方式，应当熟悉它们的基本概念、基本业务流程以及它们的适用情况，以便与后续所学的具体经济业务串联起来。

3. 掌握货币资金及各种应收款项的基本会计处理，主要包括：

（1）货币资金的清查。主要包括库存现金清查结果的会计处理（借助"待处理财产损溢"账户核算库存现金清查发生的溢缺）以及银行存款的对账清查。该部分应当与前期所学的《基础会计》内容密切结合。

（2）应收票据的取得、到期及转让。应收票据是在商业汇票结算方式下，因为商业汇票这种远期票据而形成的一笔债权。应收票据的取得是在收到商业汇票时确认，正常情况下，到期收到票据款项；但是有时企业为了急需资金（包括所需物资或货币资金），也会在商业汇票尚未到期前将其票据予以背书转让，例如背书转让给新的供货单位以获取所需的物资，或背书转让给银行兑换成现金（贴现）。

（3）应收账款的具体确认和计量。应收账款的确认与企业的收入确认标准密切相关，即在赊销情况下，如果此时已经满足收入的确认标准，则应收账款就可以确认；在会计实务中，应收账款应按照实际发生额进行计量，在应收账款计量过程中，应结合企业因销售而出现的商业折扣和现金折扣等具体情况，其计量也各有所别，例如现金折扣情况下，应收账款的计量就有总价法和净价法两种方法，在我国，采用的是与国际财务报告准则相一致的总价法。

（4）其他应收款的基本会计处理。其他应收款包括的范围零星、复杂，但在企业的日常会计核算中却是经常性的。为此，严格其他应收款的核算范围，加强其日常的会计核算，通过设置"其他应收款"进行具体的会计处理。

（5）应收款项的减值。市场经济条件下，企业各种应收款项的交易对象（即客户），因情况各异，企业无法保证每一笔应收款均能够如期全额收回。对此，企业应当在每个资产负债表日对应收款项的账面价值进行检查，如果有客观证据表明应收款项已经发生减值，就应当对应收款项进行减值测试，采用备抵法，计提减值准备。应收款项的减值范围包括企业的各种应收款项，由于应收款项通常属于短期债权，在确定应收款项与其他信用损失金额时，一般不对未来现金流量进行折现。而且会计实务中，经常使用的确定应收款项预期信用损失的具体方法一般有账龄分析法和应收款项余额百分比法。

本章练习题

一、选择题

1. "其他货币资金"科目与下列哪种结算方式有关（　　）。
   A. 银行汇票　　B. 银行本票　　C. 支票　　D. 商业汇票

2. 一个企业使用备抵法对坏账进行会计处理，年初坏账准备的贷方余额为1 100元。本年度记录了2 000元坏账费用，并冲销了2 100元坏账。坏账准备的年末数额是（　　）元。
   A. 1 000　　B. 2 000　　C. 3 100　　D. 3 200

3. 承2，应收账款年末余额为20 000元，计算应收账款年末可实现净值。换句话说，确定该企业在年末资产负债表上报告的应收账款净值为（　　）元。
   A. 19 000　　B. 18 000　　C. 20 000　　D. 21 000

4. 在对库存现金进行盘点时，如果发现现金长款，应贷记（　　）科目。
   A. 其他应收款　　　　B. 应收账款
   C. 库存现金　　　　　D. 待处理财产损溢

5. 企业资产负债表中的"货币资金"项目，来源于企业以下有关会计科目的期末余额（　　）。
   A. 库存现金　　　　　B. 银行存款
   C. 应收账款　　　　　D. 其他货币资金

二、判断题

1. 按照规定，每个企业可以根据自身业务需要在银行开立多个基本存款账户。（　　）

2. 委托收款结算方式适用于单位和个人的同城和异地的各种款项结算。（　　）

3. 有一种账户，专门用来核算企业因销售商品、产品或提供劳务以及信用方式转换而收到商业汇票所形成的债权。这个账户是指"应收账款"。（　　）

4. 企业因现金折扣而发生的理财费用应计调整营业收入。（　　）

5. 备抵法下，企业应当计提坏账准备，确认信用减值损失。这样的会计处理与企业利润无关，而与相关应收资产相关。（　　）

三、实务题

1. 甲公司（一般纳税人）20×5年3月发生如下交易，请根据以下业务编制会计分录：

(1) 3月6日，收到乙公司出票的银行汇票1张，金额300 000元，偿还以前欠购货款，于当日送存银行。

(2) 3月7日，委托银行将80 000元以汇兑方式汇往北京，偿还以前欠乙公司的购货款。

(3) 3月9日，赊销给元首公司商品一批，增值税专用发票上的价款100 000元，双方约定的付款条件为2/10, n/30，适用增值税率13%。

(4) 3月16日，销售一批产品给乙公司，货已发出，价款200 000元，增值税专用发票上注明的增值税额26 000元，乙公司交给甲公司一张当天签发的180天到期的银行承兑汇票，面值226 000元。

2. 丙公司是一家产品制造企业。该公司20×3年12月31日有关会计账户余额情况如下（元）：

应收账款　　　　　764 000
坏账准备　　　　　 10 400

丙公司使用账龄分析法核算应收款坏账。

【要求】：

(1) 20×3年12月31日丙公司预计收回的应收账款余额是多少？换句话说，这些应收款项的预计变现价值是多少？

(2) 编制以下20×4年的会计分录：

①根据账龄分析法估计全年的可疑账款坏账费用为8 000元；

②核销坏账总金额为10 600元；

③20×4年12月31日，应收账款账龄分析显示，年末该公司共计有81 800元的应收账款中有9 200元可能无法收回。

(3) 说明丙公司在20×4年12月31日的资产负债表上的应收账款项目列示？

(4) 说明丙公司的利润表如何报告上述事项。

第 3 章 金 融 资 产

> **本章要点**
> ◇ 明确金融资产的构成内容
> ◇ 掌握以下金融资产的基本会计处理：
>   (1) 以公允价值计量且其变动计入当期损益的金融资产
>   (2) 以公允价值计量且其变动计入其他综合收益的金融资产
>   (3) 以摊余成本计量的金融资产

3.1 以公允价值计量且其变动计入当期损益的金融资产

3.1.1 金融资产概述

金融工具是指形成一方的金融资产并形成其他方的金融负债或权益工具的合同。金融工具一般包括金融资产、金融负债和权益工具。

金融资产是指企业持有的现金、其他方的权益工具以及符合下列条件之一的资产：

(1) 从其他方收取现金或其他金融资产的合同权利。例如，企业的银行存款、应收账款、应收票据和贷款等均属于金融资产。而预付账款则不是金融资产，因其产生的未来经济利益是商品或服务，不是收取现金或其他金融资产的权利。

（2）在潜在有利条件下，与其他方交换金融资产或金融负债的合同权利。例如，企业持有的看涨期权或看跌期权等。

（3）将来须用或可用企业自身权益工具进行结算的非衍生工具合同，且企业根据该合同将收到可变数量的自身权益工具。

（4）将来须用或可用企业自身权益工具进行结算的衍生工具合同，但以固定数量的自身权益工具交换固定金额的现金或其他金融资产的衍生工具合同除外。其中，企业自身权益工具不包括应当按照《企业会计准则第37号——金融工具列报》分类为权益工具的可回售工具或发行方仅在清算时才有义务向另一方按比例交付其净资产的金融工具，也不包括本身就要求在未来收取或交付企业自身权益工具的合同。

企业应当根据其管理金融资产的业务模式和金融资产的合同现金流量特征，将金融资产划分为以下三类：①以摊余成本计量的金融资产；②以公允价值计量且其变动计入其他综合收益的金融资产；③以公允价值计量且其变动计入当期损益的金融资产。上述分类一经确定，不得随意变更。

如何理解管理金融资产的业务模式和金融资产的合同现金流量特征？

可见，金融资产通常包括企业的库存现金、银行存款、应收账款、应收票据、贷款、其他应收款、股权投资、债权投资和衍生金融工具形成的资产等；其中金融资产中的库存现金、银行存款、应收账款、应收票据等已在第2章中做了专门介绍；对子公司、联营企业、合营企业的长期股权投资，将在第五章中做专门介绍；所以本章金融资产主要介绍以下三类金融资产：第一类为以公允价值计量且其变动计入当期损益的金融资产；第二类为以公允价值计量且其变动计入其他综合收益的金融资产；第三类为以摊余成本计量的金融资产。

3.1.2 以公允价值计量且其变动计入当期损益的金融资产的特征

以公允价值计量且其变动计入当期损益的金融资产是指除了以摊余成本计量的金融资产和以公允价值计量且其变动计入其他综合收益的金融资产以外的金融资产（见后面节次）。企业应当将其分类为以公允价值计量且其变动计入当期损益的金融资产。

以公允价值计量且其变动计入当期损益的金融资产最主要的特征是该资产具有可交易性。企业常见的下列投资产品通常应当分类为以公允价值计量且其变动计入当期损益的金融资产：

（1）股票。股票的合同现金流量源自收取被投资企业未来股利分配以及其清算时获得剩余收益的权利。在不考虑特殊指定的情况下，企业持有的股票应当分类为以公允价值计量且其变动计入当期损益的金融资产。

（2）基金。常见的股票型基金、债券型基金、货币基金或混合基金，通常投资于动态管理的资产组合，投资者从该类投资中所取得的现金流量既包括投资期间基础资产产生的合同现金流量，也包括处置基础资产的现金流量。基金一般情况下不符合本金加利息的合同现金流量特征。

（3）可转换债券。可转换债券除按一般债权类投资的特性到期收回本金、获取约定的利息或收益外，还嵌入了一项转股权。通过嵌入衍生工具，企业获得的收益在基本借贷安排的基础上，会产生基于其他因素变动的不确定性。企业将可转换债券作为一个整体进行评估，由于可转换债券不符合本金加利息的合同现金流量特征，企业持有的可转换债券投资应当分类为以公允价值计量且其变动计入当期损益的金融资产。

此外，在初始确认时，如果能够消除或显著减少会计错配，企业可以将金融资产指定为以公允价值计量且其变动计入当期损益的金融资产。该指定一经作出，不得撤销。

以公允价值计量且其变动计入当期损益的金融资产会伴随着市场公允价值的变动，其资产价值也会随之进行调整（调增或调减，以保持最新的公允价值），并将前后期资产价值变化的数额计入当期损益。为此企业应当设置"交易性金融资产"科目核算分类为以公允价值计量且其变动计入当期损益的金融资产。

3.1.3　以公允价值计量且其变动计入当期损益的金融资产的会计处理

1. 账户设置

以公允价值计量且其变动计入当期损益的金融资产主要是指交易性金融资产。为了核算交易性金融资产的取得、现金股利或利息的收取、交易性金融资产的处置等业务，企业应当设置"交易性金融资产""公允价值变动损益""投资收益""应收利息""应收股利"等账户进行核算。

（1）"交易性金融资产"账户。该账户属于资产类账户，核算企业持有的除了以摊余成本计量的金融资产和以公允价值计量且其变动计入其他综合收益的金融资产以外的金融资产的公允价值。该账户借方登记交易性金融资产的取得成本、资产负债表日其公允价值高于账面余额的差额等；贷方登记资产负债表日其公允价值低于账面余额的差额，以及企业出售交易性金融资产时结转的成本，出售交易性金融资产时结转的公允价值变动损益可能记在借方也可能记在贷方；期末余额在借方，表示企业持有的交易性金融资产的公允价值。企业应当按照交易性金融资产的类别和品种，分别"成本""公允价值变动"等进行明细核算。

（2）"公允价值变动损益"账户。该账户属于损益类账户，核算企业交易性金融资产等公允价值变动而形成的应计入当期损益的利得或损失。借方登记资产负债表日企业持有的交易性金融资产等的公允价值低于账面余额的额；贷方登记资产负债表日企业持有的交易性金融资产等的公允价值高于账面余额的差额；期末结转到"本年利润"账户后，该账户无余额。

（3）"投资收益"账户。该账户属于损益类，核算企业持有交易性金融资产等期间取得的投资收益以及处置交易性金融资产等实现的投资收益或投资损失。借方登记出售交易性金融资产等发生的投资损失；贷方登记出售交易性金融资产等实现的投资收益、持有交易性金融资产会计期间取得的投资收益；期末结转到"本年利润"账户后，该账户无余额。

（4）"应收股利"账户。该账户属于资产类，核算企业应收取的现金股利和应收取其他单位分配的利润。借方登记企业应分得的现金股利或利润；贷方登记企业收到的现金股利或利润；期末借方余额表示尚未收到的现金股利或利润。

（5）"应收利息"账户。该账户属于资产类，核算企业应收取的利息。借方登记应收取的利息；贷方登记收到的利息；期末借方余额表示企业尚未收回的利息。

2. 会计处理

以公允价值计量且其变动计入当期损益的金融资产的会计处理主要包括金融资产的取得、发生的现金股利或利息、期末计量和出售等环节的内容。

【例 3-1】 2014 年 4 月 1 日，甲公司以 4 850 000 元的银行存款购入乙公司股票 600 000 股作为交易性金融资产（含已宣告尚未发放的现金股利 50 000 元），另支付手续费 100 000 元。4 月 24 日收到现金股利 50 000 元。6 月 30 日该股票每股市价为 7.5 元，8 月 10 日乙公司宣告分派现金股利，每股 0.2 元，8 月 20 日收到现金股利。至 12 月 31 日，甲公司仍持有该交易性金融资产，每股市价为 8.5 元。2015

年 1 月 4 日将该交易性金融资产全部出售,实际收到金额 5 150 000 元。假定甲公司每年 6 月 30 日和 12 月 31 日对外提供财务报告。

(1) 2014 年 4 月 1 日,取得交易性金融资产时,实际支付的价款中含有的已宣告尚未发放的现金股利,应确认为"应收股利",支付的手续费 100 000 元应计入当期损益。编制会计分录如下:

借:交易性金融资产——成本　　　　　　　4 800 000
　　应收股利　　　　　　　　　　　　　　　 50 000
　　投资收益　　　　　　　　　　　　　　　100 000
　　贷:银行存款　　　　　　　　　　　　　　　　4 950 000

(2) 4 月 24 日收到现金股利 5 万元时,应编制会计分录如下:

借:银行存款　　　　　　　　　　　　　　　 50 000
　　贷:应收股利　　　　　　　　　　　　　　　　 50 000

(3) 6 月 30 日,公允价值 450 万元,低于账面余额 480 万元,编制会计分录如下:

借:公允价值变动损益　　　　　　　　　　 300 000
　　贷:交易性金融资产——公允价值变动　　　　 300 000

(4) 8 月 10 日,乙公司宣告分派现金股利时,甲公司应确认应收股利 120 000 元(0.2×600 000),同时确认投资收益,编制会计分录如下:

借:应收股利　　　　　　　　　　　　　　　120 000
　　贷:投资收益　　　　　　　　　　　　　　　　120 000

(5) 8 月 20 日,收到现金股利时,编制会计分录如下:

借:银行存款　　　　　　　　　　　　　　　120 000
　　贷:应收股利　　　　　　　　　　　　　　　　120 000

(6) 12 月 31 日,该交易性金融资产公允价值为 5 100 000 元,高于账面余额 4 500 000 元,编制会计分录如下:

借:交易性金融资产——公允价值变动　　　　600 000
　　贷:公允价值变动损益　　　　　　　　　　　　600 000

(7) 2015 年 1 月 4 日出售该交易性金融资产时,编制会计分录如下:

借:银行存款　　　　　　　　　　　　　　5 150 000
　　贷:交易性金融资产——成本　　　　　　　　4 800 000
　　　　　　　　　　　——公允价值变动　　　　 300 000
　　　　投资收益　　　　　　　　　　　　　　　 50 000

请你分析:承上例,如果 2014 年 4 月 1 日,甲公司是从上海证券交易所购买的乙公司股票 600 000 股作为交易性金融资产。其会计处理会有什么不同？

答案提示：由于甲公司从上海证券交易所购买的乙公司股票，其支付的款项应贷记"其他货币资金"。

请你回答：2014年末，甲公司的资产负债表中对该项股票是以什么项目名称和哪种计量属性进行列示的？

答案提示：2014年末，甲公司的资产负债表中对该项股票是以"交易性金融资产"的项目名称和公允价值属性进行列示的。

请你一试：如果甲公司从二级市场购入乙公司债券，支付价款合计1 020 000元（含已宣告但尚未领取的利息20 000元），另发生交易费用20 000元。2×16年6月30日，乙公司债券的公允价值为1 150 000元（不含利息）。甲公司根据其管理该债券的业务模式和该债券的合同现金流量特征，将该债券分类为以公允价值计量且其变动计入当期损益的金融资产。假定不考虑其他因素。

问题（1）：甲公司购买该金融资产时的会计分录如何编制？

问题（2）：2×16年6月30日，甲公司如何根据乙公司债券的公允价值的变动进行会计处理？

答案提示：问题（1）甲公司购买该金融资产时的会计分录如下：

借：交易性金融资产——成本　　　　　　1 000 000
　　应收利息　　　　　　　　　　　　　　　20 000
　　投资收益　　　　　　　　　　　　　　　20 000
　　贷：银行存款　　　　　　　　　　　　1 040 000

问题（2）：2×16年6月30日，甲公司如根据乙公司债券的公允价值的变动进行会计处理如下：

借：交易性金融资产——公允价值变动　　　150 000
　　贷：公允价值变动损益　　　　　　　　　150 000

3.2 以公允价值计量且其变动计入其他综合收益的金融资产

3.2.1 以公允价值计量且其变动计入其他综合收益的金融资产特征

根据规定，金融资产同时符合下列条件的，应当分类为以公允价值计量且其变动计入其他综合收益的金融资产：

(1) 企业管理该金融资产的业务模式既以收取合同现金流量为目标又以出售该金融资产为目标；

(2) 该金融资产的合同条款规定，在特定日期产生的现金流量，仅为对本金和以来偿付本金金额为基础的利息的支付。

企业对符合以上条件的金融资产，应当设置"其他债权投资"科目核算分类为以公允价值计量且其变动计入其他综合收益的金融资产。

由于一个企业的投资，除了债权投资之外，还有股权投资。股权投资一般不像债权投资那样符合本金加利息的合同现金流量特征，因此，通常应当将其分为以公允价值计量且其变动计入当期损益的金融资产；但是由于以公允价值计量且其变动计入当期损益的金融资产往往具有可交易性的特点，所以，对于那些属于非交易性的股权投资，一般应指定为以公允价值计量且其变动计入其他综合收益的金融资产。例如，企业持有的上市公司限售股，尽管在活跃市场上有报价，但由于出售受到限制，不能随时出售（非交易性），可以指定该金融资产为以公允价值计量且其变动计入其他综合收益的金融资产。对于这类金融资产，需要设置"其他权益工具投资"会计科目。

3.2.2 以公允价值计量且其变化计入其他综合收益的金融资产的会计处理

企业应当对以公允价值计量且其变化计入其他综合收益的金融资产，通过设置"其他债权投资"和"其他权益工具投资"会计账户（科目）进行核算，同时还包括"其他综合收益""应收股利""应收利息"等账户（科目）。

1. "其他债权投资"账户

该账户属于资产类，核算企业持有的以公允价值计量且其变动计入其他综合收益的债权性质的金融资产；该科目借方登记其他债权投资的取得成本和公允价值变动增加额等；贷方登记其他债权投资的处置成本和公允价值变动减少额等；期末借方余额表示其他债权投资的公允价值。该账户应按其他债权投资的类别和品种，分别"成本""利息调整""应计利息""公允价值变动"等设置明细账户进行明细核算。

2. "其他权益工具投资"账户

该账户属于资产类，核算企业持有的以公允价值计量且其变化计入其他综合收益的非交易性权益工具的投资;该科目借方登记其他权益工具投资的取得成本和公允价值变动增加额。贷方登记其他权益工具的处置成本和公允价值变动减少额;期末借方余额表示其他权益工具的公允价值。该账户应按其他权益工具的类别和品种,分别"成本""利息调整""公允价值变动"等设置明细账户进行明细核算。

3. "其他综合收益"账户

该账户属于所有者权益类,专门用来核算企业以公允价值计量且其变化计入其他综合收益的金融资产公允价值变动而形成的应计入所有者权益的利得或损失等。其借方登记资产负债表日企业持有的有关金融资产的公允价值低于账面余额的差额等;贷方记资产负债表日企业持有的有关金融资产的公允价值高于账面余额的差额等。

【例 3-2】2014 年 5 月 18 日,甲公司从证券交易所以每股 10 元的价格购入乙公司股票 100 000 股,支付价款 1 000 000 元,另支付相关交易费用 20 000 元。该公司将其划分为以公允价值计量且其变动计入其他综合收益的金融资产核算。2014 年 12 月 31 日,该股票市场价格为每股 18 元。

2015 年 3 月 1 日,乙公司宣告分派现金股利,甲公司应得 40 000 元,并于 4 月 2 日收到此现金股利。2015 年 4 月 15 日,甲公司将全部股票以每股 16 元的价格予以出售,在支付相关交易费用后,实际取得款项 1 575 000 元。

对于该例,甲公司应编制会计分录如下:

(1) 2014 年 5 月 18 日,购入股票:

借:其他权益工具投资——成本　　　　1 020 000
　　贷:其他货币资金——存出投资款　　　　1 020 000

(2) 2014 年 12 月 31 日,确认公允价值变动:

公允价值变动 = 18 × 100 000 - 1 020 000 = 780 000(元)

借:其他权益工具投资——公允价值变动　　780 000
　　贷:其他综合收益　　　　　　　　　　　780 000

(3) 2015 年 3 月 1 日,乙公司宣告分派现金股利:

借:应收股利　　　　　　　　　　　　　　40 000
　　贷:投资收益　　　　　　　　　　　　　40 000

(4) 2015 年 4 月 2 日,收到现金股利:

借:银行存款　　　　　　　　　　　　　　40 000
　　贷:应收股利　　　　　　　　　　　　　40 000

(5) 2015 年 4 月 15 日,出售股票:

根据规定,企业出售其他权益工具投资,应终止确认该金融资产。企业出售其他权益工具投资，应将实际收到的价款与其账面价值的差额，计入留存收益；同时将累计确认的其他综合收益转为留存收益，不计入当期损益。企业应根据实际收到的出售价款，借记"银行存款"等科目；根据该金融资产的账面价值，贷记"其他权益工具投资"科目；根据其差额，贷记或借记"盈余公积"和"利润分配——未分配利润"科目。同时，根据累计公允价值变动原计入其他综合收益的最终金额（结果），借记或贷记"其他综合收益"科目，贷记或借记"盈余公积"和"利润分配——未分配利润"科目。

所以，甲公司根据上述会计处理的有关会计信息，2015年4月15日，编制出售股票的会计分录如下：

```
借：银行存款                        1 575 000
    盈余公积                           22 500
    利润分配——未分配利润              202 500
  贷：其他权益工具投资——成本         1 020 000
              ——公允价值变动          780 000
借：其他综合收益                      555 000
  贷：利润分配——未分配利润            499 500
      盈余公积                         55 500
```

如果企业处置的金融资产是其他债权投资时，应终止确认该金融资产，并将取得的处置价款与该金融资产账面余额之间的差额计入投资收益；同时，将原直接计入所有者权益的累计公允价值变动对应处置部分的金额转出，计入投资收益。具体地：

```
借：银行存款                （实际收到的处置价款）
  贷：其他债权投资——成本    （其他债权投资面值）
  贷或借：其他债权投资——利息调整
                          （按利息调整摊余金额）
  贷或借：其他债权投资——公允价值变动
                          （累计公允价值变动金额）
  贷或借：投资收益                      （差额）
```

同时，将之前计入其他综合收益的累计公允价值变动（利得或损失）对应处置部分的数额转出：

```
借或贷：其他综合收益——其他债权投资公允价值变动
  贷或借：投资收益
```

请你分析：承上例〖例3-2〗，如果是该企业取得的金融资产属于债券投资并以公允价值计量且其变化计入其他综合收益，其会计处理会发生哪些明显变化?

答案提示: 如果是该企业取得的债券投资,会计处理的变化在:

(1) 投资的会计科目由"其他权益工具投资"变为"其他债权投资";

(2) 取得债权投资很可能产生"利息调整"并于后期需要分摊;

(3) 后期每期确认投资收益时,会由"应收股利"变为"应收利息"科目;

(4) 该金融资产终止确认时,应将之前计入其他综合收益的累计公允价值变动(利得或损失)对应处置部分的数额转出,计入当期损益("投资收益"),而不是留存收益。

请你回答: 以公允价值计量且其变化计入其他综合收益的金融资产,应专设什么科目进行核算?

答案提示: 以公允价值计量且其变化计入其他综合收益的金融资产,根据具体情形专设以下两个科目进行核算,即:

(1) 其他债权投资;

(2) 其他权益工具投资。

其他债权投资
会计处理举例

3.3 以摊余成本计量的金融资产
——债权投资

3.3.1 以摊余成本计量的金融资产的特征

根据规定,以摊余成本计量的金融资产,应同时符合下列条件:

(1) 企业管理该金融资产的业务模式是以收取合同现金流量为目标;

(2) 该金融资产的合同条款规定,在特定日期产生的现金流量,仅为对本金和以来偿付本金金额为基础的利息的支付。

摊余成本,是指该金融资产的初始确认金额经下列调整后的结果:一是扣除已偿还的本金;二是加上或减去采用实际利率法将该初始确认金额与到期日金额之间的差额进行摊销形成的累计摊销额;三是扣除已发生的减值损失。

企业持有的以摊余成本计量的金融资产有很多。例如,银行向企业客户发放的固定利率贷款,在没有其他特殊安排的情况下,贷款通常可能符合本金加利息的合同现金流量特征。如果银行管理该贷款的业务模式是以收取合同现金流量为目标，则该贷款可以分类为以摊余成本计量的金融资产。再如，普通债券的合同现金流量是到期收回本金及按约定利率在合同期间按时收取固定或浮动利息的权利。在没有其他特殊安排的情况下，普通债券通常可能符合本金加利息的合同现金流量特征。如果企业管理该债券的业务模式是以收取合同现金流量为目标，则该债券可以分类为以摊余成本计量的金融资产。又如，企业正常商业往来形成的具有一定信用期限的应收账款，如果企业拟根据应收账款的合同现金流量收取现金，且不打算提前处置应收账款，则该应收账款可以分类为以摊余成本计量的金融资产。

以摊余成本计量的金融资产，通常包括企业的贷款、应收账款和债权投资。为此，企业一般应当设置"贷款""应收账款""债权投资"等相应的会计科目核算分类为以摊余成本计量的金融资产。

债权投资是指业务管理模式为在特定日期收取合同现金流量的以摊余成本计量的金融资产，这种投资通常到期日固定、回收金额固定或可以确定，并且企业有明确的意图和能力持有至到期的国债和企业债券等。

请你回答：企业购入的股票是债权投资吗？为什么？

答案提示：不是。因为企业购买的股票不存在到期日，且回收金额无法确定，所以不能确认为债权投资。

请你分析：对于以摊余成本计量的金融资产和以公允价值计量且其变动计入其他综合收益的金融资产。比较分析这两种金融资产判断标准的异同。

答案提示：两种金融资产所要求的现金流量特征是相同的，即相关金融资产在特定日期产生的合同现金流量仅为对本金和未偿还本金为基础的利息支付。两者的区别在于企业管理金融资产的业务模式不尽相同。

3.3.2 债权投资的会计处理

为了核算企业持有的以摊余成本计量的债权投资的取得、收益、处置等情况，应设置"债权投资"科目，并设置"成本""利息调整""应计利息"（该明细账适用于到期一次还本付息的债券）明细科目。企业取得债权投资时，应按该投资债券的面值，借记"债权投资——成本"科目；按支付的价款中包含的已到付息期但尚未领取的利息，借记"应收利息"科目；按实际支付的金额，贷记"银行存款"等科目；按其差额，借记或贷记"债权投资——利息调整"科目。

企业对于分次付息债券其到期尚未支付的利息，不通过"债权投资——应计利息"科目核算，而是通过"应收利息"科目进行核算。

企业的债权投资应当按照取得时的公允价值与相关交易费用之和作为初始入账金额。如果实际支付的价款中包含已到付息期但尚未领取的债券息，应当单独确认为应收项目，不构成债权投资的初始确认金额。

【例3-3】2010年1月1日，甲公司购买某公司同日发行的面值为1 000元、期限5年、票面利率8%、到期还本、每年年末付息一次的债券1 000张，利息不以复利计算。购买价格为每张1 125元，另外支付手续费4 860元。甲公司将其划分为以摊余成本计量的金融资产。不考虑所得税、减值等其他因素。采用实际利率法对溢折价进行摊销。

甲公司购入债券时，编制会计分录如下：

初始投资成本 = 1 125 000 + 4 860 = 1 129 860（元）

其中：面值 = 1 000 000（元）

利息调整 = 129 860（元）

借：债权投资——成本　　　　　　　　1 000 000
　　　　　　——利息调整　　　　　　　129 860
　　贷：银行存款　　　　　　　　　　　1 129 860

债权投资的后续计量，主要包括对持有期间各期应计利息及投资收益的确认。我国会计准则要求企业采用实际利率法，按摊余成本对持有至到期投资进行后续计量。

实际利率法，是指按照金融资产的实际利率计算其摊余成本及各期利息收入的方法。其基本原理：企业持有债权投资在各期的投资收益按各期期初摊余成本和实际利率计算确定；每期确认的投资收益与本期应计利息的差额，就是本期溢价或折价（即利息调整）的摊销额。用公式表示如下：

本期确认的投资收益 = 本期期初摊余成本 × 实际利率

本期溢价或折价摊销额 = 本期应计利息 - 本期确认的投资收益

【例3-4】承〔例3-3〕假设甲公司拥有的该债权投资的实际利率为5%；有关该债权投资后续计量，甲公司应编制会计分录如下：

(1) 2010年12月31日，确认实际利息收入、收到票面利息等：

借：应收利息　　　　　　　　　　　　80 000
　　贷：投资收益　　　　　　　　　　　56 493

　　　　　债权投资——利息调整　　　　　　　　　　　23 507
　　借：银行存款　　　　　　　　　　　　　　　　80 000
　　　　贷：应收利息　　　　　　　　　　　　　　　　80 000
（2）2011年12月31日，确认实际利息收入、收到票面利息等：
　　借：应收利息　　　　　　　　　　　　　　　　80 000
　　　　贷：投资收益　　　　　　　　　　　　　　　55 317.65
　　　　　　债权投资——利息调整　　　　　　　　　24 682.35
　　借：银行存款　　　　　　　　　　　　　　　　80 000
　　　　贷：应收利息　　　　　　　　　　　　　　　　80 000
（3）2012年12月31日，确认实际利息收入、收到票面利息等：
　　借：应收利息　　　　　　　　　　　　　　　　80 000
　　　　贷：投资收益　　　　　　　　　　　　　　　54 083.53
　　　　　　债权投资——利息调整　　　　　　　　　25 916.47
　　借：银行存款　　　　　　　　　　　　　　　　80 000
　　　　贷：应收利息　　　　　　　　　　　　　　　　80 000
（4）2013年12月31日，确认实际利息、收到票面利息等：
　　借：应收利息　　　　　　　　　　　　　　　　80 000
　　　　贷：投资收益　　　　　　　　　　　　　　　52 787.71
　　　　　　债权投资——利息调整　　　　　　　　　27 212.29
　　借：银行存款　　　　　　　　　　　　　　　　80 000
　　　　贷：应收利息　　　　　　　　　　　　　　　　80 000
（5）2014年12月31日，确认实际利息：

　　企业在持有投资债券到期时，由于在对到期前相关指标的计算过程中，一般都采用四舍五入法，会出现尾差，因此，在债券到期时，应先将尚未摊销的利息调整全部从本期结转，使之保证该明细账户在债券到期时，其账面余额为零。然后根据应收利息和结转的尚未摊销的利息调整，倒挤出本期的投资收益。

　　该例题，债券的到期日为2015年1月1日，在该债券到期前，"债权投资——利息调整"科目，尚有未摊销的溢价（即利息调整）28 541.89元，应先从本明细科目转出，再确认本期的投资收益51 458.11（51 458.11＝80 000－28 541.89）。

　　借：应收利息　　　　　　　　　　　　　　　　80 000
　　　　贷：投资收益　　　　　　　　　　　　　　　51 458.11
　　　　　　债权投资——利息调整　　　　　　　　　28 541.89
（6）假定该债券于2015年1月1日收回：
　　借：银行存款　　　　　　　　　　　　　　　1 080 000

　　　　贷：应收利息　　　　　　　　　　　80 000
　　　　　债权投资——成本　　　　　　　1 000 000

请你分析： 承上例〖例3-3〗〖例3-4〗，假定其他条件不变，该债券为到期一次还本付息债券。甲公司取得该投资以及2010年12月31日确认实际利息收入的会计分录应该如何编制（假设依据以上相关数据）？

答案提示：（1）甲公司购入债券时，编制会计分录如下：
　　　　借：债权投资——成本　　　　　　1 000 000
　　　　　　　　——利息调整　　　　　　 129 860
　　　　贷：银行存款　　　　　　　　　　1 129 860
（2）2010年12月31日，确认实际利息收入：
　　　　借：债权投资——应计利息　　　　　80 000
　　　　贷：投资收益　　　　　　　　　　　23 507
　　　　　债权投资——利息调整　　　　　　56 493

请你回答： 承上例〖例3-3〗〖例3-4〗，假定该债券为到期一次还本付息债券。其每期末该债权投资的摊余成本与分期付息到期还本情形下是否一致？为什么？

答案提示： 不一致。因为到期一次还本付息债券的实际利率与分期付息到期还本的债券实际利率是不相同的，由此计算的每期投资收益就不会相同，随之，利息调整也就不一样。最终每期"债权投资"的摊余成本也就存在差异了。

　　企业应当在资产负债表日，企业应对对债券投资的账面价值进行核查。如果有客观证据表明该金融资产信用风险已经显著增加，应当对该资产计提减值准备。

　　为了反映债券投资减值准备的提取和核销情况，企业应当设置"债权投资减值准备"账户（科目）。该科目是"债权投资"的备抵调整账户（科目）；其贷方登记企业提取的债权投资减值准备，借方登记核销的债权投资减值准备；期末贷方余额反映企业已经提取但尚未核销的债权投资减值准备。

　　企业在资产负债表日填列"债权投资"项目时，应将"债权投资"账户借方余额减去"债券投资减值准备"账户贷方余额后的差额，作为债权投资的账面价值进行填报。

　　资产负债表日，企业应当对以摊余成本计量的债权投资的信用风险自初始确认后是否已显著增加进行评估，并按照预期信用损失的三个阶段模型计量其损失准备、确认预期信用损失。编制会计分录如下：

借：信用减值损失
　　贷：债权投资减值准备

请你回答： 上述金融资产中，哪些金融资产存在计提减值准备的会计处理？

答案提示： 上述金融资产中，存在计提减值准备的会计处理包括以下两类金融资产：

（1）以摊余成本计量的金融资产；

（2）以公允价值计量且其变动计入其他综合收益的债权投资类金融资产。

而以公允价值计量且其变动计入其他综合收益的非交易性权益工具类投资和以公允价值计量且其变动计入当期损益的金融资产，不需计提减值准备。

三类金融资产的差异

知 识 拓 展

企业如果改变其管理金融资产的业务模式时，应当按照规定对所受影响的相关金融资产进行重分类。金融资产的重分类包括以下几个方面：

1. 以摊余成本计量的金融资产重分类，包括：

（1）将一项以摊余成本计量的金融资产重分类为以公允价值计量且其变动计入当期损益的金融资产；应当按照该资产在重分类日的公允价值进行计量。原账面价值与公允价值之差计入当期损益。

（2）将一项以摊余成本计量的金融资产重分类为以公允价值计量且其变动计入其他综合收益的金融资产；应当按照该资产在重分类日的公允价值进行计量。原账面价值与公允价值之差计入其他综合收益。

2. 以公允价值计量且其变动计入其他综合收益的金融资产的重分类。包括：

（1）将一项以公允价值计量且其变动计入其他综合收益的金融资产重分类为以摊余成本计量的金融资产；应当将之前计入其他综合收益的累计利得或损失转出，调整该金融资产在重分类日的公允价值，并以调整后的金额作为新的账面价值，即视同该金融资产一直以摊余成本计量。该金融资产重分类不影响其实际利率和预期信用损失的计量。

（2）将一项以公允价值计量且其变动计入其他综合收益的金融资产重分类为以公允价值计量且其变动计入当期损益的金融资

产的，应当继续以公允价值计量该金融资产。同时，企业应当将之前计入其他综合收益的累计利得或损失从其他综合收益转入当期损益。

3. 以公允价值计量且其变动计入当期损益的金融资产的重分类。包括：

（1）将一项以公允价值计量且其变动计入当期损益的金融资产的重分类为以摊余成本计量的金融资产；应当按照该资产在重分类日的公允价值作为新的账面余额。

（2）将一项以公允价值计量且其变动计入当期损益的金融资产的重分类为以公允价值计量且其变动计入其他综合收益的金融资产；应当继续以公允价值计量该金融资产。

延伸阅读：金融资产重分类举例

本章小结

1. 金融资产的内容及分类。企业应当根据其管理金融资产的业务模式和金融资产的合同现金流量特征，将金融资产划分为以下三类：①以摊余成本计量的金融资产；②以公允价值计量且其变动计入其他综合收益的金融资产；③以公允价值计量且其变动计入当期损益的金融资产。上述分类一经确定，不得随意变更。

虽然货币资金、应收账款和长期股权投资也属于金融资产，但本章并不涉及（具体见其他相关章节）。

2. 金融资产的基本会计处理。金融资产的会计处理通常包括三大环节：一是取得金融资产时；二是持有金融资产期间；三是金融资产处置时。特别注意的是：

（1）取得金融资产时发生的相关交易费用是否构成资产的初始成本；

（2）处置金融资产时，区分相关金融资产原已确认的未实现损益是否转为投资收益还是留存收益；

（3）金融资产的后续计量：①按照公允价值计量。该计量又进一步分为公允价值计量且其变动计入当期损益和公允价值计量且其变动计入其他综合收益两类。②按照摊余成本计量。

本章练习题

一、选择题

1. 有一种金融资产，按照公允价值计量且其变动计入其他综合收益。但是该金融资产终止确认时，其之前计入其他综合收益的累计利得或损失应当从其他综合收益中转出，计入当期损益。该金融资产是指（　　）。
    A. 以公允价值计量且其变动计入其他综合收益的债权投资
    B. 以公允价值计量且其变动计入其他综合收益的股权投资
    C. 以公允价值计量且其变动计入当期损益的债权投资
    D. 以公允价值计量且其变动计入当期损益的股权投资

2. 不属于金融资产（负债）的包括（　　）。
    A. 应收账款（应付账款）
    B. 预收账款（预付账款）
    C. 企业持有的现金
    D. 企业持有的待到期变现的债券

3. 某企业持有一项金融资产，该企业管理此项金融资产的业务模式是以收取合同现金流量为目标。则该金融资产属于（　　）。
    A. 以公允价值计量且其变动计入当期损益的金融资产
    B. 以摊余成本计量的金融资产
    C. 以公允价值计量且其变动计入其他综合收益的金融资产
    D. 以实际成本计量的金融资产

4. 以下哪个会计科目通常按照公允价值计量（　　）。
    A. 交易性金融资产　　　　B. 债权投资
    C. 其他债权投资　　　　　D. 其他权益工具投资

5. 金融资产或金融负债的摊余成本通常在初始确认金额基础上，对有关项目调整后的结果确定，包括（　　）。
    A. 扣除已偿还的本金
    B. 扣除金融资产计提的累计信用减值准备
    C. 加（或减）对初始确认金额与到期日金额之间的差额累计摊销数额
    D. 扣除发生的交易费用

二、判断题

1. 对于以公允价值计量且其变动计入当期损益的金融资产，发生的相关交易费用应当直接计入当期损益。（　　）
2. 应收账款不能分类为以摊余成本计量的金融资产。（　　）
3. 出售以公允价值计量且其变动计入其他综合收益的非交易性权益工具投资，其售价与账面价值的差额应计入投资收益。（　　）
4. 如果企业管理金融资产的模式既不是以收取合同现金流量为目标，也不是以出售金融资产为目的；那么该金融资产应当划分为以公允价值计量且其变动计入其他综合收益的金融资产。（　　）
5. 有一种金融资产，既按照公允价值计量，又按照实际利率法

计算利息收益。这个金融资产通常使用的会计科目是"其他权益工具投资"。　　　　　　　　　　　　　　　　　(　　)

三、实务题

1. 甲公司于2013年3月1日从证券市场购入丁公司普通股股票40 000股，每股成交价3.2元（含丁公司已宣告但尚未发放的现金股利每股0.2元，股权登记日为3月16日），另付手续费、佣金等计1 000元，准备随时出售。甲公司于2013年4月18日，收到现金股利8 000元。甲公司持有的丁公司股票2013年6月30日市价为每股4元。甲公司于2013年11月15日出售该股票20 000股，实际取得价款94 000元。

要求：做出甲公司以下相关会计分录：

(1) 2013年3月1日，购入股票；
(2) 2013年4月18日，收到现金股利；
(3) 2013年6月30日，确认公允价值变动损益；
(4) 2013年11月15日，出售股票。

2. 甲公司20×9年1月1日购入乙公司面值128万元、期限5年（发行日为20×8年1月1日）、票面利率5%、每年12月31日付息的债券。甲公司将该债券确认为以摊余成本计量的债权投资。该债权投资的初始确认金额为124.56万元（已扣除购买价款中包含的已到期尚未支付的利息6.4万元）。该债券的实际利率为5.78%。

要求：编制甲公司从取得债券至债券到期整个过程的会计分录（每期计息按年进行会计处理）

第 4 章 存 货

本章要点

◇ 明确存货的确认
◇ 掌握原材料存货的基本会计处理
◇ 了解存货的清查
◇ 明确存货减值的测试及会计处理

4.1 存货概述

4.1.1 存货的概念及内容

> 存货,是指企业在日常活动中持有以备出售的产成品或商品、处在生产过程中的在产品、在生产过程或提供劳务过程中耗用的材料、物料等。
> ——引自《企业会计准则第1号——存货》

企业持有存货的最终目的是为了销售。存货在总资产中占有极为重要的地位,与其他资产相比具有较强的流动性和一定的时效性。存货在企业的生产经营过程中,始终处于不断地耗用、销售和重置中。如果存货长期不能耗用或销售,就有可能变为积压物资或降价商品,从而造成企业的损失。

企业的存货一般包括各类原材料、在产品、半成品、商品、包装物、低值易耗品和委托代销商品等。其中，原材料、在产品和产成品是针对生产性企业而言的，在这类企业中，存货不断地参与购买、生产和销售的各个环节，成为商业活动中最活跃的因素；商品是针对商业企业而言的。包装物和低值易耗品统称为周转材料，它是指能够多次周转使用、但不符合固定资产定义的材料。

请你分析：某制造企业购买的用于生产 A 产品的材料是存货吗？它的目的是为了销售吗？

答案提示：该企业购买的 A 材料是存货，虽然它最初是直接用于生产产品，但产品一经完工，最终会被出售。故，A 材料属于存货。

请你分析：房屋建筑物对于生产性企业与房地产开发企业来讲，它是什么资产？为什么？

答案提示：房屋建筑物对于生产性企业来讲不是存货，因为其目的是为了使用；而房屋建筑物对于房地产开发企业来讲，就是存货，因为其建房的目的是为了卖房。

请你分析：如果一个企业为了建造固定资产等各项工程而储备的材料是存货吗？

答案提示：如果一个企业为了建造固定资产等各项工程而储备的各种材料，由于用于建造固定资产等各项工程，而固定资产对于企业来讲，其目的是为了使用，其流动性不强。因此不符合存货的定义，不能作为企业存货。

4.1.2 存货的确认

> 存货同时满足下列条件的，才能予以确认：
> 1. 与该存货有关的经济利益很可能流入企业；
> 2. 该存货的成本能够可靠地计量。
> ——引自《企业会计准则第 1 号——存货》

通常情况下，拥有存货的所有权是存货所含的经济利益很可能流入本企业的一个重要标志。例如，企业根据销售合同已经售出（取得现金或收取现金的权利），这种情况下，存货的所有权已经转移，虽然该存货有可能尚未运离本企业，但也不能再作为该企业的存货进行核算。企业在判断存货所含经济利益能否流入企业的同时，还必须能够对其成本进行可靠的计量，这也是存货确认的基本前提。存货的成本能够可靠地计量必须以取得确凿、可靠的证据为依据，并且能够合理估计，具有可验证性。如果存货成本不能可靠地计量，则不能确认为一项存货。

请你分析：一个企业可能有一些存货被当作资产计入公司的会计报表，但是并非能够在仓库中找到它们，因为它们有可能正在运输的卡车上、火车上，甚至寄存在其他单位的仓库中。那么，对于不在本企业中的存货是不是不应当确认为本企业的存货？

答案提示：确定是否是企业的存货，重要的是看与存货所有权相联系的报酬和风险是否已经转移给其他企业，即视存货的法定所有权是否发生转移。存货物理位置的转移并不一定意味着法定所有权的转移，法定所有权的转移通常是指根据购销合同和有关法律文件，企业已经取得购买存货而产生的支付现金的义务。所以，对于正在运输途中的存货，很可能由于企业已经取得了对该存货的法定所有权。既然上述资料中表明"一些存货被当作资产计入公司的会计报表"，意味着该企业已经拥有存货的所有权。

4.2　原材料存货

原材料，指企业在生产过程中经加工改变其形态或性质并构成产品主要实体的各种原料及主要材料、辅助材料、外购半成品（外购件）、修理用备件（备品备件）、包装材料、燃料等。

原材料的日常收发及结存，可以采用实际成本核算，也可以采用计划成本核算。

4.2.1　原材料的实际成本核算

1. 外购取得的原材料

> 企业外购存货主要包括原材料和商品。外购存货的成本即存货的采购成本，指企业物资从采购到入库前所发生的全部支出，包括购买价款、相关税费、运输费、装卸费、保险费以及其他可归属于存货采购成本的费用。
>
> ——引自《企业会计准则讲解（2008）》

（1）外购原材料的计量。对于原材料存货的相关税费中，不包括按规定可以抵扣的增值税税额；而其他可归属于存货采购成本的费用，主要是指采购成本中除上述各项以外的可归属于存货采购成本的费用，如在存货采购过程中发生的仓储费、包装费、运输途中的合理损耗、入库前的挑选整理费用等。这些费用能分清负担对象的，应直接计入存货的采购成本；不能分清负担对象的，应选择合理的分配方法，分配计入有关存货的采购成本，按所购存货的数量或采购价格比例进行分配。

请你计算：某企业实际取得原材料的数量及该原材料的实际总成本、单位成本。

某企业在购买原材料的过程中，发生以下情况（共计购买 1 000 公斤，每公斤购买单价 10 元）：

1. 取得增值税专用发票，其中支付购买价款 10 000 元，增值税进项税额 1 300 元；
2. 支付运杂费、保险费各 545 元（含增值税 45 元）、600 元；
3. 运输途中发生合理定额损耗 10 公斤，计 100 元。

答案提示：实际取得原材料的数量 = 1 000 - 10 = 990（公斤）

原材料的实际总成本 = 10 000 + 500 + 600 = 11 000（元）

原材料的单位成本 = 11 000 ÷ 990 = 11.11（元）

需要说明的是，小规模纳税人购入原材料所支付的增值税进项税额，无论是否取得增值税专用发票等凭证，其支付的增值税额均应计入所购材料的成本。

（2）外购原材料的会计处理。

①账户的设置。企业按实际成本对原材料进行核算的特点表现在：从原材料的收发凭证到明细分类账和总分类账全部都是按实际成本计价，并应设置下列账户进行核算：

"原材料"账户，用于核算企业库存原材料的实际成本。该账户属资产类账户，借方登记入库原材料的实际成本；贷方登记出库原材料的实际成本；期末借方余额反映企业库存原材料的实际成本。该账户应按原材料的保管地点（仓库）、材料的类别、品种和规格设置材料明细账（或材料卡片）。

"在途物资"账户，用于核算企业购入尚未到达或尚未验收入库的各种物资的实际成本。该账户属资产类账户，借方登记已付款或已开出、承兑商业汇票的物资的实际成本；贷方登记已验收入库物资的实际成本；期末借方余额反映企业已付款或已开出、承兑商业汇票但尚未到达或尚未验收入库的在途物资的实际成本。该账户应按供应单位设置明细账进行明细核算。

②外购原材料的账务处理。企业外购材料时，由于结算方式和采购地点的不同，材料入库和货款的支付在时间上不一定完全同步，相应地，其账务处理也有所不同。

a. 对于发票账单与材料同时到达的采购业务，企业在支付货款或开出、承兑商业汇票，材料验收入库后，应根据发票账单等结算凭证确定的材料成本，借记"原材料"科目，根据取得的增值税专用发票上注明的税额，借记"应交税费——应交增值税（进项税额）"，（一般纳税人，下同）科目，按照实际支付的款项或应付票据面值，贷记"银行存款"或"应付票据"等科目。

【例4-1】甲企业经有关部门核定为增值税一般纳税人，某日该企业购入材料一批，取得的增值税专用发票上注明的原材料价款为200 000元，增值税税额为26 000元，发票账单等结算凭证已经收到，货款已通过银行转账支付，原材料已验收入库。根据上述资料，编制会计分录如下：

借：原材料　　　　　　　　　　　　　　　　200 000
　　应交税费——应交增值税（进项税额）　　 26 000
　　贷：银行存款　　　　　　　　　　　　　 226 000

b. 对于已经付款或已开出、承兑商业汇票，但材料尚未到达或尚未验收入库的采购业务，应根据发票账单等结算凭证，借记"在途物资""应交税费——应交增值税（进项税额）"等科目，贷记"银行存款"或"应付票据"等科目；待材料到达验收入库后，再根据收料单，借记"原材料"科目，贷记"在途物资"科目。

【例4-2】沿用上例的资料，并假设购入材料业务中的发票账单等结算凭证已到，货款已经支付，但材料尚未入库。甲企业应于收到发票等结算凭证时，编制会计分录如下：

借：在途物资　　　　　　　　　　　　　　　200 000
　　应交税费——应交增值税（进项税额）　　 26 000
　　贷：银行存款　　　　　　　　　　　　　 226 000

上述材料到达入库时，再作如下账务处理：

借：原材料　　　　　　　　　　　　　　　　200 000
　　贷：在途物资　　　　　　　　　　　　　 200 000

c. 对于材料已到达并已验收入库，但发票账单等结算凭证未到，货款尚未支付的采购业务，应于月末，按材料的暂估价值，借记"原材料"科目，贷记"应付账款——暂估应付账款"科目。下月初用红字作同样的记账凭证予以冲回（或用蓝字编制相反的会计分录），以便下月付款或开出、承兑商业汇票后，按正常程序，借记"原材料""应交税费——应变增值税（进项税额）"等科目，贷记"银行存款"或"应付票据"等科目。

【例4-3】假设〖例4-1〗材料已验收入库，但发票等结算凭证尚未收到，月末按照暂估价入账，假设其暂估价为180 000元。编制会计分录如下：

借：原材料　　　　　　　　　　　　180 000
　　贷：应付账款——暂估价　　　　　　　180 000

下月初用红字将上述分录原账冲回（注：红字用括号表示）：

借：原材料　　　　　　　　　　　　（180 000）
　　贷：应付账款——暂估价　　　　　　　（180 000）

或用蓝字编制相反的会计分录如下：

借：应付账款——暂估价　　　　　　180 000
　　贷：原材料　　　　　　　　　　　　　180 000

收到结算凭证，并支付货款时编制会计分录如下：

借：原材料　　　　　　　　　　　　200 000
　　应交税费——应交增值税（进项税额）　26 000
　　贷：银行存款　　　　　　　　　　　　226 000

请你分析：上述【例4-3】既然发票等结算凭证尚未收到，月末不入账可以吗？为什么？

答案提示：不可以，因为甲企业已经收到存货，已经拥有该存货的所有权，为了体现真实性，向会计信息使用者如实地提供会计信息，则应当按照暂估价编制会计分录，并入账后披露该存货会计信息。

【例4-4】某小规模纳税企业采购材料，取得的增值税专用发票上注明的材料价款为90 000元，增值税额为11 700元，材料已验收入库。企业开出一张60天到期、票面价值为101 700元，并经银行承兑的商业汇票交给供货单位。同时，用银行存款支付银行承兑的手续费52.65元。编制会计分录如下：

借：原材料　　　　　　　　　　　　101 700
　　贷：应付票据　　　　　　　　　　　　101 700
借：财务费用　　　　　　　　　　　52.65
　　贷：银行存款　　　　　　　　　　　　52.65

知 识 拓 展

企业如果采用预付货款的方式采购材料，应在预付材料价款时，按照实际预付金额，借记"预付账款"科目，贷记"银行存款"科目；已经预付货款的材料验收入库，根据发票账单等结算凭证所列的价款、税额等，借记"原材料""应交税费——应交增值税（进项税额）"等科目，贷记"预付账款"科目；预付款项不足补付货款的，按补付金额，借记"预付账款"科目，贷记"银行存款"科目；退回多预付的款项，借记"银行存款"科目，贷记"预付账款"科目。

2. 加工取得的原材料

> 企业取得存货应当按照成本进行计量。存货成本包括采购成本、加工成本和其他成本三个组成部分。
>
> 存货加工成本，由直接人工和制造费用构成，其实质是企业在进一步加工存货的过程中追加发生的生产成本，不包括直接由材料存货转移来的价值。其中，直接人工，是指企业在生产产品过程中直接从事产品生产的工人的职工薪酬。直接人工和间接人工的划分依据通常是生产工人是否与所生产的产品直接相关（即可否直接确定其服务的产品对象）。制造费用是指企业为生产产品和提供劳务而发生的各项间接费用。制造费用是一种间接生产成本，包括企业生产部门（如生产车间）管理人员的职工薪酬、折旧费、办公费、水电费、机物料消耗、劳动保护费、季节性和修理期间的停工损失等。
>
> ——引自《企业会计准则讲解（2008）》

企业除了外购原材料之外，有时候也会通过自制加工途径增加原材料，其中对于企业基本生产车间或辅助生产车间自制材料，应先通过"生产成本——基本生产成本（或辅助生产成本）"账户核算其发生的料、工、费支出，自制完成的材料验收入库时，应填制"材料交库单"，并按其实际生产成本借记"原材料"账户，贷记"生产成本——基本生产成本（或辅助生产成本）"账户。

【例4-5】甲企业本月自制铜丝一批，验收入库，根据"成本计算单"列示，共耗用铜300公斤，单价12元，人工费3 000元，包装、整理费300元。甲企业编制会计分录如下：

借：原材料　　　　　　　　　　　　　　　　6 900
　　贷：生产成本——基本生产成本　　　　　　6 900

企业在加工存货过程中发生的直接人工和制造费用，如果能够直接计入有关的成本核算对象，则应直接计入该成本核算对象。否则，应按照合理方法分配计入有关成本核算对象。分配方法一经确定，不得随意变更。

知识拓展

企业除了通过外购、加工渠道取得原材料以外，还可以通过其他一些方式也可以取得原材料，如接受投资、接受捐赠、债务重组、非货币资产交换以及盘盈。取得原材料的渠道不同，原材料的计价也各有所差别，如对于投资者投入的原材料，一般按照投资合同或协议约定的价值确定原材料存货的成本；对于接受捐赠、债务重组、非货币资产交换取得的原材料，一般按照公允价值等确定原材料存货的成本；对于盘盈取得的原材料，一般按照重置成本确定原材料存货的成本。

3. 发出原材料

在市场经济条件下，因购买时间不同、购买地点差异，企业通常会以不同的价格采购同一种原材料存货，这就存在一个问题：企业因生产等原因领用的原材料时，它应当采用哪个价格来确定发出原材料存货的成本？

企业应当根据各类原材料的实物流转方式、企业管理的要求、原材料的性质等实际情况，合理地选择确定发出原材料成本的计价方法，以计算当期发出原材料的实际成本。发出原材料的计价方法包括个别计价法、先进先出法、加权平均法、移动加权平均法等。

（1）个别计价法，也称个别认定法、具体辨认法、分批实际法，采用这一方法是假定原材料具体项目的实物流转与成本流转相一致，按照各种原材料逐一辨认各批发出原材料和期末原材料所属的购进批别或生产批别，分别按其购入或生产时所确定的单位成本作为计算各批发出原材料和期末原材料的成本。采用这种方法，能准确计算发出原材料和期末原材料的成本，但是分批认定和记录原材料的批次、数量、单价等，工作量较大，而且还容易造成企业随意选用较高或较低价格的原材料来调整利润。因此，个别计价法一般适用于不能替代使用的原材料、数量不多、价值较大、容易识别，以及为特定项目专门购入或制造的原材料，例如珠宝、名画等贵重物品。

（2）先进先出法是以先收到的原材料应先发出这样一种原材料实物流转假设为前提，对发出原材料进行计价的方法。采用这种方法，先购入的原材料成本先转出，后购入原材料成本后转出，逐笔登记原材料的发出和结存金额，据此确定发出原材料和期末结存原材料的成本。

【例4-6】某企业2014年4月份A材料明细分类账如表4-1所示。

表 4-1　　　　　　　　　　　材料明细分类账

名称：A 材料　　　　　　　　　　　　　　　　　　　　　　　　　　　单位：元

2014年		凭证字号	摘要	收入			发出			结存		
月	日			数量	单价	金额	数量	单价	金额	数量	单价	金额
4	1	1	月初结存							1 500	10	15 000
	2	8	发出				800	10	8 000	700	10	7 000
	8	10	购入	1 000	11	11 000				700	10	7 000
										1 000	11	11 000
	10	15	发出				700	10	7 000			
							500	11	5 500	500	11	5 500
	18	17	购入	1 500	12	18 000				500	11	5 500
										1 500	12	18 000
	25	20	发出				500	11	5 500	1 000	12	12 000
							500	12	6 000			
	31		本月合计	2 500		29 000	3 000		32 000	1 000	12	12 000

根据 A 材料明细账可以得出：

本月发出原材料的成本为：

$800 \times 10 + (700 \times 10 + 500 \times 11) + (500 \times 11 + 500 \times 12) = 8\ 000 + 12\ 500 + 11\ 500 = 32\ 000$（元）

本月库存原材料的成本为：$1\ 000 \times 12 = 12\ 000$（元）或 $15\ 000 + 29\ 000 - 32\ 000 = 12\ 000$（元）

采用先进先出法，便于日常计算原材料成本，但当原材料收发业务频繁，单价经常变动时，计算工作量较大，使用这种计价方法期末原材料的库存成本最接近现行的市场价格。

（3）加权平均法，也称全月一次加权平均法，是指以本月全部进货成本加上月初原材料成本除以本月全部进货数量加上月初原材料数量作为权数，计算出原材料的加权平均单位成本，以此为基础计算当月发出原材料的成本和期末原材料的成本的一种方法。计算原材料的加权平均单位成本的公式如下：

①加权平均单位成本 = [月初库存原材料的实际成本 + $\sum$（本月各批进货的数量 × 本月各批进货的实际单位成本）] ÷（月初库存原材料数量 + 本月各批进货数量）

②本月发出存货的成本 = 本月发出存货的数量 × 原材料加权平均单位成本

③本月月末库存原材料成本 = 月末库存存货的数量 × 原材料加权

平均单位成本

【例4-7】承〖例4-6〗采用加权平均法计算A材料发出成本和期末结存成本。

根据A材料明细账（见表4-2）可以得出：

A材料加权平均单价 = (15 000 + 29 000)/(1 500 + 2 500) = 11（元）

本月发出原材料的成本为：3 000 × 11 = 33 000（元）

本月库存原材料的成本为：1 000 × 11 = 11 000（元）

采用加权平均法，日常不计算原材料成本，将全部工作集中在月底进行，不利于对原材料进行管理，但可以简化核算工作。

表4-2　　　　　　　　　　材料明细分类账

名称：A材料　　　　　　　　　　　　　　　　　　　　　　单位：元

2014年		凭证字号	摘要	收入			发出			结存		
月	日			数量	单价	金额	数量	单价	金额	数量	单价	金额
4	1	1	月初结存							1 500	10	15 000
	2	8	发出				800			700		
	8	10	购入	1 000	11	11 000				1 700		
	10	15	发出				1 200			500		
	18	17	购入	1 500	12	18 000				2 000		
	25	20	发出				1 000			1 000		
	31		本月合计	2 500		29 000	3 000	11	33 000	1 000	11	11 000

（4）移动平均法，也称移动加权平均法，是指以本次进货的成本加上原有库存原材料的成本，除以本次进货数量加上原有库存原材料的数量，据以计算加权平均单位成本，作为计算发出原材料成本依据的一种方法。计算原材料加权平均单位成本的公式如下：

①加权平均单位成本 = (原有库存原材料的实际成本 + 本次进货的实际成本) ÷ (原有库存原材料数量 + 本次进货数量)

②本次发出原材料的成本 = 本次发出原材料的数量 × 加权平均单位成本（本次发出原材料前）

③本月月末库存原材料成本 = 月末库存原材料的数量 × 本月月末原材料的加权平均单位成本

【例4-8】承〖例4-7〗采用移动加权平均法计算A材料发出成本和期末结存成本。

根据A材料明细账（见表4-3）可以得出：

表 4-3

材料明细分类账

名称：A 材料　　　　　　　　　　　　　　　　　　　　　　　　　　　　　　　　　　单位：元

2014年		凭证字号	摘要	收入			发出			结存		
月	日			数量	单价	金额	数量	单价	金额	数量	单价	金额
4	1		结存							1 500	10	15 000
	2	1	发出				800	10	8 000	700	10	7 000
	8	8	购入	1 000	11	11 000				1 700	10.5882	17 999.94
	10	10	发出				1 200	10.5882	12 705.84	500	10.5882	5 294.1
	18	15	购入	1 500	12	18 000				2 000	11.6471	23 294.2
	25	17	发出				1 000	11.6471	11 647.1	1 000	11.6471	11 647.1
	31	20	月计	2 500		29 000	3 000		32 352.94	1 000	11.6475	11 647.1

4月2日发出材料成本 = 800 × 10 = 8 000（元）

结存材料成本 = 700 × 10 = 7 000（元）

4月8日购入原材料平均加权单位成本 = (7 000 + 11 000)/(700 + 1 000) = 10.5882（元）

结存原材料成本 = 1 700 × 10.5882 = 17 999.94（元）

4月10日发出原材料成本 = 1 200 × 10.5882 = 12 705.84（元）

结存原材料成本 = 500 × 10.5882 = 5 294.1（元）

4月18日购入原材料平均加权单位成本 = (5 294.1 + 18 000)/(500 + 1 500) = 11.6471（元）

结存材料成本 = 2 000 × 11.6471 = 23 294.2（元）

4月25日发出原材料成本 = 1 000 × 11.6471 = 11 647.1（元）

结存材料成本 = 1 000 × 11.6471 = 11 647.1（元）

本月库存原材料的成本 = 15 000 + 29 000 - 32 352.94 = 11 647.1（元）

或：本月库存原材料的成本 = 1 000 × 11.6471 = 11 647.1（元）

采用移动加权平均法，能及时并客观地反映发出及结存存货的成本，因为每收到原材料一次就要计算一次平均单位成本，但是，采用这种方法的计算工作量较大。

请你分析：上述的计价方法是否意味着伴随原材料存货的发出或领用业务，原材料存货发出或领用的会计处理也随时进行结转？

答案提示：不是的。上述原材料存货发出的计价虽然有多种，但并不意味着原材料存货发出的会计处理也随时进行结转；其中加权平均法，也称全月一次加权平均法，就是在期末才能结转原材料存货发出的成本，因为采用加权平均法，只有到期末才能计算原材料存货的加权平均单价，所以，原材料发出的成本也只能期末计算结转；至于其他计价方法（个别计价法、先进先出法和移动加权平均法），则可以伴随原材料存货的发出或领用业务，原材料存货发出或领用的会计处理也随时进行结转。

请你分析：你能说出原材料存货发出最基本的会计分录吗？

答案提示：例如，企业从仓库领用原材料用于产品生产，其会计分录为：

借：生产成本
　　贷：原材料

请你分析：上述的计价方法，是否仅仅是原材料发出所专用的计价方法？其他存货适用吗？

答案提示：根据我国企业会计准则的规定：先进先出法、加权平均法（包括移动加权平均法和月末一次加权平均法）以及个别计价法是存货发出的计价方法。所以，上述的计价方法，不仅仅是原材料发出所专用的计价方法，相关的存货，如产成品、库存商品等存货也仍然适用。

4.2.2 原材料的计划成本核算

计划成本法是一种简化的存货核算方法。在这种方法下，企业采用预先制定好的计划成本记录原材料等存货的取得、发出及结存。

采用计划成本进行日常核算的企业，其基本核算程序如下：

第一，企业应先制订各种原材料的计划成本目录，规定原材料的分类、各种原材料的名称、规格、编号、计量单位和计划单位成本。计划单位成本在年度内一般不作调整。

第二，平时收到原材料时，应按计划单位成本计算出收入原材料的计划成本，填入收料单内，并将实际成本与计划成本的差额，作为"材料成本差异"分类登记。

第三，平时发出的原材料，都按计划成本计算，月份终了再将本月发出原材料应负担的成本差异进行分摊，随同本月发出原材料的计划成本记入有关账户，将发出原材料的计划成本调整为实际成本。发出原材料应负担的成本差异，必须按月分摊，不得在季末或年末一次分摊。

1. 外购取得的原材料

（1）材料计划成本的制定。原材料计划成本计价，是指每种材料的日常收、发、结存都要按照预先确定的计划成本计价，企业采用计划成本计价方法对原材料进行核算时，必须事先制订出材料计划单位成本。材料计划单位成本的构成内容应当与实际成本的构成内容相一致。在制订计划时，有国家统一调拨价的，应按统一调拨价加上一定比例的运杂费后作为材料的计划单位成本；没有统一调拨价的，可按上年度实际采购平均单位成本作为计划单位成本，若物价波动较大时，可以按最近采购平均单位成本作为计划单位成本。材料的计划单位成本一旦确定之后，除有特殊情况应当随时调整外，在年度内一般不作变动。

（2）外购原材料的会计处理。

①账户设置。采用计划成本法外购原材料，企业应设置下列账户：

"原材料"账户。该账户与按实际成本计价的核算内容相同，但借方贷方和余额均反映的是原材料的计划成本。

"材料采购"账户。该账户核算企业购入原材料等的采购成本。它属于资产类账户,借方登记外购物资的实际成本和结转实际成本小于计划成本的节约差异;贷方登记验收入库物资的计划成本和结转实际成本大于计划成本的超支差异,期末余额在借方,反映已经收到发票账单付款或已开出、承兑商业汇票,但物资尚未到达或尚未验收入库的在途物资。该账户应按供应单位和物资品种设置明细账,进行明细核算。

请你分析:"在途物资"账户与"材料采购"账户有什么区别?

答案提示:"在途物资"账户与"材料采购"账户没有本质的区别,即:均反映尚未验收入库的在途物资。所不同的是:前者是实际成本核算下使用的账户,后者是计划成本核算下使用的账户。

"材料成本差异"账户。该账户用来核算企业各种材料实际成本与计划成本的差异。它是"原材料"等账户的调整账户,借方登记入库材料实际成本大于计划成本的差异(超支差);贷方登记入库材料实际成本小于计划成本的差异(节约差);分配发出材料应负担的材料成本差异时,根据具体情况借记或贷记该账户(超支差用蓝字,节约差用红字);期末余额在借方,反映库存材料的超支差异,若在贷方,则反映库存材料的节约差异。

②外购原材料的账务处理。企业购入原材料,要通过"材料采购"账户进行核算,其核算内容包括三个方面:一是反映材料采购成本的发生;二是按计划成本反映材料验收入库;三是结转入库材料的成本差异。

a. 货款已经支付(或已开出、承兑商业汇票),材料同时验收入库。

【例4-9】甲企业20×4年4月5日向本地丁工厂购入A材料一批,增值税专用发票上注明的材料价款为100 000元,增值税额为13 000元,材料已验收入库,计划成本为105 000元。企业当即开出并承兑一张面值为113 000元、期限为4个月的商业汇票结算货款。甲企业编制会计分录如下:

开出、承兑商业汇票结算货款:

借:材料采购——丁工厂　　　　　　　　100 000
　　应交税费——应交增值税(进项税额)　13 000
　　　贷:应付票据　　　　　　　　　　　　　113 000

材料验收入库:

借:原材料——A材料　　　　　　　　　　105 000
　　　贷:材料采购——丁工厂　　　　　　　　105 000

结转入库材料成本差异（节约差）：
借：材料采购——丁工厂　　　　　　　　　　　5 000
　　贷：材料成本差异——A 材料　　　　　　　　　　5 000

b. 货款已经支付（或已开出、承兑商业汇票），材料尚未验收入库。企业对货款已付或已开出、承兑商业汇票的材料采购业务，不论材料是否收到，都应先根据发票账单支付的材料实际成本，借记"材料采购"账户，待以后材料验收入库时，再按计划成本贷记"材料采购"账户并结转材料成本差异。若到月末材料仍未收到，只是在"材料采购"账户有借方余额，则表现为在途材料。

【例 4-10】甲企业 20×4 年 4 月 13 日向外地乙单位购入 B 材料一批，发票账单已收到，有关单据上列明材料价款 90 000 元，增值税额 11 700 元，运杂费 1 090 元（其中运费 1 000 元，按照税法规定可以抵的进项税额为 90 元），货款共 102 790 元已通过银行转账支付，但到月末材料仍未运到。编制会计分录如下：

借：材料采购——乙单位　　　　　　　　　　91 000
　　应交税费——应交增值税（进项税额）　　　11 790
　　贷：银行存款　　　　　　　　　　　　　　　　102 790

如果该批材料在下月 13 日运到并验收入库，其计划成本为 90 570 元，入库材料成本差异为超支差 430 元，则在下月收料时才做材料入库和结转成本差异的账务处理。编制会计分录如下：

借：原材料——B 材料　　　　　　　　　　　90 570
　　贷：材料采购——乙单位　　　　　　　　　　　90 570
借：材料成本差异——原材料　　　　　　　　　430
　　贷：材料采购——乙单位　　　　　　　　　　　　430

c. 材料已验收入库，货款尚未支付（或尚未开出、承兑商业汇票）。这类业务包括两种情况：

第一，尚未收到发票账单的情况。在本月份内，可暂不进行账务处理，月终还未收到发票账单时，企业应根据收料凭证，按材料的计划成本暂估入账，下月初用红字冲回（或用蓝字编制相反的会计分录），其账务处理与按实际成本计价的基本相同，不需通过"材料采购"账户核算。等下月付款或开出、承兑商业汇票后，才按正常程序通过"材料采购"账户核算。

【例 4-11】甲企业 20×4 年 4 月 20 日向丙单位购入 C 材料一批，材料已运到并验收入库，其计划成本为 80 000 元，到月终时该批材料的发票账单尚未收到，货款未付。企业应于 4 月终按材料的计划成本估价入账，编制会计分录如下：

借：原材料——C 材料　　　　　　　　　　80 000
　　贷：应付账款——暂估应付账款　　　　　　80 000

5 月初用红字将上述会计分录冲回（红字用括号表示，下同）：

借：原材料——C 材料　　　　　　　　　（80 000）
　　贷：应付账款——暂估应付账款　　　　　（80 000）

或：用蓝字编制相反的会计分录如下：

借：应付账款——暂估应付账款　　　　　　80 000
　　贷：原材料——C 材料　　　　　　　　　　80 000

以后收到发票账单并支付款项时，按正常程序记账。假设企业在 5 月 20 日收到发票账单并已用银行存款付款，该批材料的实际成本为 78 000 元，增值税额为 10 140 元，编制会计分录如下：

借：材料采购——丙单位　　　　　　　　　78 000
　　应交税费——应交增值税（进项税额）　　10 140
　　贷：银行存款　　　　　　　　　　　　　　88 140
借：原材料——C 材料　　　　　　　　　　80 000
　　贷：材料采购——丙单位　　　　　　　　　80 000
借：材料采购——丙单位　　　　　　　　　 2 000
　　贷：材料成本差异——C 材料　　　　　　　2 000

第二，已收到发票账单，或虽然发票账单未到，但根据合同、随货同行发票等能够计算并确定材料实际成本的情况。月终时，应按材料采购的正常核算程序，通过"材料采购"账户进行核算。

【例 4-12】承【例 4-11】假定甲企业在 2014 年 4 月 20 日已收到发票账单，但仍未付款。月终时，应编制会计分录如下：

借：材料采购——丙单位　　　　　　　　　78 000
　　应交税费——应交增值税（进项税额）　　10 140
　　贷：应付账款——丙单位　　　　　　　　　88 140
借：原材料——C 材料　　　　　　　　　　80 000
　　贷：材料采购——丙单位　　　　　　　　　80 000
借：材料采购——丙单位　　　　　　　　　 2 000
　　贷：材料成本差异——原材料　　　　　　　2 000

下月付款时，编制会计分录如下：

借：应付账款——丙单位　　　　　　　　　88 140
　　贷：银行存款　　　　　　　　　　　　　　88 140

在会计实务中，为了简化取得原材料存货和结转材料存货成本差异的核算手续，企业平时取得原材料存货时，也可以先不记录原材料的增加，也不结转形成的原材料成本差异；待月末时，再将本月已付款或已开出、承兑商业汇票并已验收入库的原材料，按实际成本和计划成本分别汇总，一次登记本月原材料的增加，并计算和结转本月原材料成本差异。

知 识 拓 展

企业采购材料预付款项时，应在"预付账款"账户核算，待收到原材料结算时，再通过"材料采购"账户核算。

甲企业在20×4年5月8日向丁企业订购燃料一批，根据合同规定以银行存款预付购货款70 000元。编制会计分录如下：

借：预付账款——丁企业　　　　　　　　70 000
　　贷：银行存款　　　　　　　　　　　　　　70 000

5月28日，预购的材料按时到达，已验收入库，计划成本为98 000，有关发票账单上注明的材料价款100 000元，增值税额13 000元，共计113 000元，同时以银行存款补付货款43 000元。编制会计分录如下：

借：材料采购——丁企业　　　　　　　　100 000
　　应交税费——应交增值税（进项税额）　13 000
　　贷：预付账款——丁企业　　　　　　　　　113 000
借：预付账款——丁企业　　　　　　　　43 000
　　贷：银行存款　　　　　　　　　　　　　　43 000
借：原材料——燃料　　　　　　　　　　98 000
　　贷：材料采购——丁企业　　　　　　　　　98 000
借：材料成本差异——燃料　　　　　　　2 000
　　贷：材料采购——丁企业　　　　　　　　　2 000

实际成本法与计划成本法需关注的问题

材料验收入库时出现短缺与损耗，其账务处理与按实际成本计价的大致相同。对于运输途中的合理损耗，应计入材料的实际成本；对于应由供应单位、外部运输机构或有关责任人负责赔偿的材料短缺与损耗，应按照材料的实际成本及负担的增值税，借记"应付账款""其他应收款"等账户，贷记"材料采购""应交税费——应交增值税（进项税额转出）"账户；尚待查明原因和需要报经批准才能转销的损失，先记入"待处理财产损溢"账户，查明原因后再做处理。

2. 加工取得的原材料

企业自制材料完工验收入库及以后生产过程中产生的废料交库，都应在月末根据"材料交库单"所列计划成本，借记"原材料"，根据实际成本贷记"生产成本——基本生产成本（或辅助生产成本）"，若入库材料为节约差,则贷记"材料成本差异"账户;若入库材料为超支差,则借记"材料成本差异"账户。

【例4-13】 甲企业自制完成一批材料,实际制造成本28 000元,该批材料计划成本为30 000元。编制会计分录如下:

借:原材料　　　　　　　　　　　　　　30 000
　　贷:生产成本　　　　　　　　　　　　28 000
　　　　材料成本差异　　　　　　　　　　2 000

3. 发出原材料

在计划成本法下,领用材料采用计划成本进行日常核算,同时将实际成本与计划成本的差额通过"材料成本差异"账户核算,月末再计算领用材料应分摊的成本差异,将领用材料由计划成本调整为实际成本。调整的基本公式如下:

实际成本 = 计划成本 + (或 -)成本差异

发出材料应负担的成本差异,必须按期(一般为月)分摊,不得在季末或年末一次分摊。发出材料应负担的成本差异,除委托加工原材料可以按上期差异率计算外,一般都应使用当期的差异率;如果上期的差异率与本期的基本相仿,也可以按上期的差异率计算,需要说明的是,材料成本差异率的计算方法一经确定,不得随意变更。如果确需变更,应在会计报表附注中予以说明。

材料成本差异率计算公式如下:

(1) 材料成本差异率 = (期初结存材料成本差异额 + 本期收入材料成本差异额) ÷ (期初结存材料计划成本 + 本期收入材料计划成本) × 100%

(2) 期初材料成本差异率 = 期初结存材料成本差异额 ÷ 期初结存材料计划成本 × 100%

(3) 发出材料应负担的成本差异 = 发出材料的计划成本 × 材料成本差异率

(4) 发出材料的实际成本 = 发出材料的计划成本 ± 发出材料应负担的成本差异

【例4-14】 甲企业2009年5月初结存原材料的计划成本为100 000元,本月收入原材料计划成本为200 000元,本月发出原材料计划成本为160 000元,原材料成本差异的月初数为2 000元(超支),本月收入原材料成本差异为5 000元(节约)。材料成本差异率及发出材料应负担的成本差异计算如下:

材料成本差异率 = (2 000 - 5 000)/(100 000 + 200 000) × 100% = -1%

发出材料应负担的成本差异 = 160 000 × (-1%) = -1 600（元）
发出材料的实际成本 = 160 000 - 1 600 = 158 400（元）
结存材料的实际成本 = 结存材料的计划成本 ± 结存材料的成本差异
= (100 000 + 200 000 - 160 000) + (2 000 - 5 000 + 1 600) = 138 600（元）

【例4-15】承〖例4-14〗，甲企业采用计划成本进行材料的核算，5月份发出原材料计划成本160 000元，其中基本生产车间领用100 000元，辅助生产车间领用50 000元，车间管理部门领用5 000元，厂部管理部门领用4 000元，销售部门领用1 000元。根据上述资料，应作如下账务处理：

（1）发出材料：

借：生产成本——基本生产成本	100 000
——辅助生产成本	50 000
制造费用	5 000
管理费用	4 000
销售费用	1 000
贷：原材料	160 000

（2）月末，结转材料成本差异

借：生产成本——基本生产成本	-1 000
——辅助生产成本	-500
制造费用	-50
管理费用	-40
销售费用	-10
贷：材料成本差异	-1 600

注：或用蓝字编制与上相反的会计分录，此略。

请你判断：以下选项中哪些在"材料成本差异"账户的贷方进行核算？

A. 入库材料的成本节约差
B. 入库材料的成本超支差
C. 发出材料结转应负担的成本节约差
D. 发出材料结转应负担的成本超支差

答案提示：应该是ACD，因为选项A和D应当调整增加计划成本的金额，所以要通过"材料成本差异"账户贷方进行核算；选项B入库材料的成本超支差异通过"材料成本差异"账户的借方进行核算；选项C发出材料结转应负担的成本节约差，调整减少计划成本的金额，用红字（或负号）在"材料成本差异"账户的贷方进行核算，也可以用蓝字通过"材料成本差异"账户的借方进行核算，此时的答案则是 AD。

4.3 其他存货

存货在企业的流动资产中占有很大比重，种类繁多，加强包装物、低值易耗品、委托加工物资、库存商品等的核算，有非常重要的意义。包装物、低值易耗品、委托加工物资、库存商品实际成本的组成内容与原材料相同。日常核算既可以选用实际成本法，也可以选用计划成本法计价。

4.3.1 包装物存货

1. 包装物的概念及其范围

包装物是指为了包装本企业商品而储备的各种包装容器，如桶、箱、瓶、坛、袋等。企业的包装物种类繁多，按其具体用途的不同，可分为以下几种：

(1) 生产过程中用于包装产品作为产品组成部分的包装物；
(2) 随同商品出售而不单独计价的包装物；
(3) 随同商品出售而单独计价的包装物；
(4) 出租或出借给购买单位使用的包装物。

需要特别说明的是，下列各项不属于包装物核算的范围：

(1) 各种包装材料，如纸、绳、铁丝、铁皮等，应作为"原材料"进行管理和核算；
(2) 用于储存和保管商品、材料而不对外出售的包装物，应按其价值大小和使用年限长短，分别作为"固定资产"或"低值易耗品"进行管理和核算。

企业拥有包装物的主要目的不是用于生产，而是用来包装企业的商品。在包装物的使用中，有的在产品的生产环节或销售环节被一次全部耗用，有的则可反复周转使用，直至报废，这就使包装物呈现出流动性大、流转环节多、使用情况复杂等特点。

2. 包装物的会计处理

为了核算各种包装物的收入、领用、出租、出借、退回、报废和结存情况，企业应设置"周转材料——包装物"账户，用于核算企业库存的各种包装物的实际成本或计划成本。该账户属资产类账户，借方登记验收入库包装物的成本；贷方登记发出包装物的成本；期末借方余额反映企业库存未用包装物的成本。该账户应按包装物的种类设置明细账，进行明细核算。根据我国企业会计准则的规定，对于企业的包装物，也可以单独设置"包装物"账户。

（1）取得包装物的会计处理。企业外购、自制、委托外单位加工完成验收入库的包装物等的取得核算，不论是按实际成本计价还是按计划成本计价，均与原材料收入的会计处理方法相同，可参照原材料核算，这里不再赘述。

请你一试：根据以下经济业务编制取得包装物的会计分录。

甲公司从外部购买一批包装箱，用于包装所生产的产品。取得增值税专用发票，发票上注明：买价款5 000元，增值税650元，杂项费用30元。款项均以转账支票付讫。该批包装物验收入库。假设包装物采用实际成本计价，且一次摊销。

答案提示：编制会计分录如下：

借：周转材料——包装物　　　　　　　　　　　　5 030
　　应交税费——应交增值税（进项税额）　　　　 650
　　贷：银行存款　　　　　　　　　　　　　　　5 680

请你一试：承上例，假设该批包装箱采用计划成本计价，且该批包装箱的计划成本为5 100元，其他不变。你能够编制怎样的会计分录？

答案提示：编制会计分录如下：

借：材料采购——包装物　　　　　　　　　　　　5 030
　　应交税费——应交增值税（进项税额）　　　　 650
　　贷：银行存款　　　　　　　　　　　　　　　5 680
借：周转材料——包装物　　　　　　　　　　　　5 100
　　贷：材料采购——包装物　　　　　　　　　　5 100
借：材料采购——包装物　　　　　　　　　　　　　 70
　　贷：材料成本差异　　　　　　　　　　　　　　70

（2）发出包装物的会计处理。企业应按发出包装物的不同用途进行不同的处理，并将包装物的成本摊销记入有关成本费用账户。包装物的摊销方法有一次摊销法和"五五摊销法"，其中采用"五五摊销法"时，"周转材料——包装物"账户应分别开设"在用""在库""摊销"三级明细账户进行核算（其五五摊销法举例见低值易耗品部分，此略）。

①生产过程中领用包装物的会计处理。生产过程中领用的用于包

装产品的包装物,在包装产品后,就成为产品的一部分,因此,应将包装物的成本计入产品的生产成本,借记"生产成本"等账户,贷记"周转材料——包装物"账户。按计划成本核算的,还要贷记或借记"材料成本差异"账户。

【例4-16】 甲企业生产车间为包装产品,领用包装物一批,计划成本4 000元,材料成本差异率为1%。编制会计分录如下:

借:生产成本——基本生产成本　　　　　　　4 040
　　贷:周转材料——包装物　　　　　　　　　　　4 000
　　　　材料成本差异——包装物　　　　　　　　　　40

②随同商品出售但不单独计价的包装物的会计处理。随同商品出售但不单独计价的包装物,其发出主要是为了确保销售商品的质量或提供较为良好的售后服务,因此,应将这部分包装物的成本作为企业发生的商品销售费用,借记"销售费用"账户,贷记"周转材料——包装物""材料成本差异"等账户。

【例4-17】 甲企业在商品销售过程中领用包装物一批,计划成本40 000元,材料成本差异率为-1%,该批包装物随同商品出售而不单独计价。编制会计分录如下:

借:销售费用　　　　　　　　　　　　　　39 600
　　材料成本差异——包装物　　　　　　　　　400
　　贷:周转材料——包装物　　　　　　　　　　40 000

③随同商品出售并单独计价包装物的会计处理。包装物随同商品出售并单独计价,实际上就是出售包装物,其账务处理与出售原材料相同。出售包装物取得的收入记入"其他业务收入"账户,出售包装物的成本记入"其他业务成本"账户。

【例4-18】 甲企业在商品销售过程中领用包装物一批(包装物按实际成本核算),其实际成本为3 000元,该批包装物随同商品出售,单独计算售价为3 600元,应收取的增值税额为468元,款项已收到。编制会计分录如下:

取得出售包装物收入时:
借:银行存款　　　　　　　　　　　　　　　4 068
　　贷:其他业务收入——材料销售　　　　　　　3 600
　　　　应交税费——应交增值税(销项税额)　　　468
结转出售包装物成本时:
借:其他业务成本——材料销售　　　　　　　3 000
　　贷:周转材料——包装物　　　　　　　　　　　3 000

知识拓展

企业对于一些可周转使用的包装物，一般采用出租或出借的方式提供给客户使用，出租包装物可以取得租金收入，作为企业的其他业务收入，与之对应的出租包装物成本及修理费用，列作企业的其他业务成本。收到出租包装物的租金，借记"库存现金""银行存款"等科目，贷记"其他业务收入"等科目。

企业出借包装物成本及修理费用应作为企业的销售费用处理。

企业为了督促客户能按时归还包装物，不论采用出租还是出借方式，一般都收取包装物押金，待客户按期归还包装物时再如数退还。因此，包装物押金应通过"其他应付款"账户核算。收到出租、出借包装物的押金，借记"库存现金""银行存款"等科目，贷记"其他应付款"科目，退回押金作相反会计分录。

4.3.2 低值易耗品存货

1. 低值易耗品的概念、特点和种类

低值易耗品是指不能作为固定资产管理的各种用具物品，如工具、管理用具、玻璃器皿，以及在经营过程中周转使用的包装容器（非包装物）等。

低值易耗品的性质属于劳动资料，但不同于固定资产，它可以多次参加生产周转而不改变其原有的实物形态，其价值是随着实物的不断磨损逐渐地转移到成本、费用中去；在使用过程中需要进行维修，报废时有一定的残值。低值易耗品具有品种多、数量大、价值较低、使用年限较短、容易损坏、收发频繁等特点。实际工作中，为了简化管理和核算工作，将低值易耗品列入流动资产的存货类，其购入、库存的管理和核算与原材料基本相同，但对其在使用中转移或损耗的价值则采用了摊销的方法摊入成本、费用中。

低值易耗品按用途可分为以下几大类：

（1）一般工具，指生产中常用的工具，如刀具、量具、夹具、装配工具等。

（2）专用工具，指专用于制造某一特定产品，或在某一特定工序上使用的工具，如专用模具等。

（3）替换设备，指容易磨损或为制造不同产品需要替换使用的各种设备，如轧钢用的钢辊等。

（4）管理用具，指在管理上使用的各种家具，如办公用具等。

（5）劳动保护用品，指为了安全生产而发给工人作为劳动保护用的工作服、工作鞋和各种防护用品等。

（6）其他，指不属于上述各类的低值易耗品。

2. 低值易耗品的会计处理

企业应设置"周转材料——低值易耗品"账户，用于核算企业库存低值易耗品的实际成本或计划成本。该账户属资产类账户，借方登记验收入库低值易耗品的成本；贷方登记发出低值易耗品的成本；期末借方余额反映企业库存未用低值易耗品的成本。该账户应按低值易耗品的类别、品种规格进行数量和金额的明细核算。根据我国企业会计准则的规定，对于企业的低值易耗品，也可以单独设置"低值易耗品"账户。

（1）取得低值易耗品的会计处理。企业外购、自制、委托外单位加工完成验收入库的低值易耗品等的核算，不论是按实际成本计价还是按计划成本计价，均与原材料收入的核算相同，这里不再赘述。

请你一试：某企业购买一批办公桌椅，取得增值税专用发票，发票上注明：其价款10 000元，增值税1 300元，发生杂费109元（其中价款100元，准予抵扣的增值税9元）。以上款项以支票付清。办公桌椅尚未领用，并按实际成本核算。你能据此编制会计分录吗？

答案提示：借：周转材料——低值易耗品　　　10 100
　　　　　　应交税费——应交增值税（进项税额）
　　　　　　　　　　　　　　　　　　　　　1 309
　　　　　　贷：银行存款　　　　　　　　　11 409

（2）低值易耗品摊销的会计处理。低值易耗品可在生产过程中反复使用，其损耗的价值需要采用一定的摊销方法分期计入成本、费用。低值易耗品摊销的方法有：

①一次摊销法。是指在领用低值易耗品时，就将其价值一次全部计入当期的成本、费用中的摊销方法。采用这种摊销方法，核算简单，但若领用的低值易耗品价值较大时，会使当期成本、费用增高，不利于成本费用的均衡性，并且会形成账外财产的现象。这种方法主要适用于一次领用数量不多，价值较低，使用期限较短或者容易破损的低值易耗品的摊销。领用低值易耗品时，应按领用的部门和用途，借记"制造费用""管理费用"等账户，贷记"周转材料——低值易耗品"账户，如是按计划成本核算的，还要贷记或借记"材料成本差异"账户。低值易耗品报废时，将其残料价值冲减当月低值易耗品的摊销额，借记"原材料"等账户，贷记"制造费用""管理费用"等账户。

【例4-19】甲企业生产车间领用专用工具一批，计划成本5 600元，厂部管理部门领用办公用品一批，计划成本1 100元，当月材料成本差异率为4%。编制会计分录如下：

  借：制造费用   5 600
    管理费用   1 100
   贷：周转材料——低值易耗品   6 700

分摊材料成本差异：

  借：制造费用   224
    管理费用   44
   贷：材料成本差异——低值易耗品   268

采用一次摊销法，对于在用低值易耗品以及使用部门退回仓库的低值易耗品，应加强实物管理，并在备查簿上进行登记。

②五五摊销法。是指在领用低值易耗品时，先摊销其原值的50%，待报废时再摊销其余的50%的摊销方法。采用这种方法，应在"周转材料——低值易耗品"账户下设置"在库""在用""摊销"三个明细账户。

【例4-20】甲企业为生产车间外购一批专用工具，采用实际成本核算。取得的增值税专用发票上注明：买价款90 000元，增值税11 700元，同时发生装卸费545元（其中价款500元，准予抵扣的增值税45元）；全部款项已用转账支票付讫，工具已验收入库；甲企业采用五五摊销法。编制会计分录如下：

  借：周转材料——低值易耗品（在库）   90 500
    应交税费——应交增值税（进项税额） 11 745
   贷：银行存款   102 245

【例4-21】承〖例4-20〗，甲企业基本生产车间领用一部分专用工具，实际成本为5 000元。编制会计分录如下：

  借：周转材料——低值易耗品（在用）   5 000
   贷：周转材料——低值易耗品（在库）   5 000
  借：制造费用   2 500
   贷：周转材料——低值易耗品（摊销）   2 500

【例4-22】承〖例4-21〗，甲企业上述所用专用工具报废，假设无残值。编制会计分录如下：

  借：制造费用   2 500
   贷：周转材料——低值易耗品（摊销）   2 500

同时，

  借：周转材料——低值易耗品（摊销）   5 000

贷：周转材料——低值易耗品（在用）　　　　　　5 000
　　请你分析：假设【例4-22】甲企业所用专用工具报废，如果有残值50元，会计该如何处理？
　　答案提示：甲企业所用专用工具报废，如果有残值50元，则应当在上述会计处理基础上，补充编制会计分录如下：
　　借：原材料　　　　　　　　　　　　　　　　　　　50
　　　贷：制造费用　　　　　　　　　　　　　　　　　　50
　　请你回答：你能评价一下五五摊销法吗？
　　答案提示：五五摊销法账上能够反映在用低值易耗品的成本，因此有利于加强财务的保管；但若报废时，有关部门不能及时处理，容易造成账实不符。该方法适用于价值较大的低值易耗品。

知识拓展

　　根据企业会计准则规定，企业（建造承包商）的钢板、木模板、脚手架和其他周转材料等，除了采用一次摊销法、五五摊销法外，还可以采用分次摊销法。分次摊销法，是指根据低值易耗品价值和预计使用期限求得每期平均摊销额，分次摊入各期成本、费用的方法。这种摊销方法克服了一次摊销法各期成本费用负担不均衡的缺点。它主要适用于使用期限较长、单位价值较高或一次领用数量较大的低值易耗品的摊销。

4.3.3　委托加工物资存货

　　在企业的生产经营活动中，往往需要委托外单位将一些物资加工制造成具有另一种性能和用途的物资。委托加工物资的实际成本包括：实际耗用的原材料或者半成品、加工费、运输费、装卸费等费用以及按规定应计入成本的税金。
　　为了加强委托加工物资的核算，企业应设置"委托加工物资"账户，用来核算企业委托外单位加工的各种物资的实际成本。该账户属资产类账户，借方登记发出加工物资的实际成本、支付的加工费、应负担的运杂费等费用和应计入委托加工物资成本的税金等；贷方登记加工完成收回物资和退回剩余物资的实际成本；期末借方余额反映企业委托外单位加工但尚未加工完成物资的实际成本和发出加工物资的运杂费等。企业应按加工合同、受托加工单位以及加工物资的品种等对"委托加工物资"进行明细核算。
　　【例4-23】甲企业委托乙企业加工材料一批（属于应税消费

品）。原材料成本为190 000元，支付的加工费为80 000元（不含增值税），消费税税率为10%，材料加工完成验收入库，加工费用等已经支付。双方适用的增值税税率为13%。甲企业按实际成本对原材料进行日常核算。有关会计分录如下：

（1）发出委托加工材料

借：委托加工物资　　　　　　　　　　　190 000
　　贷：原材料　　　　　　　　　　　　　　　190 000

（2）支付加工费用

消费税组成计税价格 =（190 000 + 80 000）÷（1 - 10%）= 300 000（元）

（受托方）代收代交的消费税 = 300 000 × 10% = 30 000（元）

应纳增值税 = 80 000 × 13% = 10 400（元）

①甲企业收回加工后的材料用于连续生产应税消费品时：

借：委托加工物资　　　　　　　　　　　　80 000
　　应交税费——应交增值税（进项税额）　10 400
　　　　　　——应交消费税　　　　　　　30 000
　　贷：银行存款　　　　　　　　　　　　　120 400

②A企业收回加工后的材料直接用于销售时：

借：委托加工物资　　　　　　　　　　　110 000
　　应交税费——应交增值税（进项税额）　10 400
　　贷：银行存款　　　　　　　　　　　　　120 400

请你分析：通过以上例题，请你分析该企业支付的价款（银行存款）中包括几项内容？企业支付的消费税是否应当计入委托加工物资的成本？

答案提示：该企业支付的价款包括三部分内容：加工费、增值税和消费税。企业支付的消费税是否构成委托加工物资取决于委托加工的物资收回后是否直接用于销售，如果委托加工的物资收回后直接用于销售的，支付的消费税应当计入委托加工物资的成本；如果委托加工的物资收回后用于连续生产应税消费品的，委托方应按准予抵扣的受托方代收代交的消费税额，借记"应交税费——应交消费税"账户，而不构成委托加工物资的成本。

请你分析：通过以上例题，你知道委托加工货物支付的增值税是如何计算出来的吗？消费税的组成计税价格又是怎样计算出的？

答案提示：委托加工货物支付的增值税 = 不含税加工费 × 税率

消费税的组成计税价格 =（材料成本 + 加工费）/（1 - 消费税税率）

(3) 加工完成收回委托加工材料

①甲企业收回加工后的材料用于连续生产应税消费品时：

借：原材料　　　　　　　　　　　　　270 000
　　贷：委托加工物资　　　　　　　　　　　270 000

②甲企业收回加工后的材料直接用于销售时：

借：库存商品　　　　　　　　　　　　300 000
　　贷：委托加工物资　　　　　　　　　　　300 000

请你分析：上例如果甲企业委托加工的是生产用工具，那么甲企业在收回委托加工物资时的会计处理与上述处理有何不同？

答案提示：将借方账户改为"周转材料——低值易耗品"账户（生产用工具）。

4.3.4　库存商品存货

1. 库存商品的内容

库存商品是指企业已经完成全部生产过程并已验收入库，可以按照合同规定的条件送交订货单位，或者可以作为商品对外销售的产品。企业的库存商品包括库存的外购商品、自制商品产品、存放在门市部准备出售的商品、发出展览的商品以及寄存或存放在仓库的商品等。企业接受外来原材料加工制造的代制品和为外单位加工修理的代修品，在制造和修理完成验收入库后，也视同企业的库存商品。

2. 库存商品的会计处理

为了核算企业库存的各种商品的实际成本或计划成本，应设置"库存商品"账户。该账户属于资产类账户，借方登记验收入库商品的成本；贷方登记发出商品的成本；期末借方余额反映库存商品的成本。企业应按照库存商品种类、名称、规格和存放地点设置明细账进行明细核算。

（1）产成品入库的会计处理。产成品制造完工经检验合格后，应由生产车间按照交库数量填写"产成品入库单"，交仓库点收数量并登记明细账。月终，根据产成品入库单和成本计算资料编制"产成品入库汇总表"，据以进行产成品入库的总分类核算。

【例4-24】甲企业20×4年5月31日，完工入库A产品650件，单位成本410元；B产品430件，单位成本500元，编制会计分录如下：

借：库存商品——A产品　　　　　　　266 500
　　　　　　——B产品　　　　　　　215 000

贷：生产成本——基本生产成本　　　　　　　　481 500

（2）产成品发出的会计处理。产成品发出主要是销售。企业销售产品时，应确认收入，并结转其销售成本；企业可以根据具体情况的不同，选择采用先进先出法、加权平均法或个别计价法对销售成本进行结转。

【例4-25】甲企业20×4年5月共计销售发出产品3 000件，该批产品每件单位成本250元。编制会计分录如下：

　　借：主营业务成本　　　　　　　　　　　　　　750 000
　　　贷：库存商品　　　　　　　　　　　　　　　　　750 000

在产成品种类比较多的企业，也可以按计划成本进行日常核算。采用计划成本核算，"库存商品"账户反映商品的计划成本，另外，还要设置"产品成本差异"账户核算产成品实际成本与计划成本的差额。平时，对产成品的收入（取得）、发出和销售可以按计划成本进行核算；月份终了，应将入库产成品的成本差异额转入"产品成本差异"账户，同时，还要将产品成本差异在发出、销售及结存产成品之间进行分摊。

知 识 拓 展

商品流通企业购入的商品一般用于直接出售，对于购入的商品存货，可以采用进价法和售价法。

（1）进价法：采用进价法核算的，商品的增加、减少均以进价成本进行核算，其具体核算类似于上述工业企业的实际成本法。

（2）售价法：采用售价法核算的，商品的增加以售价核算，对商品售价和进价的差额，专门设置"商品进销差价"账户核算；当发出商品时（如销售），先按照存货的售价进行核算，期末通过计算进销差价率来确定本期已销商品应分摊的商品进销差价，在此基础上调整商品的发出成本。

甲公司采用售价法进行存货核算。20×4年7月13日采购一批商品，取得增值税专用发票，进价为500 000元，增值税为65 000元，运杂费1 090元（其中价款1 000元，可以抵扣的增值税90元）；该批商品售价为550 000元。甲公司以转账支票支付价款，编制会计分录如下：

　　借：在途物资　　　　　　　　　　　　　　　　501 000
　　　　应交税费——应交增值税（进项税额）　　　 65 090
　　　贷：银行存款　　　　　　　　　　　　　　　　566 090
　　借：库存商品　　　　　　　　　　　　　　　　550 000

贷：在途物资 501 000
　　商品进销差价 49 000

承上所述，20×4年7月28日以上商品销售500 000元，并开出增值税专用发票，增值税销项税额为65 000元，价款已收到。编制会计分录如下：

借：银行存款 565 000
　　贷：主营业务收入 500 000
　　　　应交税费——应交增值税（销项税额） 65 000
借：主营业务成本 500 000
　　贷：库存商品 500 000

期末，甲公司需要将商品进销差价分配给已销售商品，以求得企业真实的销售成本。假设该企业月初"库存商品"账户的售价金额为200 000元，"商品进销差价"账户月初余额为50 000元。

商品进销差价率＝全月商品进销差价（期初＋本期收入）÷全月商品售价（期初＋本期收入）＝(50 000＋49 000)÷(200 000＋550 000)×100%＝13.2%

已售商品应分摊的进销差价＝已售商品的售价×商品进销差价率
　　　　　　　　　　　　　＝500 000×13.2%＝66 000（元）

编制会计分录如下：

借：商品进销差价 66 000
　　贷：主营业务成本 66 000

4.4 存货的期末计量与清查

4.4.1 存货的期末计量

1. 存货的期末计量方法

企业存货的价值通常是以历史成本确定的，但在有些情况下，由于存货毁损、全部或部分陈旧过时或销售价格低于成本等原因，会使企业持有存货的可变现净值下跌到成本以下，由此所形成的损失已不符合资产的定义，如果期末存货仍以历史成本计价，就会出现虚增资产的现象。所以，根据我国企业会计准则规定，企业的存货应当在期末时按成本与可变现净值孰低计量。当存货成本低于可变现净值时，存货按成本计量；当存货成本高于可变现净值时，存货按可变现净值计量，同时根据高的那一部分差额计提跌价准备，计入当期损益。

在"成本与可变现净值孰低计量"中，成本是指期末存货的实际成本，如果企业存货成本的日常核算采用计划成本或售价进行核算的，则应当将相关存货调整为实际成本；可变现净值的特征表现为存货的预计未来净现金流量，具体地表现为存货的估计售价减去至完工时估计将要发生的成本、估计的销售费用以及相关税费后的金额。

不同存货可变现净值的确定

1. 产成品、商品和用于出售的材料等直接用于出售的商品存货，在正常生产经营过程中，应当以该存货的估计售价减去估计的销售费用和相关税费后的金额，确定其可变现净值。

2. 需要经过加工的材料存货，在正常生产经营过程中，应当以所生产的产成品的估计售价减去至完工时估计将要发生的成本、估计的销售费用和相关税费后的金额，确定其可变现净值。

3. 资产负债表日，同一项存货中一部分有合同价格约定、其他部分不存在合同价格的，应当分别确定其可变现净值，并与其相对应的成本进行比较，分别确定存货跌价准备的计提或转回的金额。

——引自《企业会计准则应用指南（2008）》

---

2. 存货期末计量的会计处理

如果存货成本高于其可变现净值时，应当计提存货跌价准备，计入当期损益的资产减值损失。对此，企业应当设置"存货跌价准备"账户和"资产减值损失"账户。

"存货跌价准备"账户属于存货的备抵调整账户。其贷方登记计提的存货跌价准备金额；借方登记实际发生的存货跌价损失金额和冲减的存货跌价准备金额；期末余额一般在贷方，反映企业已计提的但尚未转销的存货跌价准备。

"资产减值损失"账户属于损益类账户，核算企业计提的各种资产减值准备所形成的损失。其借方登记企业的存货、固定资产等资产发生的减值；贷方登记原已经计提减值准备的有关资产的价值得以恢复的数额；期末，该账户的余额应转入"本年利润"账户，结转后本账户无余额。

【例4-26】2014年12月31日，甲企业新完工的一批待售产品账面成本为24 000元，数量为200件，单位成本为120元。2014年12月31日，该类产品的市场销售价格为150元/件，另外，估计将要发生的销售费用和相关税金为10/件。

假设甲企业曾于2014年12月23日已经与乙公司签订了一笔不可撤销的销售合同，双方约定：甲企业向乙公司销售库存的200件产品，合同价格为140元/件。

该例中，存货的售价有两种：一是产品的市场销售价格，二是销售合同价格。在计算存货的可变现净值时，应当以销售合同价格作为首选因素考虑。也就是说，如果企业就其产品或商品签订了销售合同，则该批存货的估计售价就是该销售合同价格，除非该存货尚未签订销售合同，则估计售价才考虑其市场销售价格。

所以，上例中待售产品账面成本为24 000元，可变现净值为26 000元（200×140-200×10）。根据成本与可变现净值孰低原则，甲企业应当按照成本24 000元计量存货。甲企业无须进行计提存货跌价准备的会计处理。

【例4-27】承〖例4-26〗，假设甲企业曾于2014年12月23日已经与乙公司签订了一笔不可撤销的销售合同，双方约定：甲企业向乙公司销售库存的200件产品，合同价格为125元/件，其他资料不变。

该例中，待售产品账面成本为24 000元，可变现净值为23 000元（200×125-200×10）。根据成本与可变现净值孰低原则，甲企业应当按照可变现净值23 000元计量存货。甲企业应当进行计提存货跌价准备的会计处理。编制会计分录如下：

借：资产减值损失　　　　　　　　　　1 000
　　贷：存货跌价准备　　　　　　　　　　1 000

需要注意的是：如果同一项存货中，有一部分有合同价格约定，其他部分没有价格约定，则应当分别确定可变现净值，并与其相对应的成本进行比较，分别确定存货跌价准备的计提或转回的金额，由此计提的存货跌价准备不得相互抵销。

请你分析：假设甲企业拥有的200件存货中，有150件与乙公司签订了不可撤销合同，合同价格仍为125/件，剩余50件尚未签有合同，其他资料不变。甲企业的该批结存的待售存货期末计量数额是多少？如何进行会计处理？

答案提示：应当区分有合同与无合同存货分别进行分析。有合同部分：存货成本为 18 000 元（150×120），可变现净值为 17 250 元（150×125 − 150×10），则该部分有合同的存货按照可变现净值计量，存货跌价准备应当计提 750 元；无合同部分：存货成本为 6 000 元（50×120），可变现净值为 7 000 元（50×150 − 50×10），则该部分有合同的存货按照成本计量，无须计提存货跌价准备。

编制会计分录如下：

借：资产减值损失　　　　　　　　　　　　　750
　　贷：存货跌价准备　　　　　　　　　　　　　750

甲企业该批结存的待售存货期末计量的金额为 17 250 + 6 000 = 23 250（元）

【例 4-28】 甲企业 2014 年 12 月 31 日库存 A 材料的实际成本为 400 000 元，目前该材料预计市场销售价格为 398 000 元；该批材料可以用于加工成某产品 10 件，预计该产品售价为 410 000 元，预计销售费用和税金为 25 000 元。

在该例中，有两个存货的销售价格，即材料的售价和产成品的售价，由于拥有材料的目的是为了生产产品，所以计算可变现净值时应当采用产成品的售价。

根据资料，该材料的实际成本为 400 000 元，产成品的可变现净值为 385 000 元（410 000 − 25 000）；根据成本与可变现净值孰低原则，甲企业应当按照可变现净值 385 000 元计量存货。所以甲企业应当进行计提存货跌价准备的会计处理。编制会计分录如下：

借：资产减值损失　　　　　　　　　　　　15 000
　　贷：存货跌价准备　　　　　　　　　　　　15 000

特别需要注意的是：存货的可变现净值低于存货的实际成本数额并不一定就是本期应当计提的存货跌价准备，而是截至目前，企业账面应当存在的存货跌价准备数额（或称账面应提数）。上例会计分录的数额是基于该材料存货尚未计提过存货跌价准备。如果应提数大于已提数，则应予补提，反之，即应提数小于已提数，则予以冲减存货跌价准备，但转回的金额以将存货跌价准备的余额冲减至零为限。

请你分析： 如果该例中的存货是自制半成品，而不是原材料，会计处理还一样吗？

答案提示： 仍然一样。

请你分析： 如果该例中，A 原材料前期已经计提过 10 000 元跌价准备了，其他资料不变。那么请你分析一下：该原材料本期应当计提跌价准备吗？会计处理会怎样？

答案提示：根据资料该原材料的实际成本为 400 000 元，产成品可变现净值为 385 000 元；根据成本与可变现净值孰低原则，甲企业应当按照可变现净值 385 000 元来计量存货。所以甲企业应当计提存货跌价准备，累计 15 000 元。但是由于前期已经计提了 10 000 元的跌价准备，则本期只需计提 5 000 元的跌价准备。编制会计分录如下：

借：资产减值损失　　　　　　　　　　　　5 000
　　贷：存货跌价准备　　　　　　　　　　　　　5 000

请你分析：如果该例中，A 原材料前期已经计提过 18 000 元跌价准备了，其他资料不变。那么请你分析一下：该原材料本期应当计提跌价准备吗？会计处理会怎样？

答案提示：截至目前，甲企业应计提的存货跌价准备为 15 000 元。但是由于前期已经计提了 18 000 元的跌价准备，则本期不但不能计提跌价准备，反而需要冲减 3 000 元的跌价准备。编制会计分录如下：

借：存货跌价准备　　　　　　　　　　　　3 000
　　贷：资产减值损失　　　　　　　　　　　　　3 000

【例 4-29】 承【例 4-28】，假设用 A 材料加工成某产成品 10 件，尚需进一步投入费用成本 80 000 元，其他资料不变，同【例 4-28】。

在该例中，产成品的可变现净值为 385 000 元，产成品的总生产成本为 480 000 元。

> 为生产而持有的材料等，用其生产的产成品的可变现净值高于成本的，该材料仍然应当按照成本计量；材料价格的下降表明产成品的可变现净值低于成本的，该材料应当按照可变现净值计量。
>
> ——引自《企业会计准则讲解（2008）》

可见，根据对【例 4-28】、【例 4-29】资料的分析，产成品的可变现净值 38 500 元低于成本 480 000 元，则 A 材料应当按照其可变现净值计量，该可变现净值为 305 000 元（即：410 000 - 80 000 - 25 000），由于 A 材料的实际成本为 400 000 元，所以 A 材料应计提存货跌价准备为 95 000 元。编制会计分录如下：

借：资产减值损失　　　　　　　　　　　　95 000
　　贷：存货跌价准备　　　　　　　　　　　　　95 000

如果前期已经计提跌价准备 10 000 元，则上述会计分录数额则为 85 000 元。

企业通常应当按照单个存货项目计提存货跌价准备。对于数量较多、单价较低的存货，可以按存货类别计提存货跌价准备。企业在确定存货可变现净值时，应注意考虑注意以下几点：

(1) 确定存货的可变现净值应当以取得确凿证据为基础，避免随意性；

(2) 确定存货的可变现净值应当考虑持有存货的目的。因为存货的内容有很多，其具体用途各异，确定可变现净值则也存在差别；

(3) 确定存货的可变现净值应当考虑资产负债表日后事项等的影响。不仅要在期末考虑与存货相关的价格与成本波动，而且还应该考虑未来发生的相关事项。

知 识 拓 展

资产负债表日后事项是指资产负债表日至财务报告批准报出日之间发生的有利或不利事项。

资产负债表日是指会计年度末和会计中期期末。中期是指短于一个完整会计年度的报告期间。

企业的存货如果存在下列情形之一，通常表明存货的可变现净值低于成本：

(1) 该存货的市场价格持续下跌，并且在可预见的未来无回升的希望；

(2) 企业使用该项原材料生产的产品的成本大于产品的销售价格；

(3) 企业因产品更新换代，原有库存原材料已不适应新产品的需要，而该原材料的市场价格又低于其账面成本；

(4) 因企业所提供的商品或劳务过时或消费者偏好改变而使市场的需求发生变化，导致市场价格逐渐下跌；

(5) 其他足以证明该项存货实质上已经发生减值的情形。

另外，如果企业存货存在下列情形之一的，通常表明该存货的可变现净值为零：

(1) 已霉烂变质的存货；

(2) 已过期且无转让价值的存货；

(3) 生产中已不再需要，并且已无使用价值和转让价值的存货；

(4) 其他足以证明已无使用价值和转让价值的存货。

对已售存货计提了存货跌价准备的，应当结转已计提的存货跌价准备，作为冲减当期主营业务成本或其他业务成本，在这种情况下，当期主营业务成本或其他业务成本实际是按照存货的账面价值进行结转。

【例 4-30】 甲企业 2014 年 12 月共计销售某种产成品 80 台，其实际销售成本为 230 000 元，在此之前，该批销售的产成品账面计提了 3 000 元的存货跌价准备。甲企业对该批产品销售成本的结转，应编制会计分录如下：

借：主营业务成本　　　　　　　　　　227 000
　　存货跌价准备　　　　　　　　　　　　3 000
　　贷：库存商品　　　　　　　　　　　　　　230 000

请你分析：如果计提 3 000 元跌价准备的存货，本期只实际销售 30%（即该部分实际成本为 69 000 元），那么结转存货销售成本的分录该如何编制？

答案提示：如果计提 3 000 元跌价准备的存货，本期实际销售 30%，那么存货跌价准备就应当按照已售存货占整个存货的比例进行结转。编制会计分录如下：

借：主营业务成本　　　　　　　　　　 68 100
　　存货跌价准备　　　　　　　　　　　　　900
　　贷：库存商品　　　　　　　　　　　　　　 69 000

请你分析：资产的账面余额与账面价值是一回事吗？举例说明？

答案提示：资产的账面余额，是指某个会计账户（科目）本身的账面实际余额（即原值或原价）。而资产的账面价值，是指某个会计账户（科目）的账面余额减去相关的备抵项目金额后的净额。

例如，某企业 A 项存货的入账金额为 200 万元，已经计提了 25 万元的跌价准备；则该存货的账面余额为 200 万元，账面价值为 175 万元。

4.4.2　存货的清查

企业保管和储存的各种存货，由于各种原因，可能会发生账实不符，为了保证存货的会计信息质量，企业应进行存货的清查。存货清查是指通过对存货的实地盘点，确定存货的实有数量，与账面结存数核对，从而确定存货是否账实相符的一种专门方法。

存货一经盘点，如果发生盘盈或盘亏，应当填写存货盘点报告单，及时查明原因，并按照规定程序进行会计处理。一般情况下，对于盘亏或毁损的存货，应根据造成亏损的原因，分别以下情况进行会计处理：

（1）属于自然损耗的定额内短缺以及日常收发计量引起的差错，

扣除残料价值、保险赔偿和过失人赔偿后,净损失由企业有关部门负责人批准后,转作管理费用。

(2) 属于管理不善造成的超定额短缺,其中能确定保险赔偿、过失人赔偿的,由保险赔偿、过失人负责赔偿部分转作其他应收款;不能确定保险赔偿、过失人赔偿的,扣除残料价值后的净损失经过有关部门负责人批准,才能注销并转作管理费用。

(3) 属于因遭受不可抗拒的自然灾害等非常原因发生的存货短缺毁损,如果应由保险公司或有关过失人理赔,则计入其他应收款,扣除保险公司或有关过失人理赔及处置收入(残值)后,其净损失经批准后一般作为营业外支出处理。因非正常原因导致的存货盘亏或毁损,按规定不能抵扣的增值税进项税额应当予以转出。

为了及时反映企业在存货清查中发生的盘亏或盘盈等情况,企业应当设置"待处理财产损溢"账户,该账户属于过渡性质账户,其借方登记存货发生的盘亏金额以及盘盈的转销金额,贷方登记存货发生的盘盈金额以及盘亏的转销金额。企业对账实不符的存货应当及时按规定程序进行报批,并在期末结账前处理完毕。

【例4-31】甲企业在期末财产清查中,发现有以下存货发生账实不符情况:(1) A材料盘盈100公斤,实际单位成本为50元;(2) B材料盘亏200公斤,实际单位成本为70元;编制会计分录如下:

借:原材料——A材料　　　　　　　　　　5 000
　　贷:待处理财产损溢　　　　　　　　　　5 000
借:待处理财产损溢　　　　　　　　　　14 000
　　贷:原材料——B材料　　　　　　　　　14 000

【例4-32】承【例4-31】,经查,盘盈A材料属于材料收发计量方面的错误;盘亏B材料属于一般经营损失。编制会计分录如下:

借:待处理财产损溢　　　　　　　　　　5 000
　　贷:管理费用　　　　　　　　　　　　5 000
借:管理费用　　　　　　　　　　　　15 820
　　贷:待处理财产损溢　　　　　　　　　14 000
　　　　应交税费——应交增值税(进项税额转出)　1 820

请你一试:上例中,如果盘亏的B材料经查,属于某工作人员工作失误造成大的材料丢失,经批准,应由该人员负责赔偿。你认为会计处理应该怎样才是正确的?

答案提示:如果由该人员负责赔偿,其会计处理如下:

借：其他应收款　　　　　　　　　　　　14 000
　　贷：待处理财产损溢　　　　　　　　　　　14 000

本章小结

1. 存货的内容。存货是企业整个资产中极为重要的一种流动资产，它是企业在日常活动中持有以备出售的产成品或商品，处在生产过程中的在产品，在生产过程或提供劳务过程中耗用的材料、物料等；企业持有存货的最终目的是为了销售。

2. 原材料存货的基本会计处理。原材料存货的会计处理方法主要有：实际成本核算与计划成本核算。原材料实际成本核算的特点是：从原材料的收发凭证到明细分类账和总分类账全部都是按实际成本计价，在实际成本核算下，需要设置"原材料""在途物资"等账户，并对原材料的发出采用先进先出法、加权平均法和个别计价法计价；原材料计划成本核算的特点是：平时发出的原材料，都按计划成本计算，月份终了再将本月发出原材料应负担的成本差异进行分摊，随同本月发出原材料的计划成本记入有关账户，将发出原材料的计划成本调整为实际成本；在计划成本法下，需要设置"原材料""材料采购""材料成本差异"等账户。

3. 存货的清查。任何企业均应当根据业务需要对其存货进行必要的财产清查，以保证账实相符。对于存货发生的盘亏或毁损，应作为待处理财产损溢进行核算，并按管理权限报经批准后，根据造成存货盘亏或毁损的原因，进行正确的会计处理。

4. 存货减值的测试及会计处理。存货在期末时应当按照按成本与可变现净值孰低计量。资产负债表日，当存货成本低于可变现净值时，存货应按成本计量；当存货成本高于可变现净值时，存货按可变现净值计量，同时按照成本高于可变现净值的差额计提存货跌价准备，计入当期损益。如果以前减记存货价值的影响因素已经消失，符合存货跌价准备转回的条件时，应在原已计提的存货跌价准备的金额内转回，但转回的金额以将存货跌价准备的余额冲减至零为限。

本章练习题

一、选择题（含单项选择或多项选择，后同）

1. 企业在编制资产负债表时，下列各项应包括在"存货"项目中的有（　　）。
　　A. 生产成本　　　　　　　　B. 低值易耗品
　　C. 周转材料　　　　　　　　D. 约定未来购入的商品

2. 企业委托加工存货所支付的下列款项中，不可能计入委托加工存货成本的是（   ）。

　　A. 支付的加工费　　　　　　　B. 支付的往返运杂费
　　C. 支付的增值税　　　　　　　D. 支付的消费税

3. 随同商品出售并单独计价的包装物，其成本应计入（   ）。

　　A. 生产成本　　　　　　　　　B. 制造费用
　　C. 销售费用　　　　　　　　　D. 其他业务成本

4. 甲企业为制造企业，其在日常经营活动中发生下列费用和损失，应当计入存货成本的是（   ）。

　　A. 仓库保管人员的工资
　　B. 制造费用
　　C. 企业管理部门固定资产计提的折旧
　　D. 采购运输过程中因自然灾害发生的损失

5. 根据企业会计准则的规定，发出存货的计价应当采用（   ）。

　　A. 个别计价法　　　　　　　　B. 先进先出法
　　C. 加权平均法　　　　　　　　D. 移动平均法

二、判断题

1. 已完成销售手续但购买方在月末尚未提取的产品，销售方仍应作为本企业库存商品核算。　　　　　　　　　　　　　　（   ）

2. 在建工程领用的原材料，相应的增值税进项税额均应当转出，随同原材料成本一并作为有关工程项目支出。　　　　　　（   ）

3. 企业用于出租的周转材料，收取的租金应当作为其他业务收入。
　　　　　　　　　　　　　　　　　　　　　　　　　　（   ）

4. 产成品的可变现净值，应按产成品的估计售价减去至完工时估计将要发生的成本、估计的销售费用和相关税费后的金额确定。
　　　　　　　　　　　　　　　　　　　　　　　　　　（   ）

5. 存货跌价准备一经计提，在持有期间不得转回。　　（   ）

三、实务题

1. 甲企业为增值税一般纳税人，适用的增值税税率为 13%。A 原材料采用实际成本核算，原材料发出采用月末一次加权平均法计价。运输费不考虑增值税。2015 年 3 月，与 A 材料相关的资料如下：

（1）"原材料——A 材料"科目借方余额 40 000 元（共 4 000 公斤，其中含 2 月末验收入库但因发票账单未到而以 4 000 元暂估入账的 A 材料 400 公斤）。

（2）5 日，以汇兑结算方式购入 A 材料 6 000 公斤，发票账单已收到，货款 72 000 元，增值税税额 9 360 元，运输费用 2 180 元。其中,可以抵扣增值税的数额为180元,材料尚未到达,款项已由银行存款支付。

(3) 8日,收到2月末以暂估价入库A材料的发票账单,货款3 600元,增值税税额468元,对方代垫运输费872元,其中,可以抵扣增值税的数额为72元。全部款项已用转账支票付讫。

(4) 10日,收到5日采购的A材料,验收时发现只有5 900公斤。经检查,短缺的100公斤确定为运输途中的合理损耗,A材料验收入库。

(5) 17日,基本生产车间自制A材料100公斤验收入库,总成本为1 200元。

(6) 21日,持银行汇票160 000元购入A材料10 000公斤,增值税专用发票上注明的货款为99 000元,增值税税额为12 870元,另支付运输费用4 360元,其中,可以抵扣增值税的数额为360元。材料已验收入库,剩余票款退回并存入银行。

(7) 31日,根据"发料凭证汇总表"的记录,3月份领用A材料情况如下:基本生产车间为生产产品领用12 000公斤,车间管理部门领用2 000公斤,企业管理部门领用2 000公斤。

要求:

(1) 根据上述资料,编制甲企业购入和发出材料的相关会计分录。

(2) 计算本期发出A材料的单位成本。

(3) 计算本期发出A材料计入当期损益的金额。

(4) 计算本期期末结存材料的实际成本。

2. 乙公司2015年3月初,结存原材料的计划成本为100 000元,材料成本差异为节约的6 000元。3月份,购进原材料的实际成本为494 000元,计划成本为460 000元;本月领用原材料的计划成本为500 000元,其中,生产领用470 000元,车间一般消耗24 000元,管理部门耗用6 000元。

要求:

(1) 计算本月材料成本差异率。

(2) 计算月末结存原材料的实际成本。

(3) 作出乙公司发出原材料并结转差异的相关会计处理。

3. 乙公司的存货按成本与可变现净值孰低计量。计提存货跌价准备前,"存货跌价准备"科目已有贷方余额800元。2015年3月31日,A商品的账面成本为22 000元,可变现净值为20 000元。

要求:编制计提存货跌价准备的相关会计分录。

4. 20×5年3月21日乙公司委托光明公司加工一批低值易耗

品，发出 A 材料成本为 40 000 元，支付加工费 10 000 元，支付运杂费 1 000 元，支付增值税 1 300 元。3 月 28 日该批委托加工的低值易耗品验收入库。3 月 29 日乙公司管理部门领用该批低值易耗品，采用五五摊销法摊销。

要求：编制乙公司委托加工、收回、领用低值易耗品的相关会计分录。

5. 甲企业为增值税一般纳税人，适用的增值税税率为 13%，A 原材料采用实际成本核算。甲企业在存货清查中发现盘亏一批 A 材料，价值为 6 000 元，经查，其中 1 000 元属于定额内自然损耗；其中 2 000 元属于管理不善造成的毁损（由过失人赔偿 1 000 元），款项尚未收取；另外 3 000 元属于自然灾害造成的毁损（由保险公司赔偿 2 500 元），款项尚未收取。假设最终损失的材料已经批准予以核销。

要求：编制乙公司存货盘亏报经批准处理前后的相关会计分录。

第 5 章 长期股权投资

本章要点

◇ 熟悉长期股权投资的确认
◇ 掌握长期股权投资成本法核算
◇ 掌握长期股权投资权益法核算
◇ 熟悉长期股权投资的减值

5.1 长期股权投资概述

5.1.1 长期股权投资的概念与分类

长期股权投资包括以下几个方面:

1. 投资方能够对被投资单位实施控制的权益性投资,即对子公司投资。控制,是指投资方拥有对被投资单位的权力,通过参与被投资单位的相关活动而享有可变回报,并且有能力运用对被投资单位的权力影响其回报金额。关于控制和相关活动的理解及具体判断,见《企业会计准则第 33 号——合并财务报表》及其应用指南(2014)的相关内容。

2. 投资方与其他合营方一同对被投资单位实施共同控制且对被投资单位净资产享有权利的权益性投资,即对合营企业投资。共同控制，是指按照相关约定对某项安排所共有的控制，并且该安排的相关活动必须经过分享控制权的参与方一致同意后才能决策。关于共同控制和合营企业的理解及具体判断，见《企业会计准则第 40 号——合营安排》及其应用指南（2014）的相关内容。

3. 投资方对被投资单位具有重大影响的权益性投资，即对联营企业投资。重大影响，是指对一个企业的财务和经营政策有参与决策的权力，但并不能够控制或者与其他方一起共同控制这些政策的制定。实务中，较为常见的重大影响体现为在被投资单位的董事会或类似权力机构中派有代表，通过在被投资单位财务和经营决策制定过程中的发言权实施重大影响。投资方直接或通过子公司间接持有被投资单位 20% 以上但低于 50% 的表决权时，一般认为对被投资单位具有重大影响，除非有明确的证据表明该种情况下不能参与被投资单位的生产经营决策，不形成重大影响。在确定能否对被投资单位施加重大影响时，一方面应考虑投资方直接或间接持有被投资单位的表决权股份，同时要考虑投资方及其他方持有的当期可执行潜在表决权在假定转换为对被投资单位的股权后产生的影响，如被投资单位发行的当期可转换的认股权证、股份期权及可转换公司债券等的影响。

——引自《企业会计准则第 2 号——长期股权投资》应用指南

投资是企业为了获得收益或实现资本增值向被投资单位投放资金的经济行为。企业对外进行的投资，从性质上划分，可以分为债权性投资与权益性投资。长期股权投资属于权益性投资，它是指投资企业对被投资单位实施控制、重大影响的权益性投资，以及对其合营的权益性投资。除此之外的其他权益性投资不作为长期股权投资进行核算，而应当按照《企业会计准则第 22 号——金融工具确认和计量》的规定进行会计核算。

5.1.2 长期股权投资的初始确认与计量

长期股权投资的取得有两种方式：企业合并方式和企业合并以外的其他方式。而企业合并方式是指企业通过股权投资取得对另一家公司控制权的行为（又称为控股合并），这种控股合并又进一步分为同一控制下控股合并的长期股权投资和非同一控制下控股合并的长期股权投资。但不管以上哪一种投资，均应设置"长期股权投资"会计科目进行核算。

1. 同一控制下控股合并的长期股权投资

同一控制下的控股合并，是指参与合并的企业在合并前后均受同一方或相同的多方最终控制，且该控制并非暂时性的。例如，丁公司为乙公司和丙公司的母公司，丁公司将其持有丙公司80%的股权转让给乙公司。转让股权后，乙公司持有丙公司80%的股权，但乙公司和丙公司仍由丁公司所控制。

同一控制下的控股合并，在合并日取得对其他参与合并企业控制权的一方为合并方，参与合并的其他企业为被合并方。合并日是指合并方实际取得对被合并方控制权的日期。

同一控制下的控股合并，合并双方的合并行为通常不完全是自愿进行和完成的，因此这种控股合并不属于交易行为，而是参与合并各方资产和负债的重新组合，因此，合并方应以被合并方所有者权益的账面价值为基础，对长期股权投资进行初始计量。具体地：

同一控制下企业合并形成的长期股权投资，合并方以支付现金、转让非现金资产或承担债务方式作为合并对价的，应在合并日按取得被合并方所有者权益在最终控制方合并财务报表中的账面价值的份额，作为长期股权投资的初始投资成本。初始投资成本与合并对价产生的差额，作为"资本公积——资本溢价或股本溢价"来调整。其中对于借方差额下，应冲减调整"资本公积"科目。对于资本公积（资本溢价或股本溢价）不足冲减情况下，应依次冲减"盈余公积""利润分配——未分配利润"科目。

对于合并方发生的审计、法律服务、评估咨询等中介费用以及其他相关管理费用，应当于发生时计入当期损益（管理费用）。如果被合并方在合并日所有者权益账面价值为负数，则长期股权投资按零确定，并同时在备查簿中予以登记。

【例5-1】 2014年1月1日，甲公司和乙公司达成合并协议，约定甲公司以银行存款4 000万元作为合并对价，取得乙公司90%的股权。甲公司和乙公司同为集团内的母公司所控制。2×14年1月1日，甲公司实际取得对乙公司的控制权，当日，乙公司所有者权益账面价值总额为5 000万元，甲公司"资本公积——股本溢价"科目余额为300万元。在与乙公司的合并中，甲公司以银行存款支付审计费用、评估费用、法律服务费用等共计80万元。

本例中，甲公司和乙公司在合并前后均受集团内的母公司控制，合并后甲公司取得了对乙公司的控制权。因此，该合并为同一控制下的控股合并，集团内的母公司在合并前及合并后均是实施最终控制的一方，甲公司在合并日的账务处理如下：

（1）确认初始投资成本

借：长期股权投资——乙公司　　　　　　45 000 000

　　贷：银行存款　　　　　　　　　　　　40 000 000

　　　　资本公积——资本溢价　　　　　　 5 000 000

（2）支付直接相关费用

借：管理费用　　　　　　　　　　　　　　800 000

　　贷：银行存款　　　　　　　　　　　　 800 000

请你分析：承上例〖例5-1〗，如果合并当日，乙公司所有者权益账面价值总额为4 000万元，甲公司会计处理会发生什么变化？

答案提示：如果合并当日，乙公司所有者权益账面价值总额为4 000万元，长期股权投资初始成本为：4 000×90% = 3 600（万元），支付的对价4 000万元大于确认的投资资产，差生借差，则应一次调整"资本公积——资本溢价或股本溢价""盈余公积""利润分配——未分配利润"科目。编制会计分录如下：

（1）确认初始投资成本

借：长期股权投资——乙公司　　　　　　36 000 000

　　资本公积——资本溢价　　　　　　　 3 000 000

　　盈余公积　　　　　　　　　　　　　 1 000 000

　　贷：银行存款　　　　　　　　　　　　40 000 000

（2）支付直接相关费用

借：管理费用　　　　　　　　　　　　　　800 000

　　贷：银行存款　　　　　　　　　　　　 800 000

2. 非同一控制下控股合并的长期股权投资

非同一控制下企业合并，是指参与合并的各方在合并前后不受同一方或相同的多方最终控制的企业合并。对于非同一控制下的企业合并，购买方（非同一控制下合并方通常的称谓）应合理确定合并成本，并将合并成本作为长期股权投资的初始投资成本。

合并成本是指合并对价的公允价值，即合并成本可能是购买方在购买日为取得对被购买方的控制权而付出的资产、发生或承担的负债的公允价值；也可能是购买方在购买日为取得对被购买方的控制权而发行的权益性证券的公允价值。

购买方作为合并对价付出的资产，应当按照以公允价值处置该资产进行账务处理。其中，付出资产为固定资产、无形资产的，付出资产的公允价值与账面价值的差额，计入资产处置损益；付出资产为金融资产的，付出资产的公允价值与其账面价值的差额，计入投资收益；付出资产为存货的，按其公允价值确认收入，同时按其账面价值结转成本，涉及增值税的，还应进行相应的账务处理。

购买方应当在购买日按照确定的企业合并成本，借记"长期股权投资"科目，按应享有被购买方已宣告但尚未发放的现金股利或利润，借记"应收股利"科目，按支付合并对价的账面价值，贷记有关资产等科目，按其差额，贷记"资产处置损益""投资收益"等科目。合并对价为以公允价值计量且其变动计入其他综合收益的金融资产的，还应按持有期间公允价值变动形成的其他综合收益，借记（或贷记）"其他综合收益"科目，贷记（或借记）"投资收益"科目；同时，按企业合并发生的各项直接相关费用，借记"管理费用"科目，贷记"银行存款"等科目。

【例5-2】2014年1月1日，甲公司和乙公司分别为两个独立的法人企业，合并前不存在任何关联关系。2014年5月2日，甲公司以持有的一项土地使用权为对价取得乙公司60%的股权，并于当日对乙公司能够实施控制。该土地使用权成本5 000万元，已摊销1 400万元。经专业资产评估机构评估，该土地使用权评估价值为4 000万元；假设发生的评估等费用共计12万元。甲公司编制会计分录如下：

借：长期股权投资——乙公司　　　　　　40 000 000
　　累计摊销　　　　　　　　　　　　　14 000 000
　　贷：无形资产　　　　　　　　　　　　50 000 000
　　　　资产处置损益　　　　　　　　　　 4 000 000
借：管理费用　　　　　　　　　　　　　 120 000
　　贷：银行存款　　　　　　　　　　　　 120 000

请你分析：承上例【例5-2】，如果合并时，甲公司以现金4 000万元，拥有乙公司60%的股权，其他条件不变。会计处理应该怎样？

答案提示：如果合并时，甲公司以现金4 000万元，拥有乙公司60%的股权，其他条件不变。会计处理如下：

借：长期股权投资——乙公司　　　　　　40 000 000
　　贷：银行存款　　　　　　　　　　　　40 000 000

3. 非企业合并方式取得的长期股权投资

非企业合并方式取得的长期股权投资，是指企业以支付现金、转让非现金资产、发行权益性证券等取得的对被投资单位不具有控制权的长期股权投资。如取得的对合营企业、联营企业的权益性投资。非企业合并方式取得的长期股权投资，初始投资成本的确定与非同一控制下企业合并形成的长期股权投资成本的确定方法基本相同。

（1）以支付现金取得的长期股权投资，应当按照实际支付的购买价款作为长期股权投资的初始投资成本，包括购买过程中支付的手续费等必要支出。但所支付价款中包含的被投资单位已宣告但尚未发放的现金股利或利润应作为应收项目核算，不构成取得长期股权投资的成本。

【例5-3】甲公司于2014年2月10日，自公开市场中买入某企业25%的股份，实际支付价款5 000万元。另外，在购买过程中支付手续费等相关费用200万元。甲公司取得该部分股权后，能够对被投资方的生产经营决策施加重大影响。

甲公司应当按照实际支付的购买价款作为取得长期股权投资的成本，应编制会计分录如下：

借：长期股权投资　　　　　　　　　　　52 000 000
　　贷：银行存款　　　　　　　　　　　52 000 000

（2）以发行权益性证券方式取得的长期股权投资，其成本为所发行权益性证券的公允价值，但不包括应自被投资单位收取的已宣告但尚未发放的现金股利或利润。

为发行权益性证券支付给有关证券承销机构等的手续费、佣金等与权益性证券发行直接相关的费用，不构成取得长期股权投资的成本。该部分费用应自权益性证券的溢价发行收入中扣除，权益性证券的溢价收入不足冲减的，应冲减盈余公积和未分配利润。

【例5-4】2015年3月，甲公司通过增发3 000万股本公司普通股（每股面值1元）取得对另一家公司20%的股权，按照增发前后的平均股价计算，该3 000万股股份的公允价值为5 600万元。为增发该部分股份，甲公司向证券承销机构等支付了60万元的佣金和手续费。假定甲公司取得该部分股权后，能够对被投资方的生产经营决策施加重大影响。

甲公司应当以所发行股份的公允价值作为取得长期股权投资的成本，应编制会计分录如下：

借：长期股权投资　　　　　　　　　　　56 000 000
　　贷：股本　　　　　　　　　　　　　30 000 000
　　　　资本公积——股本溢价　　　　　26 000 000

发行权益性证券过程中支付的佣金和手续费，应冲减权益性证券的溢价发行收入，甲公司应编制会计分录如下：

借：资本公积——股本溢价　　　　　　　600 000

贷：银行存款　　　　　　　　　　　　　　600 000

（3）投资者投入的长期股权投资，应当按照投资合同或协议约定的价值作为初始投资成本，但合同或协议约定的价值不公允的除外。

投资者投入的长期股权投资，是指投资者以其持有的对第三方的投资作为出资投入企业，接受投资的企业原则上应当按照投资各方在投资合同或协议中约定的价值作为取得投资的初始投资成本。

【例 5-5】甲公司设立时，其主要出资方之一丙公司以其持有的对乙公司的长期股权投资作为出资投入甲公司。投资各方在投资合同中约定，作为出资的该项长期股权投资作价 600 万元。该作价是按照乙公司股票的市价经考虑相关调整因素后确定的。甲公司注册资本为 2 400 万元。丙公司出资占甲公司注册资本的 20%。取得该项投资后，丙公司根据其持股比例，能够派人参与甲公司的财务和生产经营决策。

甲公司应编制会计分录如下：
借：长期股权投资　　　　　　　　　　　　6 000 000
　　贷：实收资本　　　　　　　　　　　　4 800 000
　　　　资本公积——资本溢价　　　　　　1 200 000

（4）以债务重组、非货币性资产交换等方式取得的长期股权投资，其初始投资成本应按照《企业会计准则第 12 号——债务重组》和《企业会计准则第 7 号——非货币性资产交换》的规定确定。

请你分析：设【例 5-3】，假定甲公司取得该项投资时，乙公司已经宣告但尚未发放现金股利，甲公司按其持股比例计算确定可分得 30 万元。则甲公司在确认该长期股权投资时的会计处理是怎样的？

答案提示：甲公司应将包含的现金股利部分单独核算，买价中包含的现金股利单独确认为应收股利，应编制会计分录如下：

借：长期股权投资　　　　　　　　　　　　51 700 000
　　应收股利　　　　　　　　　　　　　　　 300 000
　　贷：银行存款　　　　　　　　　　　　52 000 000

5.2　长期股权投资成本法

合并取得和非合并取得长期股权投资需关注的问题

长期股权投资在持有期间，根据投资企业对被投资单位的影响程度分别采用成本法及权益法进行核算。成本法与权益法是长期股权投资后续计量的两种不同方法，它们初始计量的会计处理原则是一致的

(见第 5.1 节)。

5.2.1 成本法的定义和适用范围

成本法，是指投资按成本计价的方法。按照长期股权投资准则，投资方持有的对子公司投资应当采用成本法，投资方为投资性主体且子公司不纳入其合并财务报表的除外。成本法对长期股权投资进行后续计量，强调投资的成本的稳定性，除初始投资、追加投资以及处置投资外，一般不调整长期股权投资的成本。

5.2.2 成本法的核算

在成本法下，为了反映和监督企业长期股权投资的取得、持有和处理等情况，企业应当设置"长期股权投资"和"投资收益"等会计账户。成本法下的会计处理原则如下：

(1) 初始投资或追加投资时，按照初始投资或追加投资时的成本增加长期股权投资的账面价值。

(2) 被投资单位宣告分派的现金股利或利润时，投资企业按应享有的部分，确认为当期投资收益。

知识拓展

采用成本法核算的长期股权投资，除取得投资时实际支付的价款或对价中包含的已宣告但尚未发放的现金股利或利润外，投资企业应当按照享有被投资单位宣告发放的现金股利或利润确认投资收益，不再划分是否属于投资前和投资后被投资单位实现的净利润。

——引自《企业会计准则解释第 3 号》

【例 5-6】甲企业 2009 年 1 月，取得对戊公司 70% 的股权（非关联方），成本为 800 万元，相关手续已经于当日办理完毕，并能够对戊公司实施控制。2010 年 3 月，乙公司宣告分派现金股利 100 万元，甲企业按其持股比例可取得 70 万元。不考虑其他相关税费等因素影响。

分析：本例中甲公司对戊公司的投资具有能够控制的程度，因此应当作为成本法核算的投资处理。

甲公司应编制会计分录如下：

(1) 2009 年 1 月初始投资的确认

借：长期股权投资　　　　　　　　　　　　8 000 000

  贷：银行存款   8 000 000
 （2）2010 年 3 月对被投资方宣告股利时"投资收益"的确认
  借：应收股利   700 000
    贷：投资收益   700 000

【例 5 – 7】 承〖例 5 – 6〗，假设甲公司在对戊公司投资五年后，于 2014 年 7 月初将持有的戊公司股权转让，以银行存款收到转让价款 1 500 万元。转让时甲公司应编制会计分录如下：

  借：银行存款   15 000 000
    贷：长期股权投资   8 000 000
      投资收益   7 000 000

  请你分析：长期股权投资在成本法核算的前提下，当被投资单位实现利润或出现亏损时，投资方是否需要做出相应的会计处理？
  答案提示：长期股权投资成本法下，一般核算初始投资、追加投资和处置投资业务，其余业务均不涉及成本法下的长期股权投资会计处理。

5.3 长期股权投资权益法

5.3.1 权益法的定义及其适用范围

  权益法，是指投资以初始投资成本计量后，在投资持有期间根据投资企业享有被投资单位所有者权益的份额的变动对投资的账面价值进行调整的方法。
  投资企业对被投资单位具有共同控制或重大影响的长期股权投资，即对合营企业投资及对联营企业投资，应当采用权益法核算。
  权益法强调投资方的长期股权投资应当与被投资单位的所有者权益配比，当被投资单位所有者权益发生变动时，投资方应当按照投资比例确定长期股权投资的价值变动。

5.3.2 权益法的核算

  在权益法下，为了反映和监督企业长期股权投资的取得、持有和处理等情况，企业应当设置"长期股权投资""投资收益""其他综合收益"等会计账户。其中,"长期股权投资"账户还应当根据具体情形分别设置"投资成本""损益调整""其他综合收益""其他权益变动"明细账户。

1. 初始投资成本的调整

投资企业取得对联营企业或合营企业的投资以后,对于取得投资时投资成本与应享有被投资单位可辨认净资产公允价值份额之间的差额,应区别情况分别处理。

(1)初始投资成本大于取得投资时应享有被投资单位可辨认净资产公允价值份额的,该部分差额从本质上是投资企业在取得投资过程中通过购买作价体现出的与所取得股权份额相对应的商誉及不符合确认条件的资产价值。初始投资成本大于投资时应享有被投资单位可辨认净资产公允价值的份额,两者之间的差额不要求对长期股权投资的成本进行调整。

(2)初始投资成本小于取得投资时应享有被投资单位可辨认净资产公允价值份额的,两者之间的差额体现为双方在交易作价过程中转让方的让步,该部分经济利益流入应作为收益处理,计入取得投资当期的营业外收入,同时调整增加长期股权投资的账面价值。

【例5-8】甲公司于2009年1月1日取得乙公司30%的股权,支付价款9 000万元,能够对丁公司生产经营施加重大影响。取得投资时被投资单位净资产账面价值为22 500万元(假定被投资单位各项可辨认资产、负债的公允价值与其账面价值相同)。

分析:甲公司在乙公司享有的所有者权益份额 = 22 500 × 30% = 6 750(万元)

投资成本9 000万元大于享有的份额6 750万元,按准则要求不做调整。

甲公司取得投资时应编制会计分录如下:

借:长期股权投资——乙公司(投资成本) 90 000 000
  贷:银行存款   90 000 000

假设【例5-8】中乙公司在甲公司投资时可辨认净资产公允价值为40 000万元,则甲公司应享有的份额 = 40 000 × 30% = 12 000(万元)

投资成本9 000万元小于享有的份额12 000万元,应当调整长期股权投资的账面价值。

甲公司取得投资时应编制会计分录如下:

借:长期股权投资——乙公司(投资成本)   120 000 000

贷：银行存款　　　　　　　　　　　　90 000 000
　　　　营业外收入　　　　　　　　　　　30 000 000

请你分析： 承〖例 5-8〗，如果甲公司是在证券交易所取得乙公司 30% 的股权，支付价款 9 000 万元，并且发生相关税费 10 万元。其他资料不变。你能编制出来正确的会计分录吗？

答案提示： 甲公司在乙公司享有的所有者权益份额 = 22 500 × 30% = 6 750（万元）

投资成本 9 010 万元大于享有的份额 6 750 万元，按准则要求不做调整；由于甲公司支付的款项为存出投资款，所以贷记"其他货币资金"会计科目。甲公司取得投资时应编制会计分录如下：

　　借：长期股权投资——乙公司（投资成本）　90 100 000
　　　　贷：其他货币资金　　　　　　　　　　　　　90 100 000

2. 投资损益的确认

投资企业取得长期股权投资后，应当按照应享有或应分担的被投资单位实现净利润或发生净亏损的份额（法规或章程规定不属于投资企业的净损益除外），调整长期股权投资的账面价值，并确认为当期投资损益。

在确认应享有或应分担被投资单位的净利润或净亏损时，在被投资单位账面净利润的基础上，应考虑以下因素的影响进行适当调整：

（1）被投资单位采用的会计政策及会计期间与投资企业不一致的，应按投资企业的会计政策及会计期间对被投资单位的财务报表进行调整。

（2）投资企业在持有长期股权投资期间，应按照被投资单位实现的净利润（以取得投资时被投资单位可辨认净资产的公允价值为基础计算）中应享有的份额，调整长期股权投资。因为被投资单位个别利润表中的净利润是以其持有的资产、负债账面价值为基础持续计算的，而投资企业在取得投资时，是以被投资单位有关资产、负债的公允价值为基础确定投资成本，长期股权投资的投资收益所代表的是被投资单位资产、负债在公允价值计量的情况下在未来期间通过经营产生的损益中归属于投资企业的部分。由于这种差异导致投资方的长期股权投资与被投资方的净利润计量基础不同，投资方在核算应享有的被投资单位净利润时应当对被投资单位的净利润进行调整。

知 识 拓 展

如果无法合理确定取得投资时被投资企业各项可辨认资产的公

允价值，或者投资时被投资企业可辨认资产的公允价值与其账面价值相比，两者之间的差额不具有重要性，也可以按照被投资企业的账面净利润与持股比例计算的结果确认投资收益，但应在附注中说明这一事实，以及无法合理确定被投资企业各项可辨认资产公允价值的原因。

【例5-9】甲公司于2014年1月10日购入丙公司30%的股份，购买价款为2 200万元，并自取得投资之日起派人参与丙公司的生产经营决策。取得投资当日，丙公司可辨认净资产公允价值为6 000万元，除表5-1所列项目外，丙公司其他资产、负债的公允价值与账面价值相同。

表5-1　　丙公司相关资产负债公允价值与账面价值比较　　单位：万元

项目	账面原价	已提折旧或摊销	公允价值	乙公司预计使用年限	甲公司取得投资后剩余使用年限
存货	500		700		
固定资产	1 200	240	1 600	20	16
无形资产	700	140	800	10	8
小计	2 400	380	3 100		

假定丙公司于2014年实现净利润600万元，其中在甲公司取得投资时的账面存货有80%对外出售。甲公司与丙公司的会计年度及采用的会计政策相同。固定资产、无形资产均按直线法提取折旧或摊销，预计净残值均为0。假定甲、丙公司间未发生任何内部交易。

甲公司在确定其应享有的投资收益时，应在丙公司实现净利润的基础上，根据取得投资时丙公司有关资产的账面价值与其公允价值差额的影响进行调整（假定不考虑所得税影响）：

存货账面价值与公允价值的差额应调减的利润 = (700 - 500) × 80% = 160（万元）

固定资产公允价值与账面价值差额应调整增加的折旧额 = 1 600 ÷ 16 - 1 200 ÷ 20 = 40（万元）

无形资产公允价值与账面价值差额应调整增加的摊销额 = 800 ÷ 8 - 700 ÷ 10 = 30（元）

调整后的净利润 = 600 - 160 - 40 - 30 = 370（万元）

甲公司按照应享有份额 = 370 × 30% = 111（万元）确认投资收益

应编制会计分录如下：

借：长期股权投资——丙公司（损益调整）　1 110 000
　　贷：投资收益　　　　　　　　　　　　　　　　1 110 000

请你分析：在计算公允价值下净利润时，为什么存货要考虑是否已经售出？

答案提示：存货在核算时，售出存货的价值转移至当期营业成本中，对利润产生影响，而期末库存存货直接列示在资产负债表上，其账面价值与公允价值的差额直接影响所有者权益而不影响当期利润。

(3) 在确认投资收益时，对于投资企业与其联营企业及合营企业之间发生的未实现内部交易损益应予抵销。该未实现内部交易损益按照持股比例计算归属于投资企业的部分，应当予以抵销，在此基础上确认投资损益。投资企业与被投资单位发生的内部交易损失，按照《企业会计准则第 8 号——资产减值》等规定属于资产减值损失的，应当全额确认。

权益法下投资方对被投资方净利润调整的原因

该未实现内部交易损益的抵销既包括顺流交易也包括逆流交易，其中，顺流交易是指投资企业向其联营企业或合营企业出售资产，逆流交易是指联营企业或合营企业向投资企业出售资产。当该未实现内部交易损益体现在投资企业或其联营企业、合营企业持有的资产账面价值中时，相关的损益在计算确认投资损益时应予抵销。

①对于投资企业向联营企业或合营企业出售资产的顺流交易，在该交易存在未实现内部交易损益的情况下（即有关资产未对外部独立第三方出售），投资企业在采用权益法计算确认应享有联营企业或合营企业的投资损益时，应抵销该未实现内部交易损益的影响，同时调整对联营企业或合营企业长期股权投资的账面价值。

②对于联营企业或合营企业向投资企业出售资产的逆流交易，在该交易存在未实现内部交易损益的情况下（即有关资产未对外部独立第三方出售），投资企业在采用权益法计算确认应享有联营企业或合营企业的投资损益时，应抵销该未实现内部交易损益的影响。当投资企业自其联营企业或合营企业购买资产时，在将该资产出售给外部独立第三方之前，不应确认联营企业或合营企业因该交易产生的损益中本企业应享有的部分。

权益法下逆流交易在投资方内部市场损益调整的来龙去脉

【例 5-10】 承〖例 5-8〗，甲公司持有乙公司有表决权股份的 30%，能够对乙公司生产经营施加重大影响。2009 年 11 月，甲公司将其账面价值为 500 万元的商品以 800 万元的价格出售给乙公司，乙公司将取得的商品作为管理用固定资产核算，预计使用寿命为 10 年，净残值为0。假定甲公司取得该项投资时,乙公司各项可辨认资产、负债的公允价值与其账面价值相同,两者在以前期间未发生过内部交易。乙公司2009年实现账面净利润为1 000万元。假定不考虑所得税影响。

分析:甲公司销售给乙公司商品属于顺流交易,甲公司在该交易中产生的内部交易利润为300万元,在乙公司将该资产对独立第三方出售之前,该内部交易利润保留在乙公司相关固定资产的价值中,未对外实现。甲公司内部交易利润中有30%是针对本公司在乙公司中享有的份额,这一部分利润应当予以抵销。

扣除内部未实现交易利润之后,甲公司对乙公司实现的利润按照持股比例予以确认,甲公司应编制会计分录如下:

借:长期股权投资——乙公司(损益调整) 2 107 500
　　贷:投资收益　　　　　　　　　　　　　 2 107 500

备注:2 107 500 = (1 000 - 300 + 2.5) × 30%

请你分析:【例5-10】备注中的利润调增2.5万元是何意?

答案提示: 2.5万元是内部未实现交易利润中乙公司多计提的折旧费用所致。即:每年多计提折旧30万元(300/10),2009年12月份多计折旧费用为2.5万元(30/12)。

请你计算:假设【例5-10】中,其他条件不变,乙公司将其成本为600万元的某商品以1 000万元的价格出售给甲公司,甲公司将取得的商品作为存货。至2009年资产负债表日,甲公司仍未对外出售该存货。甲公司在确认对乙公司的投资收益时应怎样调整乙公司的净利润?

答案提示:内部交易利润 = 1 000 - 600 = 400(万元),甲公司享有的净利润中包含的内部交易利润为400万×30% = 120(万元)应当在计算投资收益时扣除。

请你分析:按照以上思路,投资企业与其联营企业及合营企业之间发生的无论是顺流交易还是逆流交易产生的未实现内部交易损失,是否也应当按照投资份额予以抵销?

答案提示:按照规定:投资企业与其联营企业及合营企业之间发生的无论是顺流交易还是逆流交易产生的未实现内部交易损失,属于所转让资产发生减值损失的,有关的未实现内部交易损失不应予以抵销。原因是该损失原则上不因是否发生资产的内部转移而发生变化,即使有关资产未发生实际交易,有证据表明其可收回金额等低于账面价值的,无论资产持有方是哪个企业,均应按照会计准则规定计提相应的减值损失,即相关损失与转让交易无关。

权益法下为什么投资者还要调整顺流交易存在的未实现内部交易损益?

3. 取得现金股利或利润的处理

按照权益法核算的长期股权投资，投资企业自被投资单位取得的现金股利或利润，应抵减长期股权投资的账面价值。在被投资单位宣告分派现金股利或利润时，借记"应收股利"科目，贷记"长期股权投资——损益调整"科目；自被投资单位取得的现金股利或利润超过已确认损益调整的部分应视同投资成本的收回，冲减长期股权投资的账面价值。

【例 5 – 11】接〖例 5 – 10〗，假设乙公司宣告 2009 年度的现金股利分配方案：向股东支付现金股利 400 万元，甲公司按照持股比例可以确认股利 120 万元，应编制会计分录如下：

借：应收股利　　　　　　　　　　　　　1 200 000
　　贷：长期股权投资——乙公司（损益调整）　1 200 000

4. 超额亏损的确认

按照权益法核算的长期股权投资，投资企业确认应分担被投资单位发生的损失，原则上应以长期股权投资及其他实质上构成对被投资单位净投资的长期权益减记至零为限，投资企业负有承担额外损失义务的除外。这里所讲"其他实质上构成对被投资单位净投资的长期权益"通常是指长期应收项目，比如，企业对被投资单位的长期债权，该债权没有明确的清收计划，且在可预见的未来期间不准备收回的，实质上构成对被投资单位的净投资，但不包括投资企业与被投资单位之间因销售商品、提供劳务等日常活动所产生的长期债权。

投资企业在确认应分担被投资单位发生的亏损时，具体应按照以下顺序处理：

首先，减记长期股权投资的账面价值。

其次，在长期股权投资的账面价值减记至零的情况下，对于未确认的投资损失，考虑除长期股权投资以外，账面上是否有其他实质上构成对被投资单位净投资的长期权益项目，如果有，则应以其他长期权益的账面价值为限，继续确认投资损失，冲减长期应收项目等的账面价值。

最后，经过上述处理，按照投资合同或协议约定，投资企业仍需要承担额外损失弥补等义务的，应按预计将承担的义务金额确认预计负债，计入当期投资损失。

企业在实务操作过程中，在发生投资损失时，应借记"投资收益"科目，贷记"长期股权投资——损益调整"科目。在长期股权投资的账面价值减记至零以后，考虑其他实质上构成对被投资单位净投资的长期权益，继续确认的投资损失，应借记"投资收益"科目，贷记"长期应收款"科目；因投资合同或协议约定导致投资企业需要承担额外义务的，按照或有事项准则的规定，对于符合确认条件的义务，应确认为当期损失，同时确认预计负债，借记"投资收益"科目，贷记"预计负债"科目。除上述情况仍未确认的应分担被投资单位的损失，应在账外备查登记。

在确认了有关的投资损失以后，被投资单位于以后期间实现盈利的，应按以上相反顺序分别减记已确认的预计负债、恢复其他长期权益及长期股权投资账面价值，同时确认投资收益。即应当按顺序分别借记"预计负债""长期应收款""长期股权投资"科目，贷记"投资收益"科目。

【例5-12】甲公司持有戊公司40%的股权，能够对戊公司施加重大影响。2013年12月31日该项长期股权投资的账面价值为6 000万元。戊公司2014年由于一项主要经营业务市场条件发生变化，当年度亏损9 000万元。假定甲公司在取得该投资时，戊公司各项可辨认资产、负债的公允价值与其账面价值相等，双方所采用的会计政策及会计期间也相同。则甲公司当年度应确认的投资损失为3 600万元。确认上述投资损失后，长期股权投资的账面价值变为2 400万元（6 000-9 000×40%），确认损失的会计处理为：

借：投资收益　　　　　　　　　　　　　　36 000 000
　　贷：长期股权投资——戊公司（损益调整）　36 000 000

上述如果戊公司当年度的亏损额为18 000万元，则甲公司按其持股比例确认应分担的损失为7 200万元，但长期股权投资的账面价值仅为6 000万元，如果没有其他实质上构成对被投资单位净投资的长期权益项目，则甲公司应确认的投资损失仅为6 000万元，超额损失在账外进行备查登记；在确认了6 000万元的投资损失，长期股权投资的账面价值减记至零以后，如果甲公司账上仍有应收戊公司的长期应收款2 400万元，该款项从目前情况看，没有明确的清偿计划（并非产生于商品购销等日常活动），则在长期应收款的账面价值大于1 200万元的情况下，应以长期应收款的账面价值为限进一步确认投资损失1 200万元。甲公司应编制会计分录如下：

借：投资收益　　　　　　　　　　　　　　60 000 000
　　贷：长期股权投资——戊公司（损益调整）　60 000 000
借：投资收益　　　　　　　　　　　　　　12 000 000
　　贷：长期应收款　　　　　　　　　　　　12 000 000

5. 被投资单位除净损益以外所有者权益的其他变动

采用权益法核算时，投资企业对于被投资单位除净损益以外所有者权益的其他变动,在持股比例不变的情况下,应按照持股比例与被投资单位除净损益以外所有者权益的其他变动中归属于本企业的部分,相应调整长期股权投资的账面价值,同时增加或减少"其他综合收益"或"资本公积"账户。

其他综合收益,是指企业根据其他会计准则规定未在当期损益中确认的各项利得和损失。"其他综合收益"属于所有者权益类账户。

【例5-13】承【例5-8】、【例5-10】和【例5-11】,甲公司持有乙公司30%的股份,能够对乙公司施加重大影响。2013年末乙公司因持有的其他权益工具投资因公允价值的增加变动计入其他综合收益的金额为1 800万元,除该事项外,乙公司当期实现的净损益为9 600万元。假定甲公司与乙公司适用的会计政策、会计期间相同,投资时乙公司有关资产、负债的公允价值与其账面价值亦相同,双方当期及以前期间未发生任何内部交易。

分析:甲公司应该确认的投资收益=9 600×30%=2 880(万元)。

甲公司应享有的乙公司其他综合收益的份额=1 800×30%=540(万元)。

对此,甲公司应编制会计分录如下:

借:长期股权投资——乙公司(损益调整)   28 800 000
        ——乙公司(其他综合收益)
                                    5 400 000
  贷:投资收益   28 800 000
      其他综合收益   5 400 000

6. 权益法下长期股权投资的处置

企业处置长期股权投资时,应相应结转与所售股权相对应的长期股权投资的账面价值,出售所得价款与处置长期股权投资账面价值之间的差额,应确认为处置损益。

采用权益法核算的长期股权投资,原计入其他综合收益中的金额,在处置时亦应进行结转,将与所出售股权相对应的部分在处置时自其他综合收益转入当期损益。

【例5-14】承【例5-8】、【例5-10】、【例5-11】和【例5-13】,2014年12月20日甲公司原持有乙公司30%的股权全部出售给丁公司,出售取得价款13 000万元。

分析:截至出售时,甲公司账面上对乙公司长期股权投资的构成为:投资成本9 000万元,损益调整2 970.75万元,其他综合收益540万元。甲公司应编制会计分录如下:

(1) 确认处置损益的账务处理：
借：银行存款　　　　　　　　　　　　　　130 000 000
　　贷：长期股权投资——乙公司（投资成本）90 000 000
　　　　　　　　——乙公司（损益调整）29 707 500
　　　　　　　　——乙公司（其他综合收益）
　　　　　　　　　　　　　　　　　　　　　5 400 000
　　　　投资收益　　　　　　　　　　　　　4 892 500

(2) 除应将实际取得价款与出售长期股权投资的账面价值进行结转，确认出售损益以外，还应将原计入其他综合收益的部分（【例5-13】）转入留存收益。
借：其他综合收益　　　　　　　　　　　　5 400 000
　　贷：利润分配——未分配利润　　　　　　5 400 000

5.4　长期股权投资的减值

长期股权投资如果存在减值迹象的，应当按照相关准则的规定计提减值准备。其中对子公司、联营企业及合营企业的投资，应当按照《企业会计准则第8号——资产减值》的规定确定其应予计提的减值准备；企业持有的对被投资单位不具有共同控制或重大影响、在活跃市场中没有报价、公允价值不能可靠计量的长期股权投资等金融资产，应当按照《企业会计准则第22号——金融工具确认和计量》的规定确定其应予计提的减值准备。

长期股权投资在资产负债表日的账面价值高于其可收回金额，其差额应当确认为减值损失，计入当期损益，同时计提相应的资产减值准备，记入"长期股权投资减值准备"账户。

长期股权投资减值损失一经确定，在以后会计期间不得转回。

【例5-15】假设甲公司持有的某长期股权投资在2014年末计算的可收回金额为1 800万元，而该长期股权投资的账面成本为1 500万元，损益调整为200万元，其他权益变动为250万元，因该投资计提的长期股权投资减值准备账面余额为50万元。

分析：该投资的账面价值=(1 500+200+250)-50=1 900（万元），可收回金额为1 800万元，应该补提长期股权投资减值准备100万元（1 900-1 800）。甲公司应编制会计分录如下：
借：资产减值损失　　　　　　　　　　　　1 000 000

贷：长期股权投资减值准备　　　　　　　　　1 000 000

请你分析：【例 5-15】中，如果 2014 年末甲公司持有的该长期股权投资的减值准备账面余额为 300 万元（而不是 50 万元），甲公司应如何处理？

答案提示：此时长期股权投资的账面价值 = 1 500 + 200 + 250 - 300 = 1 650（万元），低于长期股权投资的可收回金额，由于减值准备不得转回，所以甲公司这时不需做处理。

知 识 拓 展

长期股权投资在持有期间，因追加投资或处置投资等原因，会导致其投资核算需要由一种方法转换为另一种方法。具体包括：
（1）成本法转换为权益法；
（2）公允价值计量的金融资产或权益法转换为成本法；
（3）公允价值计量的金融资产转换为权益法；
（4）权益法转换为公允价值计量的金融资产；
（5）成本法转换为公允价值计量的金融资产；
由于以上投资的转换，都是一种实质性质的变化。根据规定，均需要进行相应的会计处理。

本 章 小 结

延伸阅读：成本法转换为权益法实务举例

1. 长期股权投资的确认。根据长期股权投资会计准则的规定，长期股权投资包括投资企业对被投资单位实施控制、重大影响的权益性投资，以及对其合营的权益性投资。企业应当按照以上标准将相关的股权投资确认为长期股权投资。

2. 长期股权投资成本法。成本法，是指投资按成本计价的方法。按照长期股权投资准则核算的权益性投资中，企业持有的对子公司投资应当采用成本法核算。成本法在核算时，强调投资成本的稳定性，除初始投资、追加投资以及处置投资外，一般不调整长期股权投资的成本。具体核算方法是：(1) 初始投资或追加投资时，按照初始投资或追加投资时的成本增加长期股权投资的账面价值。(2) 被投资单位宣告分派的现金股利或利润时，投资企业按应享有的部分，确认为当期投资收益。

3. 长期股权投资权益法。权益法，是指投资以初始投资成本计量后，在投资持有期间根据投资企业享有被投资单位所有者权益的份额的变动对投资的账面价值进行调整的方法。投资企业对被投资单位具有共同控制或重大影响的长期股权投资，即对合营企业投资和对联营企业投资，应当采用权益法核算。权益法强调投资方的长期股权投资应当与被投资单位的所有者权益配比，当被投资单位所有者权益发生变动时，投资方应当按照投资比例确定长期股权投资的价值变动。具体核算方法包括：（1）按照公允价值份额的要求判断是否应该对初始投资成本进行调整；（2）根据可辨认净资产公允价值状况以及投资方与被投资方的内部交易利润对被投资方的净利润进行调整，然后确认投资收益；（3）当被投资方其他所有者权益发生变动时，投资方应当根据持股比例确认其对投资账面价值的影响。

4. 长期股权投资的减值。长期股权投资如果存在减值迹象的，应当按照相关准则的规定计提减值准备。其中对子公司、联营企业及合营企业的投资，应当按照《企业会计准则第 8 号——资产减值》的规定确定其应予计提的减值准备，长期股权投资减值损失一经确定，在以后会计期间不得转回。

本章练习题

一、选择题

1. 甲公司为乙公司和丙公司的母公司。2019 年 1 月 1 日，乙公司以银行存款 7 000 万元取得丙公司 60% 有表决权的股份，另以银行存款 100 万元支付与合并直接相关的中介等费用，并于当日办妥相关的股权划转手续后，乙公司便取得了对丙公司的控制权。丙公司在甲公司合并财务报表中的净资产账面价值为 9 000 万元。假设不考虑其他因素，乙公司该项长期股权投资在合并日的初始投资成本为（　　）万元。

　　A. 7 100　　　　B. 7 000　　　　C. 5 400　　　　D. 5 500

2. 长期股权投资采用成本法核算，投资方对收到的现金股利，应当（　　）。

　　A. 冲减财务费用　　　　　　B. 冲减投资成本
　　C. 计入投资收益　　　　　　D. 只作备查登记

3. 下列情况下持有的长期股权投资中，应当采用权益法核算的是（　　）。

　　A. 具有控制或共同控制　　　B. 具有控制或重大影响
　　C. 具有共同控制或重大影响　D. 具有控制

4. 企业处采用权益法核算的长期股权投资，会影响处置当期投资收益的因素有（　　）。

　　A. 股票的交易价格　　　　　B. 股票的交易税费
　　C. 股票的账面价值　　　　　D. 应收未收的现金股利

5. 长期股权投资采用权益法核算，被投资方发生的下列各项中，会导致投资方确认其他综合收益的情形是（　　）。
   A. 取得现金股利
   B. 发生亏损
   C. 产生盈利
   D. 其他债权投资公允价值产生变动

二、判断题

1. 如果一个企业以支付现金方式取得对联营企业股权投资，并在其投资过程中所支付的与股权直接相关的费用应计入当期损益。（　　）

2. 长期股权投资如果已经计提了减值准备，其账面价值是指长期股权投资的账面余额减相应的减值准备。（　　）

3. 长期股权投资采用权益法核算的，在确认投资收益时，对于投资企业与其联营企业及合营企业之间发生的未实现内部交易损益应予抵销。（　　）

4. 长期股权投资采用权益法核算的，被投资单位采用的会计政策及会计期间与投资企业不一致的，应按投资企业的会计政策及会计期间对被投资单位的财务报表进行调整。（　　）

5. 成本法对长期股权投资进行后续计量，强调投资的成本的稳定性，所以任何情况下都不调整长期股权投资的成本。（　　）

三、实务题

1. 2013年6月1日，乙公司购入甲企业每股面值1元的普通股3 000万股，该股份占甲企业全部普通股的60%，由于乙公司能够对甲企业实施控制，乙公司将其划分为长期股权投资并采用成本法核算。2013年度，甲企业实现的净利润为2 000万元，2014年3月5日，甲企业宣告2013年度股利分配方案，每股分派现金股利0.50元，2014年度，甲企业报告净亏损1 000万元，当年未进行利润分配。

要求：编制乙公司有关长期股权投资的会计分录。

2. 2012年7月1日，乙公司以2 000万元的价款（包括相关税费）取得丙公司普通股股票1 500万股，该股份占丙公司普通股股份的20%，乙公司在取得股份后，派人参与了丙公司的生产经营决策，因能够对丙公司施加重大影响，乙公司将该项投资划分为长期股权投资并采用权益法核算。2012年1月1日，丙公司可辨认净资产公允价值为9 000万元。假定投资当时，丙公司各项可辨认资产、负债的公允价值与其账面价值相同，乙公司与丙公司的会计年度及采用的会计政策相同,双方未发生任何内部交易,乙公司按照丙公司的账面净损益和持股比例计算确认投资损益。2012年度,丙公司报告净收益2 000万元,2013年3月10日,丙公司宣告2012年度利润分配方案,每股分派现金股利0.20元;2013年度,丙公司报告净亏损1 000万元,当年未进行利润分配。

要求:编制乙公司有关长期股权投资的会计分录。

第 6 章 固 定 资 产

本章要点

◇ 掌握固定资产的初始计量
◇ 掌握固定资产的后续计量
◇ 熟悉固定资产的处置
◇ 了解固定资产的清查

6.1 固定资产概述

固定资产是企业赖以生存的物质基础，是企业产生效益的源泉，关系到企业的运营与发展。企业科学管理和正确核算固定资产，有利于促进企业正确评估固定资产的整体情况，提高资产使用效率，降低生产成本，保护固定资产的安全完整，实现资产的保值增值，增强企业的综合竞争实力。

6.1.1 固定资产的定义

固定资产，是指同时具有下列特征的有形资产：
1. 为生产商品、提供劳务、出租或经营管理而持有的；
2. 使用寿命超过一个会计年度。
　　——引自《企业会计准则第 4 号——固定资产》

从固定资产的定义看,固定资产具有以下三个特征:

1. 为生产商品、提供劳务、出租或经营管理而持有

企业持有固定资产的目的是为了生产商品、提供劳务、出租或经营管理,即企业持有的固定资产是企业的劳动工具或手段,而不是用于出售的产品。其中"出租"的固定资产,是指企业以经营租赁方式出租的机器设备类固定资产,不包括以经营租赁方式出租的建筑物,后者属于企业的投资性房地产,不属于固定资产。

2. 使用寿命超过一个会计年度

固定资产的使用寿命,是指企业使用固定资产的预计期间,或者该固定资产所能生产产品或提供劳务的数量。通常情况下,固定资产的使用寿命是指使用固定资产的预计期间,比如自用房屋建筑物的使用寿命表现为企业对该建筑物的预计使用年限。对于某些机器设备或运输设备等固定资产,其使用寿命表现为以该固定资产所能生产产品或提供劳务的数量,例如,汽车或飞机等,按其预计行驶或飞行里程估计使用寿命。

固定资产使用寿命超过一个会计年度,意味着固定资产属于非流动资产,随着使用和磨损,通过计提折旧方式逐渐减少账面价值。对固定资产计提折旧和减值准备,均属于固定资产后续计量。

3. 固定资产是有形资产

固定资产具有实物特征,这一特征将固定资产与无形资产区别开来。有些无形资产可能同时符合固定资产的其他特征,如无形资产为生产商品、提供劳务而持有,使用寿命超过一个会计年度,但是,由于其没有实物形态,所以,不属于固定资产。

6.1.2 固定资产的确认条件

> 固定资产同时满足下列条件的,才能予以确认:
> 1. 与该固定资产有关的经济利益很可能流入企业;
> 2. 该固定资产的成本能够可靠地计量。
> ——引自《企业会计准则第4号——固定资产》

资产最重要的特征是预期会给企业带来经济利益。企业在确认固定资产时,需要判断与该项固定资产有关的经济利益是否很可能流入企业。如果与该项固定资产有关的经济利益很可能流入企业,并同时满足固定资产确认的其他条件,那么,企业应将其确认为固定资产;

否则，不应将其确认为固定资产。

成本能够可靠地计量是资产确认的一项基本条件。企业在确定固定资产成本时必须取得确凿证据，但是，有时需要根据所获得的最新资料，对固定资产的成本进行合理的估计。例如，企业对于已达到预定可使用状态但尚未办理竣工决算的固定资产，需要根据工程预算、工程造价或者工程实际发生的成本等资料，按估计价值确定其成本，办理竣工决算后，再按照实际成本调整原来的暂估价值。

知识拓展

对于工业企业所持有的工具、用具、备品备件、维修设备等资产，施工企业所持有的模板、挡板、架料等周转材料，以及地质勘探企业所持有的管材等资产，企业应当根据实际情况，分别管理和核算。尽管该类资产具有固定资产的某些特征，比如，使用期限超过一年，也能够带来经济利益，但由于数量多单价低，考虑到成本效益原则，在实务中，通常确认为存货。但符合固定资产定义和确认条件的，比如企业（民用航空运输）的高价周转件等，应当确认为固定资产。

固定资产的各组成部分，如果各自具有不同使用寿命或者以不同方式为企业提供经济利益，从而适用不同折旧率或折旧方法的，该各组成部分实际上是以独立的方式为企业提供经济利益，企业应当分别将各组成部分确认为单项固定资产。例如，飞机的引擎，如果其与飞机机身具有不同的使用寿命，适用不同折旧率或折旧方法，则企业应当将其确认为单项固定资产。

请你分析：固定资产是不是必须是企业拥有所有权的资产？

答案提示：固定资产的确认条件强调经济利益的流入性和成本的可靠性，并且强调产权，企业没有所有权但是可以控制的固定资产也符合确认的条件，如融资租入固定资产。

6.2 固定资产的初始计量

企业取得固定资产时应对固定资产进行初始计量，固定资产的初始计量，指确定固定资产的取得成本。固定资产应当按照成本进行初始计量。

成本包括企业为购建某项固定资产达到预定可使用状态前所发生

的一切合理的、必要的支出。在实务中，企业取得固定资产的方式是多种多样的，包括外购、自行建造、投资者投入以及非货币性资产交换、债务重组、企业合并和融资租赁等，取得的方式不同，其成本的具体构成内容及确定方法也不尽相同。

6.2.1 外部购入的固定资产

企业外购固定资产的成本，包括购买价款、相关税费、使固定资产达到预定可使用状态前所发生的可归属于该项资产的运输费、装卸费、安装费和专业人员服务费等。

外购固定资产是否达到预定可使用状态，需要根据具体情况进行分析判断。如果购入不需要安装的固定资产，购入后即可发挥作用，因此，购入后即可达到预定可使用状态。如果购入需要安装的固定资产，只有安装调试后，达到设计要求或合同规定的标准，该项固定资产才可发挥作用，才意味着达到预定可使用状态。

在实务中，企业可能以一笔款项同时购入多项没有单独标价的资产。如果这些资产均符合固定资产的定义，并满足固定资产的确认条件，则应将各项资产单独确认为固定资产，并按各项固定资产公允价值的比例对总成本进行分配，分别确定各项固定资产的成本。如果以一笔款项购入的多项资产中还包括固定资产以外的其他资产，也应按类似的方法予以处理。

一笔价款购入多项固定资产的会计处理

企业购入的固定资产分为不需要安装的固定资产和需要安装的固定资产两种情形。前者的取得成本为企业实际支付的购买价款、包装费、运杂费、保险费、专业人员服务费和相关税费等，其账务处理为：按应计入固定资产成本的金额，借记"固定资产"科目，贷记"银行存款""其他应付款""应付票据"等科目；后者的取得成本是在前者取得成本的基础上，加上安装调试成本等，其账务处理为：按应计入固定资产成本的金额，先记入"在建工程"科目，安装完毕交付使用时再转入"固定资产"科目。

需要注意的是，购入固定资产所产生并可以抵扣的增值税进项税额，无论固定资产是否需要安装，均应借记"应交税费——应交增值税（进项税额）"科目。

【例6-1】20×4年1月1日，甲公司购入一台不需要安装的设备，取得的增值税专用发票上注明的设备价款为200万元，增值税进项税额为26万元，发生运输费0.5万元（其中含运输费的增值税450元），款项全部付清。假定不考虑其他相关税费。甲公司应编制

会计分录如下:
  借: 固定资产   2 004 550
    应交税费——应交增值税(进项税额)   260 450
    贷: 银行存款   2 265 000
  甲公司购置设备的成本 = 2 000 000 + (5 000 - 450) = 2 004 550 (元)。

纳税人取得不动产进项税额抵扣问题

  【例6-2】20×4年2月1日,甲公司购入一台需要安装的机器设备,取得的增值税专用发票上注明的设备款为 600 000 元,增值税进项税额为 78 000 元,支付的运输费为 3 500 元(其中含运输费增值税 315 元),款项已通过银行支付;安装设备时,领用本公司原材料一批,价值 20 000 元,购进该批原材料时支付的增值税进项税额为 2 600 元;支付安装工人的工资为 5 000 元。假定不考虑其他相关税费。甲公司应编制会计分录如下:
  (1) 支付设备价款、增值税、运输费合计为 681 500 元:
  借: 在建工程   603 185
    应交税费——应交增值税(进项税额)   78 315
    贷: 银行存款   681 500
  (2) 领用本公司原材料、支付安装工人工资等费用合计为 25 000 元,领用原材料涉及的增值税进项税额不再转出:
  借: 在建工程   25 000
    贷: 原材料   20 000
      应付职工薪酬   5 000
  (3) 设备安装完毕达到预定可使用状态:
  借: 固定资产   628 185
    贷: 在建工程   628 185
  固定资产的成本 = 603 185 + 25 000 = 628 185 (元)。

6.2.2 自行建造的固定资产

  企业自行建造固定资产的成本,由建造该项资产达到预定可使用状态前所发生的必要支出构成。包括工程物资成本、人工成本、缴纳的相关税费、应予资本化的借款费用以及应分摊的间接费用等。
  企业自行建造固定资产包括自营建造和出包建造两种方式。无论采用何种方式,所建工程都应当按照实际发生的支出确定其工程成本并单独核算。

1. 自营方式建造固定资产

企业以自营方式建造固定资产，企业需要自行组织工程物资采购、自行组织施工人员从事工程施工。企业如以自营方式建造固定资产，其成本应当按照直接材料、直接人工、直接机械施工费等计量。

企业为建造固定资产准备的各种物资应当按照实际支付的买价、运输费、保险费等相关税费作为实际成本（可以抵扣的增值税进项税额除外），并按照各种专项物资的种类进行明细核算。工程完工后，剩余的工程物资转为本企业存货的，按其实际成本或计划成本进行结转。建设期间发生的工程物资盘亏、报废及毁损，减去残料价值以及保险公司、过失人等赔款后的净损失，计入所建工程项目的成本；盘盈的工程物资或处置净收益，冲减所建工程项目的成本。工程完工后发生的工程物资盘盈、盘亏、报废、毁损，计入营业外收支。

建造固定资产领用工程物资、原材料或库存商品，应按其实际成本转入所建工程成本。自营方式建造固定资产应负担的职工薪酬、辅助生产部门为之提供的水、电、运输等劳务，以及其他必要支出等也应计入所建工程项目的成本。符合资本化条件，应计入所建造固定资产成本的借款费用按照《企业会计准则第17号——借款费用》的有关规定处理。

企业自营方式建造固定资产，发生的工程成本应通过"在建工程"科目核算，工程完工达到预定可使用状态时，从"在建工程"科目转入"固定资产"科目。

【例6-3】20×4年1月1日，甲公司（一般纳税人）准备自行建造一座仓库。有关资料如下：

（1）1月8日购入工程物资一批，价款为400 000元，增值税专用发票上注明增值税款为52 000元，款项以银行存款支付。

（2）2月3日领用生产用原材料一批，成本价值为32 000元。

（3）1月8日至6月30日，工程先后领用工程物资351 000元。

（4）6月30日对工程物资进行清查，发现工程物资减少40 000元，经调查属保管员过失造成，根据企业管理规定，保管员应赔偿10 000元。剩余工程物资转入企业原材料进行核算。

（5）工程建设期间辅助生产车间为工程提供有关的劳务支出为50 000元。

（6）工程建设期间发生工程人员职工薪酬70 000元。

（7）6月30日，完工达到预定可使用状态。

甲公司应编制会计分录如下：
（1）购入工程物资。

借：工程物资 400 000
　　应交税费——应交增值税（进项税额） 52 000
　　　贷：银行存款 452 000

（2）领用原材料。

借：在建工程——仓库 32 000
　　　贷：原材料 32 000

（3）工程领用物资。

借：在建工程——仓库 351 000
　　　贷：工程物资 351 000

（4）①建设期间发生的工程物资盘亏、报废及毁损净损失。

借：在建工程——仓库 30 000
　　其他应收款 10 000
　　　贷：工程物资 40 000

②剩余工程物资的实际成本 = 400 000 - 351 000 - 40 000 = 9 000（元）。

借：原材料 9 000
　　　贷：工程物资 9 000

（5）辅助生产车间为工程提供劳务支出。

借：在建工程——仓库 50 000
　　　贷：生产成本——辅助生产成本 50 000

（6）计提工程人员职工薪酬。

借：在建工程——仓库 70 000
　　　贷：应付职工薪酬 70 000

（7）工程完工交付，固定资产的入账价值 = 32 000 + 351 000 + 30 000 + 50 000 + 70 000 = 533 000（元）。

借：固定资产——仓库 533 000
　　　贷：在建工程——仓库 533 000

2. 出包方式建造固定资产

在出包方式下，企业通过招标方式将工程项目发包给建造承包商，由建造承包商（即施工企业）组织工程项目施工。企业要与建造承包商签订建造合同，企业是建造合同的甲方，负责筹集资金和组织管理工程建设，通常称为建设单位，建造承包商是建造合同的乙方，负责建筑安装工程施工任务。

企业以出包方式建造固定资产，其成本由建造该项固定资产达到预定可使用状态前所发生的必要支出构成,包括发生的建筑工程支出、安装工程支出以及需分摊计入各固定资产价值的待摊支出。建筑工程、安装工程支出,如人工费、材料费、机械使用费等由建造承包商核算。对于发包企业而言,建筑工程支出、安装工程支出是构成在建工程成本的重要内容,发包企业按照合同规定的结算方式和工程进度定期与建造承包商办理工程价款结算,结算的工程价款计入在建工程成本。待摊支出,待摊支出是指在建设期间发生的,不能直接计入某项固定资产价值,而应由所建造固定资产共同负担的相关费用,包括为建造工程发生的管理费、可行性研究费、临时设施费、公证费、监理费、应负担的税金、符合资本化条件的借款费用、建设期间发生的工程物资盘亏、报废及毁损净损失以及负荷联合试车费等。企业为建造固定资产通过出让方式取得土地使用权而支付的土地出让金不计入在建工程成本,应确认为无形资产(土地使用权)。

在出包方式下,"在建工程"科目主要是企业与建造承包商办理工程价款的结算科目,企业支付给建造承包商的工程价款,作为工程成本通过"在建工程"科目核算。企业应按合理估计的工程进度和合同规定结算的进度款,借记"在建工程——建筑工程(××工程)""在建工程——安装工程(××工程)"科目,根据可抵扣的增值税的进项税额,借记"应交税费——应交增值税(进项税额)",贷记"银行存款""预付账款"等科目。工程完成时,按合同规定补付的工程款,借记"在建工程"科目,根据可抵扣的增值税的进项税额,借记"应交税费——应交增值税(进项税额)",贷记"银行存款"等科目。企业将需安装设备运抵现场安装时,借记"在建工程——在安装设备(××设备)"科目,贷记"工程物资——××设备"科目;企业为建造固定资产发生的待摊支出,借记"在建工程——待摊支出"科目,贷记"银行存款""应付职工薪酬""长期借款"等科目。

6.2.3 其他方式取得的固定资产

企业取得固定资产的其他方式与存货类似,也主要包括接受投资者投资、非货币性资产交换、债务重组、企业合并等。

1. 投资者投入固定资产的成本

投资者投入固定资产的成本,应当按照投资合同或协议约定的价值确定,但合同或协议约定价值不公允的除外。在投资合同或协议约定价值不公允的情况下,按照该项固定资产的公允价值作为入账

延伸阅读:超过正常信用条件购买固定资产的计量

价值。

【例6-4】甲公司接受其投资者投入生产设备一台,投资协议约定生产设备作价1 200万元,市场上该类设备的公允价值是1 200万元,投资方已经开具增值税专用发票,双方的增值税税率均为13%,做出甲公司的会计处理。

分析:投资协议约定的价值与公允价值相当,应以协议价值为入账金额的确定标准,增值税单独列入进项税,甲公司应编制会计分录如下:

借:固定资产　　　　　　　　　　　　　　12 000 000
　　应交税费——应交增值税(进项税额)　 1 560 000
　　贷:实收资本　　　　　　　　　　　　　　13 560 000

2. 通过非货币性资产交换、债务重组、企业合并等方式取得的固定资产的成本

企业通过非货币性资产交换、债务重组、企业合并等方式取得的固定资产,其成本应当分别按照《企业会计准则第7号——非货币性资产交换》《企业会计准则第12号——债务重组》《企业会计准则第20号——企业合并》等的规定确定。但是,其后续计量和披露应当执行固定资产准则的规定。

3. 盘盈固定资产的成本

盘盈的固定资产,作为前期差错处理,在按管理权限报经批准处理前,应先通过"以前年度损益调整"科目核算。

请你分析: 企业接受捐赠的固定资产应该如何确认其入账金额?

答案提示: 企业应当根据接受捐赠固定资产的公允价值入账,如果捐赠方开具发票的,根据发票金额确定增值税进项税;如果没有开具发票的,根据资产的公允价值确定其入账金额。

请你一试: 甲公司接受乙公司一台全新专用设备的捐赠。乙公司提供的有关凭证上标明的价格为110 000元,应交增值税14 300元,办理产权过户手续时支付相关税费1 200元。请你根据该资料编制接受捐赠的会计分录。

答案提示: 甲公司接受乙公司一台全新专用设备的捐赠,应编制会计分录如下:

借:固定资产　　　　　　　　　　　　　　111 200
　　应交税费——应交增值税(进项税额)　 14 300
　　贷:营业外收入　　　　　　　　　　　　124 300
　　　　银行存款　　　　　　　　　　　　　1 200

6.3 固定资产的后续计量

固定资产的后续计量主要包括固定资产折旧的计提、减值损失的确定，以及后续支出的计量。

6.3.1 固定资产的折旧

1. 固定资产折旧的定义

> 折旧是指在固定资产的使用寿命内，按照确定的方法对应计折旧额进行的系统分摊。应计折旧额，是指应当计提折旧的固定资产的原价扣除其预计净残值后的余额。已计提减值准备的固定资产，还应当扣除已计提的固定资产减值准备累计金额。
>
> ——引自《企业会计准则第4号——固定资产》

固定资产在使用过程中其价值会转移至其所生产的产品成本中或提供服务的当期损益中，企业应该根据固定资产发生转移的价值计算折旧并进行会计处理。

2. 影响固定资产折旧的因素

影响固定资产折旧的因素主要有以下几个方面：

（1）固定资产原价，指固定资产的成本。

（2）预计净残值，指假定固定资产预计使用寿命已满并处于使用寿命终了时的预期状态，企业目前从该项资产处置中获得的扣除预计处置费用后的金额。

（3）固定资产减值准备，指固定资产已计提的固定资产减值准备累计金额。固定资产计提减值准备后，应当在剩余使用寿命内根据调整后的固定资产账面价值（固定资产账面余额扣减累计折旧和累计减值准备后的金额）和预计净残值重新计算确定折旧率和折旧额。

（4）固定资产的使用寿命，指企业使用固定资产的预计期间，或者该固定资产所能生产产品或提供劳务的数量。企业确定固定资产使用寿命时，应当考虑下列因素：

①该项资产预计生产能力或实物产量；

②该项资产预计有形损耗，如设备使用中发生磨损、房屋建筑物受到自然侵蚀等；

③该项资产预计无形损耗，如因新技术的出现而使现有的资产技术水平相对陈旧、市场需求变化使产品过时等；

④法律或者类似规定对该项资产使用的限制。某些固定资产的使用寿命可能受法律或类似规定的约束。

请你分析：固定资产的净残值、减值准备及使用寿命如何影响其折旧大小？

答案提示：固定资产的净残值表示在固定资产使用寿命终了时资产仍剩余的价值，该部分价值并未转移至成本或损益中，不应属于计提折旧的范围；

固定资产发生减值之后，其账面可收回金额减少，说明固定资产本身的价值减少，其可以转移的价值也必然减少，因此固定资产的减值会影响减值后折旧的计算；

固定资产的使用寿命决定了固定资产为企业服务的时限，在这个时限范围内，企业应当将固定资产的可利用价值转移至产品或损益中，因此使用寿命的长短决定了固定资产折旧年限的长短。

3. 计提折旧的固定资产范围

企业应当对所有的固定资产计提折旧，但是，已提足折旧仍继续使用的固定资产和单独计价入账的土地除外。在确定计提折旧的范围时还应注意以下几点：

（1）固定资产应当按月计提折旧，并根据用途计入相关资产的成本或者当期损益。固定资产应自达到预定可使用状态时开始计提折旧，终止确认时或划分为持有待售非流动资产时停止计提折旧。为简化核算，当月增加的固定资产，当月不计提折旧，从下月起计提折旧；当月减少的固定资产，当月仍计提折旧，从下月起不计提折旧。

（2）固定资产提足折旧后，不论能否继续使用，均不再计提折旧，提前报废的固定资产也不再补提折旧。所谓提足折旧是指已经提足该项固定资产的应计折旧额。

（3）已达到预定可使用状态但尚未办理竣工决算的固定资产，应当按照估计价值确定其成本，并计提折旧；待办理竣工决算后再按实际成本调整原来的暂估价值，但不需要调整原已计提的折旧额。

（4）经营性租入和融资性租出的固定资产不应计提折旧，经营性租出和融资性租入的固定资产企业拥有所有权或控制权，应当计提折旧。

请你分析：企业对于未使用、不需用的固定资产是否需要计提折旧？

答案提示：企业应当对所有固定资产计提折旧（没有产权或控制权的除外、已经提足折旧的除外、单独估价入账的土地除外），当然也包括未使用和不需用的固定资产。

知 识 拓 展

在计算应纳税所得额时，企业按照规定计算的固定资产折旧，准予扣除。

下列固定资产不得计算折旧扣除：

(1) 房屋、建筑物以外未投入使用的固定资产；
(2) 以经营租赁方式租入的固定资产；
(3) 以融资租赁方式租出的固定资产；
(4) 已足额提取折旧仍继续使用的固定资产；
(5) 与经营活动无关的固定资产；
(6) 单独估价作为固定资产入账的土地；
(7) 其他不得计算折旧扣除的固定资产。

——引自《中华人民共和国企业所得税法》

4. 固定资产折旧方法

企业应当根据与固定资产有关的经济利益的预期实现方式，合理选择折旧方法。固定资产的折旧方法可以分为平均折旧方法和加速折旧方法，前者包括年限平均法和工作量法，后者包括双倍余额递减法和年数总和法。企业选用不同的固定资产折旧方法，将影响固定资产使用寿命期间内不同时期的折旧费用，因此，固定资产的折旧方法一经确定，不得随意变更。如需变更应当符合固定资产准则的规定。

(1) 年限平均法。年限平均法又称直线法，是指将固定资产的应计折旧额均衡地分摊到固定资产预计使用寿命内的一种方法。采用这种方法计算的每期折旧额均相等。计算公式如下：

$$年折旧率 = \frac{1 - 预计净残值率}{预计使用寿命（年）} \times 100\%$$

$$月折旧率 = 年折旧率 \div 12$$

$$月折旧额 = 固定资产原价 \times 月折旧率$$

实务中如果不计算净残值率，可以直接计算年折旧额，将年折旧率公式中分子改为"原价－预计净残值"即可。

【例6-5】甲公司于2014年12月25日购入一台不需安装的生

产设备，原价 360 万元，预计净残值率为 2%，预计使用寿命为 10 年。公司用年限平均法计提折旧，请计算 2015 年的年折旧额和月折旧额。

年折旧率 = (1 - 2%) ÷ 10 = 9.8%
年折旧额 = 360 × 9.8% = 35.28（万元）
月折旧额 = 35.28 ÷ 12 = 2.94（万元）

可见，年限平均法计算过程简便易行，容易理解和掌握。所以，这种方法是会计实务中应用最广泛的一种折旧方法。

（2）工作量法。工作量法，是将应计折旧额平均分摊到固定资产的单位工作量上，然后根据实际工作量计算每期应提折旧额的一种方法。计算公式如下：

单位工作量折旧额 = 固定资产原价 × (1 - 预计净残值率) ÷ 预计总工作量

某项固定资产月折旧额 = 该项固定资产当月工作量 × 单位工作量折旧额

【例 6-6】接《例 6-5》，假设该生产设备在其使用寿命内额定工作量为 10 万小时，公司采用工作量法计提折旧，其他条件不变，2015 年 1 月该设备工作时间为 850 小时，计算当月折旧？

单位工作量折旧额 = 360 × (1 - 2%) ÷ 10 = 35.28（元/小时）
2015 年 1 月折旧额 = 35.28 × 850 = 29 988（元）

可见，采用工作量法计提折旧，各期折旧额的大小随工作量的变动而变动，它与年限平均法的原理相同，只是将分配折旧额的标准由使用年限改成工作量而已，因此，本质上工作量法也应归类为直线法。因此，工作量法通常适用于固定资产使用情况不均衡、使用的季节较为明显的固定资产等。

工作量法和年限平均法一样，在会计实务中都比较简单实用，但是它们均忽略了固定资产的无形损耗的客观存在，因为固定资产即使不使用也会发生折旧。所以企业应根据固定资产的特性以及其他相关因素，选择合理的折旧方法。

（3）双倍余额递减法。双倍余额递减法，是指在不考虑固定资产预计净残值的情况下，根据每期期初固定资产原价减去累计折旧后的余额和双倍的直线法折旧率计算固定资产折旧的一种方法。双倍指本方法的折旧率为不考虑残值时年限平均法折旧率的两倍，余额指每年固定资产年初折余价值，即原价减去以前期间已提折旧后的余额，相应计算公式如下：

年折旧率 = 2/预计使用寿命(年) × 100%
月折旧率 = 年折旧率 ÷ 12

月折旧额 = 固定资产账面净值 × 月折旧率

由于每年年初固定资产净值没有扣除预计净残值，因此，在应用这种方法计算折旧额时必须注意不能使固定资产的账面折余价值降低到其预计净残值以下，即实行双倍余额递减法计算折旧的固定资产，一般情况下应在其折旧年限到期前两年内，将固定资产净值扣除预计净残值后的余额平均摊销。

【例6-7】甲公司于2×14年12月25日购入一台不需安装的生产设备，原价1 500万元，预计净残值率为2%，预计使用寿命为5年。公司采用双倍余额递减法计提折旧，计算该设备每个折旧年度的折旧额。

分析：年折旧率 = 2/5 × 100% = 40%，资产余额 = 原价 - 年初已提折旧额，预计净残值 = 1 500 × 2% = 30（万元）

第一个折旧年度年折旧额 = (1 500 - 0) × 40% = 600（万元）

第二个折旧年度年折旧额 = (1 500 - 600) × 40% = 360（万元）

第三个折旧年度年折旧额 = (1 500 - 600 - 360) × 40% = 216（万元）

第四个折旧年度起改为年限平均法

第四、第五个折旧年度年折旧额 = [(1 500 - 600 - 360 - 216) - 30] ÷ 2 = 147（万元）

(4) 年数总和法。年数总和法，又称年限合计法，是将固定资产的原价减去预计净残值的余额乘以一个以固定资产尚可使用寿命为分子、以预计使用寿命逐年数字之和为分母的逐年递减的分数计算每年的折旧额。计算公式如下：

年折旧率 = 尚可使用年限/预计使用寿命的年数总和 × 100%

月折旧率 = 年折旧率 ÷ 12

月折旧额 = (固定资产原价 - 预计净残值) × 月折旧率

【例6-8】甲公司于2×14年12月25日购入一台不需安装的生产设备，原价300万元，预计净残值为0，预计使用寿命为5年。公司采用年数总和法计提折旧，计算该设备每个折旧年度的折旧额。

分析：年数之和 = 1 + 2 + 3 + 4 + 5 = 15，所以第一年到第五年的年折旧率分别为：5/15，4/15，3/15，2/15，1/15。

第一个折旧年度年折旧额 = (300 - 0) × 5/15 = 100（万元）

第二个折旧年度年折旧额 = (300 - 0) × 4/15 = 80（万元）

第三个折旧年度年折旧额 = (300 - 0) × 3/15 = 60（万元）

第四个折旧年度年折旧额 = (300 - 0) × 2/15 = 40（万元）

第五个折旧年度年折旧额=(300-0)×1/15=20（万元）

请你计算：假设【例6-7】固定资产的取得是发生在2×10年2月5日，其他条件（资料）不变，采用双倍余额递减法计算2×12年的折旧额。

答案提示：该设备开始计提折旧的时间是2×10年3月，所以第一个折旧年度为2×10年3月~2×11年2月；第二个折旧年度为2×11年3月~2×12年2月；第三个折旧年度为2×12年3月~2×13年2月等。2×12年的折旧额计算标准：前2个月属于第二个折旧年度，后10个月属于第三个折旧年度。因此2×12年的折旧额=360×2/12+216×10/12=60+180=240（万元）。

双倍余额递减法和年数总和法均属于固定资产的加速折旧方法。它们的特点体现在折旧费用在使用早期计提得多，后期计提得少，以使固定资产大部分成本费用在使用早期尽快得到补偿，从而相对加快折旧速度。所以，与直线法相比，加速折旧法既不意味着要缩短折旧年限，也不意味着要增大或减少应计提折旧总额，只是对应提折旧总额在各使用年限之间的分配上采用了递减的方式而不是平均。

5. 固定资产折旧的会计处理

固定资产应当按月计提折旧，计提的折旧应通过"累计折旧"科目核算，并根据用途计入相关资产的成本或者当期损益。

（1）企业基本生产车间所使用的固定资产，其计提的折旧应计入制造费用。

（2）管理部门所使用的固定资产，其计提的折旧应计入管理费用。

（3）销售部门所使用的固定资产，其计提的折旧应计入销售费用。

（4）自行建造固定资产过程中使用的固定资产，其计提的折旧应计入在建工程成本。

（5）经营租出的固定资产，其计提的折旧额应计入其他业务成本。

（6）未使用的固定资产，其计提的折旧应计入管理费用。

【例6-9】 甲公司2014年1月份固定资产计提折旧情况如下：

生产车间：厂房计提折旧5万元，机器设备计提折旧9万元；

管理部门：房屋建筑物计提折旧12万元，运输工具计提折旧3.5万元；

销售部门：房屋建筑物计提折旧6万元，运输工具计提折旧5万元；

甲公司2014年1月份计提折旧时，应编制会计分录如下：

借：制造费用——第一生产车间　　　　　140 000
　　管理费用　　　　　　　　　　　　　155 000

销售费用　　　　　　　　　　　　　　　110 000
　　　贷：累计折旧　　　　　　　　　　　　　　405 000

6.3.2　固定资产的后续支出

　　固定资产的后续支出，是指固定资产投入使用以后发生的修理和改扩建等支出。

> 　　与固定资产有关的后续支出，符合本准则第四条规定的确认条件的，应当计入固定资产成本；不符合本准则第四条规定的确认条件的，应当在发生时计入当期损益。
> 　　　　　　　　　　　——引自《企业会计准则第 4 号——固定资产》

　　固定资产准则所规定的确认条件见本书 6.1.2，符合这两个条件的后续支出应该资本化（计入固定资产成本），否则计入当期损益。

1. 资本化的后续支出

　　固定资产发生可以资本化的后续支出时，企业一般应将该固定资产的原价、已计提的累计折旧和减值准备转销，将固定资产的账面价值转入在建工程，并在此基础上将固定资产后续支出确认至在建工程。在固定资产发生的后续支出完工并达到预定可使用状态时，再从在建工程转为固定资产，并按重新确定的固定资产原价、使用寿命、预计净残值和折旧方法计提折旧。固定资产资本化的后续支出，通过"在建工程"科目核算。

　　【例 6-10】甲公司有关固定资产更新改造的资料如下：

　　（1）2012 年 12 月 30 日，该公司自行建成了一条生产线，建造成本为 1 200 万元；采用年限平均法计提折旧；预计净残值率为 5%，预计使用寿命为 6 年。

　　（2）2015 年 1 月 1 日，由于生产的产品适销对路，现有生产线的生产能力已难以满足公司生产发展的需要，但若新建生产线则建设周期过长。甲公司决定对现有生产线进行改扩建，以提高其生产能力。假定该生产线未发生减值。

　　（3）2015 年 1 月 1 日至 3 月 31 日，经过三个月的改扩建，完成了对这条印刷生产线的改扩建工程，共发生支出 35 万元，全部以银行存款支付。

　　（4）该生产线改扩建工程达到预定可使用状态后，大大提高了生产能力，且延长了资产的使用寿命，为简化计算过程，整个过程不考虑其他相关税费；公司按年度计提固定资产折旧。

分析：生产线改扩建后，生产能力将大大提高，能够为企业带来更多的经济利益，改扩建的支出金额也能可靠计量，因此该后续支出符合固定资产的确认条件，应计入固定资产的成本。甲公司应编制会计分录如下：

①2013 年 1 月 1 日至 2014 年 12 月 31 日两年间，即，固定资产后续支出发生前：

该条生产线的应计折旧总额 = 1 200 ×（1 – 5%）= 1 140（万元）
年折旧额 = 1 140 ÷ 6 = 190（万元）
这两年每年计提固定资产折旧的账务处理：

借：制造费用　　　　　　　　　　　　1 900 000
　　贷：累计折旧　　　　　　　　　　　　1 900 000

②2015 年 1 月 1 日，固定资产的账面价值 = 1 200 –（190 × 2）= 820（万元）。

固定资产转入改扩建：

借：在建工程　　　　　　　　　　　　8 200 000
　　累计折旧　　　　　　　　　　　　3 800 000
　　贷：固定资产　　　　　　　　　　　12 000 000

③2015 年 1 月 1 日至 3 月 31 日，发生改扩建工程支出：

借：在建工程　　　　　　　　　　　　　350 000
　　贷：银行存款等　　　　　　　　　　　350 000

④2015 年 3 月 31 日，生产线改扩建工程达到预定可使用状态，固定资产的入账价值 = 820 + 35 = 855（万元）。

借：固定资产　　　　　　　　　　　　8 550 000
　　贷：在建工程　　　　　　　　　　　8 550 000

2015 年 4 月开始，公司按照新的使用寿命、净残值计提折旧即可。

企业发生的某些固定资产后续支出可能涉及替换原固定资产的某组成部分，当发生的后续支出符合固定资产确认条件时，应将其计入固定资产成本，同时将被替换部分的账面价值扣除。这样可以避免将替换部分的成本和被替换部分的成本同时计入固定资产成本，导致固定资产成本过高计。企业对固定资产进行定期检查发生的大修理费用，有确凿证据表明符合固定资产确认条件的部分，可以计入固定资产成本，不符合固定资产确认条件的，应当费用化，计入当期损益。固定资产在定期大修理间隔期间，照提折旧。

请你计算：假设甲公司对一台设备进行改造，更换该设备的某一主要部件。该设备原价 120 万元，不考虑净残值，预计使用寿命 5

年，年限平均法计提折旧。本次改造发生在使用 2 年之后，被更换的主要部件占固定资产总价值的 40%，更换的新部件价值 55 万元，以银行存款支付。计算该设备更换主要部件后的价值并做出会计处理。

答案提示： 更换后设备的价值 = 原设备的账面净值 − 替换掉的主要部件账面净值 + 新部件价值

原设备的账面净值 = 原价 − 已提折旧 = 120 − 120/5 × 2 = 72（万元）

替换掉的主要部件账面净值 = 72 × 40% = 28.8（万元）

更换后的设备价值 = 72 − 28.8 + 55 = 98.2（万元）

甲公司应编制会计分录如下：

借：在建工程　　　　　　　　　　　　　　720 000
　　累计折旧　　　　　　　　　　　　　　480 000
　　　贷：固定资产　　　　　　　　　　1 200 000
借：在建工程　　　　　　　　　　　　　　550 000
　　　贷：银行存款　　　　　　　　　　　550 000
借：营业外支出　　　　　　　　　　　　　288 000
　　　贷：在建工程　　　　　　　　　　　288 000
借：固定资产　　　　　　　　　　　　　　982 000
　　　贷：在建工程　　　　　　　　　　　982 000

2. 费用化的后续支出

与固定资产有关的修理费用等后续支出，不符合固定资产确认条件的，应当根据不同情况分别在发生时计入当期管理费用或销售费用等。

一般情况下，固定资产投入使用之后，由于固定资产磨损、各组成部分耐用程度不同，可能导致固定资产的局部损坏，为了维护固定资产的正常运转和使用，充分发挥其使用效能，企业将对固定资产进行必要的维护。固定资产的日常修理费用在发生时应直接计入当期损益。企业生产车间（部门）和行政管理部门等发生的固定资产修理费用等后续支出记入"管理费用"；企业设置专设销售机构的，其发生的与专设销售机构相关的固定资产修理费用等后续支出，记入"销售费用"。企业固定资产更新改造支出不满足固定资产的确认条件，在发生时也应直接计入当期损益。

【例 6-11】 2014 年 1 月 3 日，甲公司对现有的一台生产用机器设备进行日常维护，维护过程中领用本企业原材料一批，价值为 94 000 元，应支付维护人员的工资为 28 000 元；不考虑其他相关税费。

本例中，对机器设备的维护，仅仅是为了维护固定资产的正常使用而发生的，不产生未来的经济利益，因此应在其发生时确认为费用。甲公司应编制会计分录如下：

借：管理费用　　　　　　　　　　　　　122 000
　　贷：原材料　　　　　　　　　　　　　94 000
　　　　应付职工薪酬　　　　　　　　　　28 000

请你分析：企业经营性租入的固定资产（这种固定资产企业没有所有权和控制权，不作为自有的固定资产入账）发生的后续支出，符合资本化条件的应该如何处理？

答案提示：虽然后续支出符合资本化条件，但是经营租入的固定资产本身并不是企业的自有资产，因此不能将符合条件的资本化支出记入固定资产的价值，而应当作为长期待摊费用核算。具体参见本教材第7.3节。

请你分析：【例6-11】以及上述相关规定中，为什么将固定资产修理作为费用化支出记入当期损益？

答案提示：因为固定资产修理的主要目的是恢复其资产的使用价值。当然固定资产修理又分日常修理和大修理两类。与日常修理相比，大修理的特点通常表现为：修理范围大，支出多，修理次数少，间隔时间较长。所以，如果固定资产修理支出的数额较大时，也可以先确认为长期待摊费用，在一定期间内分期摊销。

6.3.3　固定资产减值

固定资产的减值应当按照《企业会计准则第8号——资产减值》的规定处理，通过计算固定资产可收回金额并与固定资产账面价值比较，确定是否应该计提减值准备。固定资产减值准备一经计提不得转回。固定资产减值以后，其折旧应该按照减值后的账面价值重新计算。

【例6-12】甲公司2012年12月25日购入一台不需安装的生产设备，成本1 000万元，预计使用寿命为10年，不考虑净残值，按照年限平均法计提折旧。2014年末在对固定资产测试时发现其可收回金额为720万元，处理该减值并计算2014年后的年折旧额（假设折旧方法不变，净残值也不变）？

分析：2014年末固定资产的账面价值 = 1 000 - 1 000/10 × 2 = 800（万元）

2014年末可收回金额为720万元，所以应该计提80万元的减值准备。

甲公司应编制会计分录如下：

借：资产减值损失　　　　　　　　　　　　800 000
　　贷：固定资产减值准备　　　　　　　　　　800 000

2014 年后的年折旧额 = 720/(10 − 2) = 90（万元）

请你分析：准则规定固定资产减值准备一经计提不得转回，是不是意味着固定资产减值准备要一直挂账，永久性保留在账面上？

答案提示：固定资产减值准备只是不允许转回，所谓转回是指当固定资产账面价值升至可收回金额之上时，不得减记原来计提的减值准备。当固定资产处置或盘亏时，账面上与固定资产相关的减值准备也会一并转销。

固定资产可收回
金额的确定

6.4　固定资产的处置和清查

6.4.1　固定资产的处置

1. 固定资产的终止确认条件

> 固定资产满足下列条件之一的，应当予以终止确认：
> 1. 该固定资产处于处置状态。
> 2. 该固定资产预期通过使用或处置不能产生经济利益。
> ——引自《企业会计准则第 4 号——固定资产》

固定资产处置包括固定资产的出售、转让、报废或毁损、对外投资、非货币性资产交换、债务重组等。处于处置状态的固定资产不再用于生产商品、提供劳务、出租或经营管理，因此不再符合固定资产的定义，应予终止确认。

固定资产的确认条件之一是"与该固定资产有关的经济利益很可能流入企业"，如果一项固定资产预期通过使用或处置不能产生经济利益，那么它就不再符合固定资产的定义和确认条件，应予终止确认。

2. 固定资产处置的会计处理

企业出售、转让、报废固定资产或发生固定资产毁损，应当将处置收入扣除账面价值和相关税费后的金额计入当期损益。固定资产处置一般通过"固定资产清理"科目进行核算。

企业因出售、转让、报废或毁损、对外投资、非货币性资产交换、债务重组等处置固定资产，其会计处理一般经过以下几个步骤：

第一，固定资产转入清理。固定资产转入清理时，按固定资产账面价值，借记"固定资产清理"科目，按已计提的累计折旧，借记"累计折旧"科目，按已计提的减值准备，借记"固定资产减值准备"科目，按固定资产账面余额，贷记"固定资产"科目。

第二，发生的清理费用。固定资产清理过程中发生的有关费用以及应支付的相关税费，借记"固定资产清理"科目，贷记"银行存款""应交税费"等科目。

第三，出售收入和残料等的处理。企业收回出售固定资产的价款、残料价值和变价收入等，应冲减清理支出。按实际收到的出售价款以及残料变价收入等，借记"银行存款""原材料"等科目，贷记"固定资产清理"科目。

第四，保险赔偿的处理。企业计算或收到的应由保险公司或过失人赔偿的损失，应冲减清理支出，借记"其他应收款""银行存款"等科目，贷记"固定资产清理"科目。

第五，清理净损益的处理。固定资产清理完成后的净损失，属于生产经营期间正常的处理损失，借记"资产处置损益"科目，贷记"固定资产清理"科目；属于生产经营期间由于自然灾害等非正常原因造成的，借记"营业外支出——非常损失"科目，贷记"固定资产清理"科目。固定资产清理完成后的净收益，借记"固定资产清理"科目，贷记"资产处置损益"科目。

请你回答：上述固定资产处置的第一步中，"固定资产清理"科目可能由几个会计账户（科目）转来？结转而来的"固定资产清理"数额是账面价值吗？

答案提示："固定资产清理"科目可能由几个会计账户（科目）转来：

（1）固定资产；
（2）累计折旧；
（3）固定资产减值准备。

经过结转后，"固定资产清理"账户（科目）为账面价值。

请你分析：如何正确认识并使用"固定资产清理"会计科目？

答案提示："固定资产清理"属于资产类科目，用来核算企业因出售、转让、报废和毁损等原因转入清理的固定资产净值（账面价值)以及在清理过程中所发生的清理费用和清理收入。其借方登记固定资产清理过程中所发生的清理费用;贷方登记清理过程中所发生的清理收入。待固定资产处置完成后,应将"固定资产清理"科目余额予以转销;其中,因报废和毁损形成的"固定资产清理",应转入"营业外支出"科目;因出售、转让等形成的"固定资产清理",应转入"资产处置损益"科目。

【例6-13】甲公司有一台设备,因使用期满经批准报废。该设备原价为180万元,累计已计提折旧175万元、减值准备0.5万元。在清理过程中,以银行存款支付清理费用0.2万元,收到残料变卖收入2万元,应支付相关税费0.1万元。甲公司应编制会计处理如下:

(1) 固定资产转入清理:

借:固定资产清理　　　　　　　　　　　　45 000
　　累计折旧　　　　　　　　　　　　　1 750 000
　　固定资产减值准备　　　　　　　　　　 5 000
　　贷:固定资产　　　　　　　　　　　　1 800 000

(2) 发生清理费用和相关税费:

借:固定资产清理　　　　　　　　　　　　 3 000
　　贷:银行存款　　　　　　　　　　　　　2 000
　　　　应交税费　　　　　　　　　　　　　1 000

(3) 收到残料变价收入:

借:银行存款　　　　　　　　　　　　　　20 000
　　贷:固定资产清理　　　　　　　　　　 20 000

(4) 结转固定资产净损益:

借:营业外支出——处置非流动资产损失　　28 000
　　贷:固定资产清理　　　　　　　　　　 28 000

关于"资产处置损益"会计科目

请你判断:承【例6-13】,如果甲公司拥有的设备不属于报废,而是出售。其会计处理类似吗?

答案提示:如果甲公司拥有的设备属于出售。其会计处理,除了(1)、(2)和(3)的会计处理相似外;最后一步转销"固定资产清理"账户(科目),转入的账户(科目)应为"资产处置损益",而不是"营业外支出"。

请你一试:甲公司将某项机器设备出售,原值为50 000元;累计折旧30 000元,该资产未发生减值。清理过程中用现金支付清理费用200元(未取得增值税发票),取得出售价款28 000元,增值税税额3 640元,存入银行。请你根据以上业务资料编制会计分录。

答案提示：

(1) 将固定资产纳入清理：

借：固定资产清理　　　　　　　　　　　　20 000
　　累计折旧　　　　　　　　　　　　　　30 000
　　贷：固定资产　　　　　　　　　　　　　　　50 000

(2) 支付清理费用：

借：固定资产清理　　　　　　　　　　　　　　200
　　贷：银行存款　　　　　　　　　　　　　　　　200

(3) 收取出售价款：

借：银行存款　　　　　　　　　　　　　　31 640
　　贷：固定资产清理　　　　　　　　　　　　　28 000
　　　　应交税费——应交增值税（销项税额）　3 640

(4) 转销"固定资产清理"，即结转出售资产的净损益：

借：固定资产清理　　　　　　　　　　　　 7 800
　　贷：资产处置损益　　　　　　　　　　　　　 7 800

6.4.2　固定资产的清查

固定资产是一种价值较高、使用期限较长的有形资产，因此，对于管理规范的企业而言，盘盈、盘亏的固定资产较为少见。企业应当健全制度，加强管理，定期或者至少于每年末对固定资产进行清查盘点，以保证固定资产核算的真实性和完整性。如果清查中发现固定资产损溢的应及时查明原因，在期末结账前处理完毕。

固定资产盘亏造成的损失，应当计入当期损益。企业在财产清查中盘亏的固定资产，按盘亏固定资产的账面价值借记"待处理财产损溢——待处理固定资产损溢"科目，按已计提的累计折旧，借记"累计折旧"科目，按已计提的减值准备，借记"固定资产减值准备"科目，按固定资产原价，贷记"固定资产"科目。按管理权限报经批准后处理时，按可收回的保险赔偿或过失人赔偿，借记"其他应收款"科目，按应计入营业外支出的金额，借记"营业外支出——盘亏损失"科目，贷记"待处理财产损溢"科目。

【例6-14】甲公司年末对固定资产进行清查时，发现丢失一台设备。该设备原价102 000元，已计提折旧40 000元，并已计提减值准备12 000元。经查，设备丢失的原因在于保管员失职。经批准，由保管员赔偿10 000元，其余部分作为损失。甲公司应编制会计分录如下（不考虑增值税）：

(1) 发现设备丢失时：
借：待处理财产损溢　　　　　　　　　　　　　50 000
　　累计折旧　　　　　　　　　　　　　　　　40 000
　　固定资产减值准备　　　　　　　　　　　　12 000
　　贷：固定资产　　　　　　　　　　　　　　　　102 000
(2) 报经批准后：
借：其他应收款——保管员　　　　　　　　　10 000
　　营业外支出——盘亏损失　　　　　　　　　40 000
　　贷：待处理财产损溢　　　　　　　　　　　　　50 000

请你分析：假设【例6-14】中甲公司所盘亏设备可以从保险公司获得35 000元的赔款，保管员赔偿5 000元，其余部分作为损失，应如何处理？

答案提示：甲公司确认保险公司的赔款应记入其他应收款
借：其他应收款——保险公司　　　　　　　　35 000
　　　　　　　　——保管员　　　　　　　　　5 000
　　营业外支出　　　　　　　　　　　　　　　10 000
　　贷：待处理财产损溢　　　　　　　　　　　　　50 000

知 识 拓 展

延伸阅读：持有待售的固定资产

作为非流动资产重要组成部分的固定资产，根据规定，如果同时满足下列条件，应当将固定资产划分为持有待售类的资产，并通过"持有待售资产"会计科目进行核算。这两个条件包括：(1) 根据类似交易中出售此类资产或处置组的惯例，在当前状况下即可立即出售；(2) 出售极可能发生，即企业已经就一项出售计划作出决议且获得确定的购买承诺，预计出售将在一年内完成。有关规定要求企业相关权力机构或者监管部门批准后方可出售的，应当已经获得批准。

本 章 小 结

1. 固定资产的初始计量。企业持有固定资产的目的是为了生产商品、提供劳务、出租或经营管理，它的使用寿命一般超过一个会计年度。在固定资产取得时企业应该分别根据不同的取得方式确定其入账价值。但不论是哪种方式都有一个相同的标准——固定资产达到预定可使用状态前发生的必要支出作为入账基础。

2. 固定资产的后续计量。固定资产的后续计量包括固定资产折旧的计提、减值损失的确定，以及后续支出的计量。固定资产折旧是指在固定资产的使用寿命内，按照确定的方法对应计折旧额进行的系统分摊。会计上对折旧的计算有四种方法：年限平均法、工作量法、双倍余额递减法和年数总和法，企业可以根据需要选择适用的方法，但一经选定不得随意变更。固定资产的折旧应该按照固定资产的受益对象计入不同的成本费用账户。固定资产的减值准备计提应该按照《企业会计准则第 8 号——资产减值》的规定计算并进行会计处理，发生减值的固定资产应该按照减值后的金额计提折旧。固定资产的后续支出可以资本化或费用化，其判别标准是是否符合固定资产的确认条件。

3. 固定资产的处置。符合条件的固定资产应该终止确认，在固定资产处置时应该将固定资产账面价值转入"固定资产清理"账户，企业出售、转让、报废固定资产或发生固定资产毁损都属于固定资产处置，应当将处置收入扣除账面价值和相关税费后的金额计入当期损益。

4. 固定资产的清查。企业应当健全制度，加强管理，定期或者至少于每年末对固定资产进行清查盘点，以保证固定资产核算的真实性和完整性。如果清查中发现固定资产损溢的应及时查明原因，在期末结账前处理完毕。固定资产盘亏造成的损失，应当计入当期损益。固定资产的盘盈则应该按照前期会计差错更正的方法进行会计处理。

本章练习题

一、选择题

1. 固定资产的特征主要是指（　　）。
   A. 固定资产是有形资产
   B. 可供企业长期使用
   C. 不以投资和销售为目的而取得
   D. 具有可衡量的未来经济利益

2. 固定资产可选择的计量属性有（　　）。
   A. 原始价值　　　　　　　B. 重置完全价值
   C. 公允价值　　　　　　　D. 未来现金流量现值

3. 计算固定资产折旧额需要考虑的因素包括（　　）。
   A. 固定资产原始价值　　　B. 固定资产预计使用年限
   C. 固定资产的所有权　　　D. 固定资产预计净残值

4. 下列各支出项目中，应予费用化处理的是（　　）。
   A. 生产线的改良支出
   B. 办公楼的日常修理费

C. 更新改造更换的发动机成本

D. 机动车的交通事故责任强制保险费

5. 下列固定资产后续支出中需要资本化的是（　　）。

A. 固定资产日常修理支出　　B. 固定资产安装支出

C. 固定资产改建、扩建支出　　D. 租入固定资产改良支出

二、判断题

1. 如果固定资产大修理支出符合资本化条件，可以计入固定资产价值。（　　）

2. 经营性租入的固定资产租赁期若超过1个月，折旧应由承租人计提。（　　）

3. 固定资产使用寿命、预计净残值一经确定，不得随意变更。但若有确凿证据表明与原估计有差异的，应当调整其使用寿命和预计净残值。（　　）

4. 企业对固定资产采用年限平均法计提折旧，则每个完整的会计年度提取的折旧额一定相等。（　　）

5. 固定资产处于处置状态，应终止确认固定资产。（　　）

三、实务题

1. 甲公司购入一台需要安装的设备，取得的增值税专用发票上注明的设备购买价格为130 000元，增值税税额为16 900元，支付的运输费取得运输部门增值税专用发票，价款2 000元，增值税税额为180元，款项等均已付讫。安装设备时，发生人员工资3 000元。

要求：计算固定资产的价值并编制会计分录。

2. 某企业自建厂房一幢，购入为工程准备的各种物资100 000元，支付的增值税税额为13 000元，全部用于工程建设。领用本企业生产的水泥一批，实际成本为5 000元，工程人员应计工资8 000元，支付的其他费用2 000元。工程完工并达到预定可使用状态。

要求：编制相关的会计分录。

3. 甲公司2010年3月取得一项固定资产的原价为100万元，预计使用年限为5年，预计净残值为2万元。

要求：

（1）分别采用年数总和法和双倍余额递减法，计算该固定资产第三年和第四年应计提折旧额为多少万元（注：公历年度）。

（2）采用年限平均法下，计算年折旧率和年折旧额。

4. 2010年1月1日，甲公司购买一生产线，原始价值100万元，预计使用10年，净残值率为4%，按年限平均法计提折旧。2012年12月该生产线发生减值的迹象，经计算，该生产线的可收回金额合

计为60万元。2014年2月甲公司由于转产,该生产线不再需要,随进行处置,处置过程中发生清理费3万元,用银行存款支付,转卖收入45万元,存入银行。

要求:

(1) 判断2012年末该固定资产是否存在减值?如果存在,请编制相应的会计分录。

(2) 判断该固定资产2012年的折旧额与2013年的折旧额是否有变化?为什么?

(3) 根据资料进行固定资产处置方面的会计处理。

第 7 章
无形资产及其他资产

本章要点

◇ 明确无形资产的概念和特点
◇ 掌握无形资产的初始确认和计量
◇ 掌握无形资产的后续计量
◇ 熟悉无形资产的处置
◇ 了解长期待摊费用的核算

7.1 无形资产概述

7.1.1 无形资产的概念和特征

> 无形资产,是指企业拥有或者控制的没有实物形态的可辨认非货币性资产。
> ——引自《企业会计准则第 6 号——无形资产》

由定义可知,无形资产主要有以下几个特征:

1. 由企业拥有或者控制并能为其带来未来经济利益的资源

资产的一个基本特征就是预计能为企业带来未来经济利益,无形资产也不例外。通常情况下,企业拥有或者控制的无形资产应当拥有其所有权并且能够为企业带来未来经济利益。但在某些情况下并不需要企业拥有其所有权，如果企业有权获得某项无形资产产生的经济利益，同时又能约束其他人获得这些经济利益，则说明企业控制了该无形资产，或者说控制了该无形资产产生的经济利益，具体表现为企业拥有该无形资产的法定所有权，或者使用权并受法律的保护。比如，企业自行研制的技术通过申请依法取得专利权后，在一定期限内拥有了该专利技术的法定所有权；又如企业与其他企业签订合约转让商标权，由于合约的签订，使商标使用权转让方的相关权利受到法律的保护。

如果企业有权获得一项无形资产产生的未来经济利益，并能约束其他方获取这些利益，则表明企业控制了该项无形资产。例如，对于会产生经济利益的技术知识，若其受到版权、贸易协议约束（如果允许）等法定权利或雇员保密法定责任的保护，那么说明该企业控制了相关利益。

客户关系、人力资源等，由于企业无法控制其带来的未来经济利益，不符合无形资产的定义，不应将其确认为无形资产。

2. 无形资产不具有实物形态

无形资产通常表现为某种权利或某项技术，它们不具有实物形态，看不见，摸不着，比如，土地使用权、非专利技术等。无形资产为企业带来经济利益的方式与固定资产不同，固定资产是通过实物价值的磨损和转移来为企业带来未来经济利益，而无形资产很大程度上是通过自身所具有的技术等优势为企业带来未来经济利益，不具有实物形态是无形资产区别于其他资产的特征之一。

但是，某些无形资产的存在有赖于实物载体，如计算机软件需要存储在介质中。但这并不改变无形资产本身不具有实物形态的特性。在确定一项包含无形要素和有形要素的资产是属于固定资产，还是属于无形资产时，需要通过判断来加以确定，通常以哪个要素更重要作为判断的依据。例如，计算机控制的机械工具没有特定计算机软件就不能运行时，则说明该软件是构成相关硬件不可缺少的组成部分，该软件应作为固定资产处理；如果计算机软件不是相关硬件不可缺少的组成部分，则该软件应作为无形资产核算。无论是否存在实物载体，只要将一项资产归类为无形资产，则不具有实物形态仍然是无形资产的特征之一。

3. 无形资产具有可辨认性

无形资产必须是能够区别于其他资产可单独辨认的，如企业持有的专利权、非专利技术、商标权、土地使用权、特许权等。强调其可辨认性，主要是为了将无形资产与商誉区别开。商誉是与企业整体价值联系在一起的，无法与企业分割开，是不可辨认的。企业合并中取得的商誉代表了购买方为从不能单独辨认并独立确认的资产中获得预期未来经济利益而付出的代价。这些未来经济利益可能产生于取得的可辨认资产之间的协同作用，也可能产生于购买者在企业合并中准备支付的但不符合在财务报表上确认条件的资产。从计量上来讲，商誉是企业合并成本大于合并中取得的各项可辨认资产、负债公允价值份额的差额，代表的是企业未来现金流量大于每一单项资产产生未来现金流量的合计金额，其存在无法与企业自身区分开来，由于不具有可辨认性，虽然商誉也是没有实物形态的非货币性资产，但不构成无形资产。

知 识 拓 展

符合以下条件之一资产的，则认为其具有可辨认性：

（1）能够从企业中分离或者划分出来，并能单独用于出售或转让等，而不需要同时处置在同一获利活动中的其他资产，则说明无形资产可以辨认。某些情况下无形资产可能需要与有关的合同一起用于出售、转让等，这种情况下也视为可辨认无形资产。

（2）产生于合同性权利或其他法定权利，无论这些权利是否可以从企业或其他权利和义务中转移或者分离。如一方通过与另一方签订特许权合同而获得的特许使用权，通过法律程序申请获得的商标权、专利权等。

内部产生的品牌、报刊名、刊头、客户名单和实质上类似项目的支出不能与整个业务开发成本区分开来。因此，这类项目不应确认为无形资产。

4. 无形资产属于非货币性资产

非货币性资产，是指企业持有的货币资金和将以固定或可确定的金额收取的资产以外的其他资产。无形资产由于没有发达的交易市场，一般不容易转化成现金，在持有过程中为企业带来未来经济利益的情况不确定，不属于以固定或可确定的金额收取的资产属于非货币性资产。货币性资产主要有现金、银行存款、应收账款、应收票据和短期有价证券等。它们的共同特点是直接表现为固定的货币数额，或在将来收到一定货币数额的权利。应收款项等资产也没有实物形态，其与无形资产的区别在于无形资产属于非货币性资产，而应收款项等资产则不属于非货币性资产。另外，虽然固定资产也属于非货币性资产，但其为企业带来经济利益的方式与无形资产不同，固定资产是通过实物价值的磨损和转移来为企业带来未来经济利益,而无形资产很大程度上是通过某些权利、技术等优势为企业带来未来经济利益。

请你分析: 无形资产如何通过定义与企业其他资产区分?

答案提示: 无形资产没有实物形态可以将它与存货、固定资产等区别开来;无形资产强调非货币性可以将它与应收款项等金融资产区分开来;无形资产的可辨认性可以将它与商誉划清界限。

7.1.2 无形资产的内容

无形资产通常包括专利权、非专利技术、商标权、著作权、特许权、土地使用权等。

1. 专利权

专利权,是指国家专利主管机关依法授予发明创造专利申请人,对其发明创造在法定期限内所享有的专有权利,包括发明专利权、实用新型专利权和外观设计专利权。

2. 非专利技术

非专利技术,也称专有技术。它是指不为外界所知、在生产经营活动中已采用的、不享有法律保护的、可以带来经济效益的各种技术和诀窍。非专利技术一般包括工业专有技术、商业贸易专有技术、管理专有技术等。

3. 商标权

商标是用来辨认特定的商品或劳务的标记。商标权指专门在某类指定的商品或产品上使用特定的名称或图案的权利。

4. 著作权

著作权又称版权,指作者对其创作的文学、科学和艺术作品依法享有的某些特殊权利。著作权包括作品署名权、发表权、修改权和保护作品完整权,还包括复制权、发行权、出租权、展览权、表演权、放映权、广播权、信息网络传播权、摄制权、改编权、翻译权、汇编权以及应当由著作权人享有的其他权利。

5. 特许权

特许权,又称经营特许权、专营权,指企业在某一地区经营或销售某种特定商品的权利或是一家企业接受另一家企业使用其商标、商号、技术秘密等的权利。通常有两种形式:一种是由政府机构授权,准许企业使用或在一定地区享有经营某种业务的特权,如水、电、邮电通信等专营权、烟草专卖权,等等;另一种指企业间依照签订的合同,有限期或无限期使用另一家企业的某些权利,如连锁店分店使用总店的名称等。

6. 土地使用权

土地使用权，指国家准许某企业在一定期间内对国有土地享有开发、利用、经营的权利。根据我国土地管理法的规定，我国土地实行公有制，任何单位和个人不得侵占、买卖或者以其他形式非法转让。企业取得土地使用权的方式大致有行政划拨取得、外购取得（比如以缴纳土地出让金方式取得）及投资者投资取得几种。通常情况下，作为投资性房地产或者作为固定资产核算的土地，按照投资性房地产或者固定资产核算；以缴纳土地出让金等方式外购的土地使用权、投资者投入等方式取得的土地使用权作为无形资产核算。

7.1.3　无形资产的初始确认条件

> 无形资产同时满足下列条件的，才能予以确认：
> 1. 与该无形资产有关的经济利益很可能流入企业；
> 2. 该无形资产的成本能够可靠地计量。
> ——引自《企业会计准则第6号——无形资产》

按照会计准则的规定，无形资产的确认在符合无形资产定义的前提下，要同时满足两个确认条件。

作为无形资产确认的项目，必须具备产生的经济利益很可能流入企业。通常情况下，无形资产产生的未来经济利益可能包括在销售商品、提供劳务的收入中，或者企业使用该项无形资产而减少或节约的成本中，或体现在获得的其他利益中。例如，生产加工企业在生产工序中使用了某种知识产权，使其降低了未来生产成本，而不是增加未来收入。

会计实务中，要确定无形资产创造的经济利益是否很可能流入企业，需要实施职业判断。在实施这种判断时，需要对无形资产在预计使用寿命内可能存在的各种经济因素做出合理估计，并且应当有明确的证据支持，例如，企业是否有足够的人力资源、高素质的管理队伍、相关的硬件设备、相关的原材料等来配合无形资产为企业创造经济利益。同时，更为重要的是关注一些外界因素的影响，比如是否存在相关的新技术、新产品冲击与无形资产相关的技术或据其生产的产品的市场等。在实施判断时，企业的管理当局应对无形资产的预计使用寿命内存在的各种因素做出最稳健的估计。

成本能够可靠地计量是资产确认的一项基本条件。对于无形资产来说，这个条件相对更为重要。比如，企业内部产生的品牌、报刊名等，因其成本无法可靠计量，不作为无形资产确认。又比如，一些高新科技企业的科技人才，假定其与企业签订了服务合同，且合同规定其在一定期限内不能为其他企业提供服务。在这种情况下，虽然这些科技人才的知识在规定的期限内预期能够为企业创造经济利益，但由于这些技术人才的知识难以辨认，且形成这些知识所发生的支出难以计量，因而不能作为企业的无形资产加以确认。

7.2 无形资产的核算

7.2.1 无形资产取得的核算

无形资产通常是按实际成本计量，即以取得无形资产并使之达到预定用途而发生的全部支出，作为无形资产的成本。对于不同来源取得的无形资产，其初始成本构成也不尽相同。

1. 外部购入的无形资产

外购的无形资产，其成本包括购买价款、相关税费以及直接归属于使该项资产达到预定用途所发生的其他支出。其中，直接归属于使该项资产达到预定用途所发生的其他支出包括使无形资产达到预定用途所发生的专业服务费用、测试无形资产是否能够正常发挥作用的费用等。下列各项不包括在无形资产的初始成本中：

（1）为引入新产品进行宣传发生的广告费、管理费用及其他间接费用；

（2）无形资产已经达到预定用途以后发生的费用。例如，在形成预定经济规模之前发生的初始运作损失，以及在无形资产达到预定用途之前发生的其他经营活动的支出，如果该经营活动并非是无形资产达到预定用途必不可少的，则有关经营活动的损益应于发生时计入当期损益，而不构成无形资产的成本。

【例7-1】甲公司某项生产活动需要乙公司已获得的专利技术，如果使用了该项专利技术，甲公司预计其生产能力比原先提高15%，销售利润率增长10%，为此，甲公司从乙公司购入该专利权。按照协议约定以现金支付，实际支付的价款为200万元，并支付相关税费

1万元和有关专业服务费用5万元,款项已通过银行转账支付。

分析:(1)甲公司购入的专利权符合无形资产的定义,即甲公司能够拥有或者控制该项专利技术符合可辨认的条件,同时是不具有实物形态的非货币性资产;(2)甲公司购入的专利权符合无形资产的确认条件:首先,甲公司的某项生产活动需要乙公司已获得的专利技术,甲公司使用了该项专利技术,其生产能力将比原先提高15%,销售利润率增长10%,即经济利益很可能流入;其次,甲公司购买该项专利权的成本为200万元,另外支付相关税费和有关专业服务费用6万元,即成本能够可靠计量。由此,符合无形资产的确认条件。

无形资产初始计量的成本 = 200 + 1 + 5 = 206(万元)

甲公司应编制会计分录如下:

借:无形资产——专利权　　　　　　2 060 000
　　贷:银行存款　　　　　　　　　　　2 060 000

2. 自行研发的无形资产

通常情况下,企业内部产生的无形资产不确认为无形资产,如企业内部产生的品牌、报刊名等。由于确定研究与开发费用是否符合无形资产的定义和相关特征(例如,可辨认性)、能否或者何时能够为企业产生预期未来经济利益,以及成本能否可靠地计量尚存在不确定因素,因此,研究与开发活动发生的费用,除了要遵循无形资产确认和初始计量的一般要求外,还需要满足其他特定的条件,才能够确定为一项无形资产。

首先,为评价内部产生的无形资产是否满足确认标准,企业应当将资产的形成过程分为研究阶段与开发阶段两部分;其次,对于开发过程中发生的费用,在符合一定条件的情况下,才可确认为一项无形资产。

(1)研究阶段和开发阶段的划分。按照会计准则的要求,对于企业自行进行的研究开发项目,应当区分研究阶段与开发阶段两个部分分别进行核算。

①研究阶段。研究阶段,是指为获取新的技术和知识等进行的有计划的调查。有关研究活动的例子包括:意于获取知识而进行的活动;研究成果或其他知识的应用研究、评价和最终选择;材料、设备、产品、工序、系统或服务替代品的研究;以及新的或经改进的材料、设备、产品、工序、系统或服务的可能替代品的配制、设计、评价和最终选择等。

②开发阶段。开发阶段,是指在进行商业性生产或使用前,将研究成果或其他知识应用于某项计划或设计,以生产出新的或具有实质

无形资产取得应
关注的问题

性改进的材料、装置、产品等。有关开发活动的例子包括：生产前或使用前的原型和模型的设计、建造和测试；含新技术的工具、夹具、模具和冲模的设计；不具有商业性生产经济规模的试生产设施的设计、建造和运营；新的或经改造的材料、设备、产品、工序、系统或服务所选定的替代品的设计、建造和测试等。

知 识 拓 展

研究阶段和开发阶段的特点与判断

(1) 研究阶段的特点在于：

第一，计划性。研究阶段是建立在有计划的调查基础上，即，研发项目已经董事会或者相关管理层的批准，并着手收集相关资料、进行市场调查等。例如，某药品公司为研究开发某药品，经董事会或者相关管理层的批准，进行有计划的收集相关资料、市场调查、比较市场中相关药品的药性、效用等活动。

第二，探索性。研究阶段基本上是探索性的，为进一步的开发活动进行资料及相关方面的准备，在这一阶段不会形成阶段性成果。

由于这种计划性和探索性，研究是否能在未来形成成果，即通过开发后是否会形成无形资产均具有很大的不确定性，企业也无法证明其能够带来未来经济利益的无形资产的存在，因此，研究阶段的有关支出在发生时，应当予以费用化计入当期损益。

(2) 开发阶段的特点在于：

第一，具有针对性。开发阶段是建立在研究阶段基础上，因而，对项目的开发具有针对性。

第二，形成成果的可能性较大。进入开发阶段的研发项目往往形成成果的可能性较大。

由于开发阶段相对于研究阶段更进一步，相对于研究阶段来讲，进入开发阶段，则很大程度上形成一项新产品或新技术的基本条件已经具备，此时如果企业能够证明满足无形资产的定义及相关确认条件，所发生的开发支出即可以资本化，确认为无形资产的成本。

(3) 研究阶段与开发阶段的不同点：

①目标不同。研究阶段一般目标不具体、不具有针对性；而开发阶段多是针对具体目标、产品、工艺等。

②对象不同。研究阶段一般很难具体化到特定项目上；而开发阶段往往形成对象化的成果。

③风险不同。研究阶段的成功概率很难判断，一般成功率很低，

风险比较大;而开发阶段的成功率较高,风险相对较小。

④结果不同。研究阶段的结果多是研究报告等基础性成果;而开发阶段的结果则多是具体的新技术、新产品等。

(2) 内部开发的无形资产的确认和计量。内部研究开发的无形资产应当将研究阶段的支出费用化计入当期损益,对于开发阶段的支出符合资本化条件的应当计入无形资产的成本,不符合资本化条件的直接计入当期损益。如果确实无法区分研究阶段的支出和开发阶段的支出,应将其所发生的研发支出全部费用化,计入当期损益。

内部研发活动形成的无形资产成本,由可直接归属于该资产的创造、生产并使该资产能够以管理层预定的方式运作的所有必要支出组成。可直接归属成本包括:开发该无形资产时耗费的材料、劳务成本、注册费、在开发该无形资产过程中使用的其他专利权和特许权的摊销,以及按照借款费用的处理原则可资本化的利息支出。在开发无形资产过程中发生的除上述可直接归属于无形资产开发活动的其他销售费用、管理费用等间接费用、无形资产达到预定用途前发生的可辨认的无效和初始运作损失、为运行该无形资产发生的培训支出等不构成无形资产的开发成本。

内部开发无形资产的成本仅包括在满足资本化条件的时点至无形资产达到预定用途前发生的支出总和,对于同一项无形资产在开发过程中达到资本化条件之前已经费用化计入当期损益的支出不再进行调整。

知 识 拓 展

开发阶段有关支出资本化的条件

在开发阶段,判断可以将有关支出资本化计入无形资产成本的条件包括:

(1) 完成该无形资产以使其能够使用或出售在技术上具有可行性。企业在判断是否满足该条件时,应以目前阶段的成果为基础,说明在此基础上进一步进行开发所需的技术条件等已经具备,基本上不存在技术上的障碍或其他不确定性,企业在判断时,应提供相关的证据和材料。

(2) 具有完成该无形资产并使用或出售的意图。开发某项产品或专利技术产品等,是使用或出售通常是根据管理当局决定该项研发活动的目的或者意图所决定,即研发项目形成成果以后,是为出售,还是为自己使用并从使用中获得经济利益,应当以管理当局意图而定。因此，企业的管理当局应能够说明其持有拟开发无形资产的目的，并具有完成该项无形资产开发并使其能够使用或出售的可能性。

（3）无形资产产生经济利益很可能流入企业。就其能够为企业带来未来经济利益的方式来讲，如果有关的无形资产在形成以后，主要是用于形成新产品或新工艺的，企业应对运用该无形资产生产的产品市场情况进行估计，应能够证明所生产的产品存在市场，并能够带来经济利益的流入；如果有关的无形资产开发以后主要是用于对外出售的，则企业应能够证明市场上存在对该类无形资产的需求，开发以后存在外在的市场可以出售并带来经济利益的流入；如果无形资产开发以后，不是用于生产产品，也不是用于对外出售，而是在企业内部使用的，则企业应能够证明在企业内部使用时对企业的有用性。

（4）有足够的技术、财务资源和其他资源支持，以完成该无形资产的开发，并有能力使用或出售该无形资产。开发的无形资产并使其形成成果在技术上的可靠性，是继续开发活动的关键，财务和其他资源支持是能够完成该项无形资产开发的经济基础。因此，必须有确凿证据证明企业继续开发该项无形资产有足够的技术支持和技术能力、完成并使用或出售该项无形资产所需的财务和其他资源。

（5）归属于该无形资产开发阶段的支出能够可靠地计量。企业对于开发活动发生的支出应单独核算，如发生的开发人员的工资、材料费等，在企业同时从事多项开发活动的情况下，所发生的支出同时用于支持多项开发活动的，应按照一定的标准在各项开发活动之间进行分配，无法明确分配的，应予费用化计入当期损益，不计入开发活动的成本。

（3）内部研究开发费用的会计处理。企业应当设置"研发支出——费用化支出"和"研发支出——资本化支出"账户，分别核算研发过程中不满足资本变化条件和满足资本化条件的研发支出。对于费用化的研发支出应当计入当期损益，对于符合资本化条件的研发支出应当在研究开发项目达到预定用途形成无形资产时将"研发支出——资本化支出"转入"无形资产"核算。

【例7-2】20×4年1月1日，甲公司经董事会批准研发某项新产品专利技术，该公司董事会认为，研发该项目具有可靠的技术和财务等资源的支持，并且一旦研发成功将降低该公司生产产品的生产成本。该公司在研究开发过程中发生材料费500万元、人工工资100万元,以及其他费用 400 万元,总计 1 000 万元,其中,符合资本化条件的支出为 600 万元。20×4 年 12 月 31 日,该专利技术已经达到预定用途(假定有关支出不考虑税金因素)。

分析:首先,甲公司经董事会批准研发某项新产品专利技术,并认为完成该项新型技术无论从技术上,还是财务等方面能够得到可靠的资源支持,并且一旦研发成功将降低公司的生产成本,因此,符合条件的开发费用可以资本化。其次,甲公司在开发该项新型技术时,累计发生 1 000 万元的研究与开发支出,其中符合资本化条件的开发支出为 600 万元,其符合"归属于该无形资产开发阶段的支出能够可靠地计量"的条件。

甲公司应编制会计分录如下:
①发生研发支出:
借:研发支出——费用化支出　　　　　　　　4 000 000
　　　　　——资本化支出　　　　　　　　　6 000 000
　贷:原材料　　　　　　　　　　　　　　　5 000 000
　　　应付职工薪酬　　　　　　　　　　　　1 000 000
　　　银行存款　　　　　　　　　　　　　　4 000 000
②将费用化支出在发生的当月转入当期损益(假设均发生在当期):
借:管理费用——研究费用　　　　　　　　　4 000 000
　贷:研发支出——费用化支出　　　　　　　4 000 000
③20×4 年 12 月 31 日,该专利技术已经达到预定用途:
借:无形资产　　　　　　　　　　　　　　　6 000 000
　贷:研发支出——资本化支出　　　　　　　6 000 000

3. 投资者投入的无形资产成本

投资者投入的无形资产的成本,应当按照投资合同或协议约定的价值确定无形资产的取得成本。如果投资合同或协议约定价值不公允的,应按无形资产的公允价值作为无形资产初始成本入账。

【例 7-3】乙公司创立的商标已经具有较好的声誉,甲公司预计使用乙公司商标后可使其未来利润增长 20%。为此,甲公司与乙公司协议商定,乙公司以其商标权投资于甲公司,双方协议价格(等于公允价值)为 800 万元,增值税进项税额 48 万元,折合为公司的股票 780 万股,每股面值 1 元。甲公司另支付印花税等相关税费 4 万元,款项已通过银行转账支付。

该商标权的初始计量,应当以取得时的成本为基础。取得时的成本为投资协议约定的价格 800 万元,加上支付的相关税费 4 万元。

甲公司接受乙公司作为投资的商标权的成本 = 800 + 4 = 804

"研发支出"
会计科目

（万元）

甲公司的账务处理如下：

借：无形资产——商标权　　　　　　　　　　8 040 000
　　应交税费——应交增值税（进项税额）　　　480 000
　　贷：股本　　　　　　　　　　　　　　　　7 800 000
　　　　银行存款　　　　　　　　　　　　　　　 40 000
　　　　资本公积——股本溢价　　　　　　　　　680 000

4. 通过非货币性资产交换取得的无形资产成本

企业通过非货币性资产交换取得的无形资产，包括以投资、固定资产等换入的无形资产等。非货币性资产交换具有商业实质且公允价值能够可靠计量的，在发生补价的情况下，支付补价方应当以换出资产的公允价值加上支付的补价（即换入无形资产的公允价值）和应支付的相关税费，作为换入无形资产的成本；收到补价方，应当以换入无形资产的公允价值（或换出资产的公允价值减去补价）和应支付的相关税费，作为换入无形资产的成本。

5. 通过债务重组取得的无形资产成本

通过债务重组取得的无形资产，是指企业作为债权人取得的债务人用于偿还债务的非现金资产，且企业作为无形资产管理的资产。通过债务重组取得的无形资产成本，应当以放弃债权的公允价值作为无形资产入账。

6. 通过政府补助取得的无形资产成本

通过政府补助取得的无形资产成本，应当按照公允价值计量；公允价值不能可靠取得的，按照名义金额计量。

7. 土地使用权的处理

企业取得的土地使用权，通常应当按照取得时所支付的价款及相关税费确认为无形资产。土地使用权用于自行开发建造厂房等地上建筑物时，土地使用权的账面价值不与地上建筑物合并计算其成本，而仍作为无形资产进行核算，土地使用权与地上建筑物分别进行摊销和提取折旧。但下列情况除外：

（1）房地产开发企业取得的土地使用权用于建造对外出售的房屋建筑物，相关的土地使用权应当计入所建造的房屋建筑物成本。

（2）企业外购的房屋建筑物，实际支付的价款中包括土地以及建筑物的价值，则应当对支付的价款按照合理的方法（例如按公允价值比例）在土地和地上建筑物之间进行分配；如果确实无法在地上建筑物与土地使用权之间进行合理分配的，应当全部作为固定资产，按照固定资产确认和计量的规定进行处理。

企业改变土地使用权的用途,将其用于出租或增值目的时,应将其转为投资性房地产。

【例7-4】20×4年1月1日,甲公司购入一块土地的使用权,以银行存款转账支付9 000万元,并在该土地上自行建造厂房等工程,发生材料支出15 000万元,工资费用5 000万元,其他相关费用5 000万元等。该工程已经完工并达到预定可使用状态。假定土地使用权的使用年限为50年,该厂房的使用年限为25年,假设两者都没有净残值,都采用直线法进行摊销和计提折旧。为简化核算,不考虑其他相关税费。

分析:甲公司购入土地使用权,使用年限为50年,表明它属于使用寿命有限的无形资产。在该土地上自行建造厂房,应将土地使用权和地上建筑物分别作为无形资产和固定资产进行核算,并分别摊销和计提折旧。

甲公司应编制会计分录如下:

①支付购买土地价款:

借:无形资产——土地使用权　　　　　90 000 000
　　贷:银行存款　　　　　　　　　　　　90 000 000

②在土地上自行建造厂房:

借:在建工程　　　　　　　　　　　　250 000 000
　　贷:工程物资　　　　　　　　　　　150 000 000
　　　　应付职工薪酬　　　　　　　　　 50 000 000
　　　　银行存款　　　　　　　　　　　 50 000 000

③厂房达到预定可使用状态:

借:固定资产　　　　　　　　　　　　250 000 000
　　贷:在建工程　　　　　　　　　　　250 000 000

④每年分期摊销土地使用权和对厂房计提折旧:

借:管理费用　　　　　　　　　　　　 1 800 000
　　制造费用　　　　　　　　　　　　 10 000 000
　　贷:累计摊销　　　　　　　　　　　 1 800 000
　　　　累计折旧　　　　　　　　　　　 10 000 000

7.2.2　无形资产的后续计量

1. 无形资产的摊销

无形资产初始确认和计量后,在其后使用该项无形资产期间内应以成本减去累计摊销额和累计减值损失后的余额计量。要确定无形资产在使用过程中的累计摊销额,基础是估计其使用寿命,而使用寿命有限的无形资产才需要在估计使用寿命内采用系统合理的方法进行摊销,对于使用寿命不确定的无形资产则不需要摊销。

(1) 无形资产使用寿命的确定。某些无形资产的取得源自合同性权利或其他法定权利,其使用寿命不应超过合同性权利或其他法定权利的期限。但如果企业使用资产的预期的期限短于合同性权利或其他法定权利规定的期限的,则应当按照企业预期使用的期限确定其使用寿命。

如果合同性权利或其他法定权利能够在到期时因续约等延续,则仅当有证据表明企业续约不需要付出重大成本时,续约期才能够包括在使用寿命的估计中。

没有明确的合同或法律规定无形资产的使用寿命的,企业应当综合各方面情况,例如企业经过努力,聘请相关专家进行论证、与同行业的情况进行比较以及参考企业的历史经验等,来确定无形资产为企业带来未来经济利益的期限。如果经过这些努力,仍确实无法合理确定无形资产为企业带来经济利益的期限的,才能将该无形资产作为使用寿命不确定的无形资产。

知识拓展

估计无形资产使用寿命应考虑的主要因素包括:

①该资产通常的产品寿命周期,以及可获得的类似资产使用寿命的信息;

②技术、工艺等方面的现实情况及对未来发展的估计;

③以该资产在该行业运用的稳定性和生产的产品或服务的市场需求情况;

④现在或潜在的竞争者预期采取的行动;

⑤为维持该资产产生未来经济利益的能力所需要的维护支出,以及企业预计支付有关支出的能力;

⑥对该资产的控制期限,以及对该资产使用的法律或类似限制,如特许使用期间、租赁期间等;

⑦与企业持有的其他资产使用寿命的关联性等。

(2) 无形资产使用寿命的复核。企业至少应当于每年年度终了,对无形资产的使用寿命及摊销方法进行复核,如果有证据表明无形资产的使用寿命及摊销方法不同于以前的估计,如由于合同的续约或无形资产应用条件的改善,延长了无形资产的使用寿命,则对于使用寿命有限的无形资产,应改变其摊销年限及摊销方法并按照会计估计变更进行处理。

对于使用寿命不确定的无形资产，如果有证据表明其使用寿命是有限的，则应视为会计估计变更，应当估计其使用寿命并按照使用寿命有限的无形资产的处理原则进行处理。

（3）无形资产摊销的具体处理。使用寿命有限的无形资产，应在其预计的使用寿命内采用系统合理的方法对应摊销金额进行摊销。应摊销金额，是指无形资产的成本扣除残值后的金额。已计提减值准备的无形资产，还应扣除已计提的无形资产减值准备累计金额。使用寿命有限的无形资产，其残值一般应当视为零。

无形资产的摊销期自其可供使用（即其达到预定用途）时起至终止确认时止。即，无形资产摊销的起始和停止日期为：当月增加的无形资产，当月开始摊销；当月减少的无形资产，当月不再摊销。

在无形资产的使用寿命内系统地分摊其应摊销金额，存在多种方法。这些方法包括直线法、产量法等。

无形资产的摊销一般应计入当期损益，但如果某项无形资产是专门用于生产某种产品或者其他资产，其所包含的经济利益是通过转入到所生产的产品或其他资产中实现的，则无形资产的摊销费用应当计入相关资产的成本。例如，某项专门用于生产过程中的专利技术，其摊销费用应构成所生产产品成本的一部分，计入制造该产品的制造费用。

【例7-5】20×4年1月1日，甲公司从外单位购得一项非专利技术，支付价款6 000万元，增值税360万元，款项已支付，估计该项非专利技术的使用寿命为10年，该项非专利技术用于产品生产；同时，购入一项商标权，支付价款3 000万元，增值税180万元，款项已支付，估计该商标权的使用寿命为15年。假定这两项无形资产的净残值均为零，并按直线法摊销。

本例中，甲公司外购的非专利技术的估计使用寿命为10年，表明该项无形资产是使用寿命有限的无形资产，且该项无形资产用于产品生产，因此，应当将其摊销金额计入相关产品的制造成本。甲公司外购的商标权的估计使用寿命为15年，表明该项无形资产同样也是使用寿命有限的无形资产，而商标权的摊销金额通常直接计入当期管理费用。

甲公司应编制会计分录如下：

①取得无形资产时：

借：无形资产——非专利技术　　　　　　60 000 000
　　　　　　——商标权　　　　　　　　30 000 000
　　应交税费——应交增值税（进项税额）　 5 400 000
　　贷：银行存款　　　　　　　　　　　　95 400 000

②按年摊销时：

借：制造费用——非专利技术　　　　　　6 000 000
　　管理费用——商标权　　　　　　　　2 000 000
　　　贷：累计摊销　　　　　　　　　　　　　　　8 000 000

根据可获得的相关信息判断，如果无法合理估计某项无形资产的使用寿命的，应作为使用寿命不确定的无形资产进行核算。对于使用寿命不确定的无形资产，在持有期间内不需要摊销，但应当在每个会计期间进行减值测试。其减值测试的方法按照资产减值的原则进行处理（与固定资产类似），如经减值测试表明已发生减值，则需要计提相应的减值准备，其相关的账务处理为：借记"资产减值损失"科目，贷记"无形资产减值准备"科目。

无形资产摊销的不确定性

2. 无形资产的减值

无形资产的减值应该应当按照《企业会计准则第 8 号——资产减值》的规定处理，通过计算无形资产可收回金额并与无形资产账面价值比较，确定是否应该计提减值准备。无形资产减值准备一经计提不得转回。无形资产减值以后，其摊销应该按照减值后的账面价值重新计算。

请你计算：设甲公司有一项专利权，在 2013 年末可收回金额为 280 万元，账面价值为 320 万元，计算减值并做出会计处理？

答案提示：计算减值 = 320 − 280 = 40（万元）

甲公司应编制会计分录如下：

借：资产减值损失　　　　　　　　　　　400 000
　　　贷：无形资产减值准备　　　　　　　　　　　400 000

请你计算：假设上述请你计算 2014 年末继续对该无形资产进行减值测试，发现其可收回金额为 285 万元，而 2014 年末该资产的账面价值为 280 万元，如何处理？

答案提示：2014 年甲公司该无形资产可收回金额大于账面价值，不需计提减值准备，原计提的减值准备也不得转回，所以不需做会计处理。

7.2.3　无形资产的处置

无形资产的处置，主要是指无形资产出售、对外出租、对外捐赠，或者是无法为企业带来未来经济利益时，应予终止确认并转销。

无形资产账面价值的形成

1. 无形资产的出售

企业出售某项无形资产，表明企业放弃无形资产的所有权，应将所取得的价款与该无形资产账面价值的差额作为资产处置利得或损失（"资产处置损益"），与固定资产处置性质相同，计入当期损益。

出售无形资产时，应按实际收到的金额，借记"银行存款"等科目，按已计提的累计摊销，借记"累计摊销"科目，原已计提减值准备的，借记"无形资产减值准备"科目，按应支付的相关税费，贷记"应交税费"等科目，按其账面余额，贷记"无形资产"科目，按其差额，贷或借"资产处置损益"科目。

【例 7-6】20×4 年 1 月 1 日，甲公司拥有某项专利技术的成本为 2 000 万元，已摊销金额为 700 万元，已计提的减值准备为 50 万元。该公司于 2014 年将该项专利技术出售给乙公司，取得出售收入 900 万元，增值税为 54 万元，存入银行。

甲公司应编制会计分录如下：

借：银行存款　　　　　　　　　　　　　　　9 540 000
　　累计摊销　　　　　　　　　　　　　　　7 000 000
　　无形资产减值准备　　　　　　　　　　　　500 000
　　资产处置损益　　　　　　　　　　　　　3 500 000
　贷：无形资产　　　　　　　　　　　　　　20 000 000
　　　应交税费——应交增值税（销项税额）　　540 000

识别无形资产业务的会计处理

2. 无形资产的出租

企业将所拥有的无形资产的使用权让渡给他人，并收取租金，属于与企业日常活动相关的其他经营活动取得的收入，在满足收入确认条件的情况下，应确认相关的收入及成本，并通过其他业务收支科目进行核算。让渡无形资产使用权而取得的租金收入，借记"银行存款"等科目，贷记"其他业务收入"等科目；摊销出租无形资产的成本并发生与转让有关的各种费用支出时，借记"其他业务成本"科目，贷记"累计摊销"等科目。

【例 7-7】20×4 年 1 月 1 日，甲公司将一项专利技术出租给丙公司使用，该专利技术账面余额为 1 500 万元，摊销期限为 10 年，出租合同规定，承租方每销售一件用该专利生产的产品，必须付给出租方 300 万元专利技术使用费。假定承租方当年销售该产品 10 万件，应交增值税为 18 万元。

甲公司应编制会计分录如下：

（1）取得该项专利技术使用费时：

借：银行存款　　　　　　　　　　　　　　　3 180 000
　贷：其他业务收入　　　　　　　　　　　　3 000 000
　　　应交税费——应交增值税（销项税额）　180 000

（2）按年对该项专利技术进行摊销并计算应交的营业税：

借：其他业务成本　　　　　　　　　　　　　1 500 000

贷：累计摊销　　　　　　　　　　　　　　　1 500 000

知 识 拓 展

根据我国企业会计准则的规定，企业对出租的土地使用权、持有并准备增值后转让的土地使用权和出租的建筑物，应当作为投资性房地产的核算内容。所谓房地产，就是土地和房屋及其权属的总称。

"资产处置损益"与"营业外支出"科目的应用范围

7.3 其他资产

其他资产是指除货币资金、交易性金融资产、应收款项、存货、长期股权投资、固定资产、无形资产等以外的资产，如长期待摊费用等。

长期待摊费用是指企业已经发生但应由本期和以后各期负担的分摊期限在一年以上的各项费用，如以经营租赁方式租入的固定资产发生的改良支出等。

【例7-8】2014年1月1日乙公司对经营性租入的固定资产进行改造，预计改造后该资产的使用寿命和产量都能提高。改造中乙公司支付了相关费用共计100万元，该固定资产的剩余租赁期为5年。

乙公司发生改良费用时：
借：长期待摊费用　　　　　　　　　　　　　1 000 000
　　贷：银行存款　　　　　　　　　　　　　　1 000 000
乙公司在剩余租期内按年摊销：
借：管理费用　　　　　　　　　　　　　　　　200 000
　　贷：长期待摊费用　　　　　　　　　　　　　200 000

知 识 拓 展

在计算应纳税所得额时，企业发生的下列支出作为长期待摊费用，按照规定摊销的，准予扣除：
(1) 已足额提取折旧的固定资产的改建支出；
(2) 租入固定资产的改建支出；
(3) 固定资产的大修理支出；
(4) 其他应当作为长期待摊费用的支出。

——引自《中华人民共和国企业所得税法》

本 章 小 结

1. 无形资产的概念和特点。无形资产,是指企业拥有或者控制的没有实物形态的可辨认非货币性资产。由定义可知,无形资产主要有以下几个特征:(1)由企业拥有或者控制并能为其带来未来经济利益的资源;(2)无形资产不具有实物形态;(3)无形资产具有可辨认性。

2. 无形资产的初始确认和计量。无形资产同时满足两个条件才能予以确认:(1)与该无形资产有关的经济利益很可能流入企业;(2)该无形资产的成本能够可靠地计量。无形资产通常是按实际成本计量,即以取得无形资产并使之达到预定用途而发生的全部支出,作为无形资产的成本。对于内部研究开发的无形资产应当将研究阶段的支出费用化计入当期损益,对于开发阶段的支出符合资本化条件的应当计入无形资产的成本,不符合资本化条件的直接计入当期损益。如果确实无法区分研究阶段的支出和开发阶段的支出,应将其所发生的研发支出全部费用化,计入当期损益。

3. 无形资产的后续计量。无形资产初始确认和计量后,在其后使用该项无形资产期间内应以成本减去累计摊销额和累计减值损失后的余额计量。要确定无形资产在使用过程中的累计摊销额,基础是估计其使用寿命,而使用寿命有限的无形资产才需要在估计使用寿命内采用系统合理的方法进行摊销,对于使用寿命不确定的无形资产则不需要摊销。无形资产的减值应当按照《企业会计准则第8号——资产减值》的规定处理,通过计算无形资产可收回金额并与无形资产账面价值比较,确定是否应该计提减值准备。

4. 无形资产的处置。无形资产的处置,主要是指无形资产出售、报废、对外捐赠等,为此应予终止确认并转销。

5. 长期待摊费用。长期待摊费用是指企业已经发生但应由本期和以后各期负担的分摊期限在一年以上的各项费用,如以经营租赁方式租入的固定资产发生的改良支出等。长期待摊费用应该按期摊销,计入当期损益。

本 章 练 习 题

一、选择题

1. 关于无形资产,正确的表述是(　　)。
   A. 没有实物形态的资产都是无形资产
   B. 无形资产不能用于企业的行政管理

C. 未来的经济利益具有高度的不确定性
D. 无形资产的使用寿命都是可以确定的

2. 关于无形资产的使用寿命，不正确的说法是（   ）。
   A. 都是由法律和合同规定的
   B. 有的无形资产使用寿命是不确定的
   C. 某些情况下也包括续约期
   D. 源自合同性权利的无形资产，其摊销期限不能超过合同性权利规定期限

3. 下列各项关于无形资产的会计处理中，正确的是（   ）。
   A. 外购土地使用权及建筑物的价款难以在两者之间进行合理分配时，应全部作为无形资产入账
   B. 将转让使用权的无形资产的摊销金额计入营业外支出
   C. 将转让所有权的无形资产的账面价值计入其他业务成本
   D. 将预期不能为企业带来经济利益的无形资产的账面价值转销计入营业外支出

4. 下列关于内部研究开发无形资产所发生支出的会计处理中，正确的有（   ）。
   A. 将研究阶段的支出计入当期管理费用
   B. 若无法区分研究阶段和开发阶段支出，应将发生的全部研发支出资本化
   C. 研究阶段的支出，其资本化的条件是能够单独核算
   D. 开发阶段的支出在满足一定条件时，允许资本化确认为无形资产

5. 下列各项中，可能会引起无形资产账面价值发生增减变动的有（   ）。
   A. 对无形资产计提减值准备
   B. 企业内部研究开发项目研究阶段发生的支出
   C. 摊销无形资产成本
   D. 企业内部研究开发项目开发阶段的支出不满足无形资产确认条件

二、判断题

1. 无形资产减值准备一经计提不得转回。（   ）
2. 使用寿命有限的无形资产摊销时通常不考虑残值。（   ）
3. 企业取得的土地使用权应作为无形资产核算，一般情况下，当土地使用权用于自行开发建造厂房等地上建筑物时，相关的土地使用权账面价值应转入在建工程成本。（   ）

4. 无形资产必须是能够区别于其他资产可单独辨认的资产。
（　　）

5. 经营租赁方式租入的固定资产发生的改良支出属于长期待摊费用。
（　　）

三、实务题

1. 20×3 年 1 月 3 日，甲企业购入一项专利技术，支付的买价和有关手续费、律师咨询费共计 60 万元（含增值税 3 万元），以银行存款支付。该专利权有效期限为 10 年，当月投入使用。

要求：（1）编制专利权购入的会计分录。

（2）计算 2013 年 1 月和 2 月专利权的摊销额并编制其摊销的会计分录。

2. 2013 年 1 月 1 日，甲企业决定自行研究、开发一项技术，至 2013 年 7 月 1 日，该研发项目共发生材料费用 160 万元，人工费用 150 万元，均属于研究阶段支出。2013 年 7 月 1 日，研究阶段结束，进入开发阶段，至 2013 年 12 月 31 日，共发生材料费用 200 万元，人工费用 230 万元，其他费用 100 万元，均符合资本化条件。2013 年 12 月 31 日，该项新型技术已达到预定状态。2014 年 1 月投入使用，预计使用年限 5 年。甲公司对其采用直线法摊销、无残值。2015 年末，该项无形资产出现减值迹象，经减值测试，该项无形资产可收回金额 280 万元，计提减值后，摊销年限、摊销方法和残值不需变更。

要求：编制该项新型技术研发支出、确认价值及摊销、减值的会计分录。

3. 甲企业将其一项专利技术出租给其他公司，合同规定每年租金 10 万元，增值税税率为 6%，租赁期限为 5 年。该专利技术的账面价值 80 万元，尚余预计使用年限 8 年。

要求：编制收取租金、摊销的会计分录。

4. 20×4 年 12 月 31 日，甲公司转让一专利权，转让价格为 300 万元，增值税 18 万元，款项收到存入银行。该专利权系 2011 年 1 月达到预定用途并投入使用，成本为 400 万元，预计使用年限为 10 年，无残值，采用直线法摊销，未计提减值准备。

要求：确定出售该专利权的损益并编制相关会计分录。

第 8 章 负 债

本章要点

◇ 了解负债的特征
◇ 熟悉主要负债的内容
◇ 掌握流动负债的基本会计处理
◇ 掌握非流动负债的基本会计处理

8.1 负债概述

一个企业生产经营所需的资金,除了来自投资者投入资金和企业盈利外,通常还需要通过举债来获得。适度的负债经营,对于一个获利能力较强的企业是有益的,一方面保护了原有投资者对企业的控制权,同时还会使投资者从高于举债代价的投资利润率中获得回报,另一方面因负债带来的正常借款费用还会给企业带来节税的好处。当然,举债也会给企业带来一定的财务风险。

8.1.1 负债的概念及特征

> 负债是指企业过去的交易或者事项形成的、预期会导致经济利益流出企业的现时义务。
> ——引自《企业会计准则——基本准则》

根据负债的定义，负债具有以下三个特征：

1. 负债是企业承担的现时义务

现时义务，是指企业在现行条件下已承担的义务。这里所指的义务可以是法定义务，也可以是推定义务。法定义务，是指具有约束力的合同或者法律法规规定的义务，通常必须依法执行。例如，企业购买原材料形成的应向供货商支付货款的义务，就属于企业承担的法定义务。推定义务，是指根据企业多年来的习惯做法、公开的承诺或者公开宣布的政策而导致企业将承担的责任，这些责任也使有关各方形成了企业将履行义务解脱责任的合理预期。

2. 负债预期会导致经济利益流出企业

企业在履行现时义务清偿负债时，会导致经济利益流出企业。经济利益流出企业的形式多种多样，例如用现金偿还或以实物资产形式偿还；以提供劳务形式偿还；以部分转移资产、部分提供劳务形式偿还；将负债转为资本等偿还形式。

3. 负债是由企业过去的交易或者事项形成的

负债是企业过去已经发生的交易或者事项所产生的结果，是现时义务。换句话说，只有过去的交易或者事项才形成负债，未来发生的承诺、签订的合同等交易或者事项，不形成负债。

请你分析：某企业为其他单位做了借款担保，请问此时因该担保所承担的义务是否形成该企业的负债？

答案提示：不形成该企业的负债。因为借款担保虽然使本企业承担了一定的义务，但预期不一定会导致经济利益流出企业，该义务不是现时义务，不符合负债定义。

8.1.2 负债的分类

负债一般按其流动性可分为：流动负债和非流动负债。流动负债反映企业的短期偿债能力；非流动负债反映企业的长期偿债能力。而企业的偿债能力是相关报表使用者十分关注的财务指标，因此，流动负债与非流动负债的划分是否正确，直接影响到其对企业短期偿债能力和长期偿债能力的判断。如果混淆负债的类别，将歪曲企业的实际偿债能力，误导相关报表使用者的决策。

1. 流动负债

流动负债是指满足下列条件之一的负债：(1) 预计在一个正常营业周期中清偿。(2) 主要为交易目的而持有。(3) 自资产负债表日起一年内到期应予以清偿。(4) 企业无权自主地将清偿推迟至资产负债表日后一年以上。

企业对资产负债进行流动性分类时，应当采用相同正常的营业周期。企业流动负债主要包括：融资活动中形成的短期借款，经营活动中形成的应付票据、应付账款、预收账款、应付职工薪酬、应交税费、其他应付款等，收益分配活动中形成的应付股利等。

知 识 拓 展

对于有些流动负债，如应付账款、应付职工薪酬等，属于企业正常营业周期中使用的营运资金的一部分，有时在资产负债表日后超过一年才清偿，但是它们仍应划分为流动负债。

2. 非流动负债

非流动负债是指流动负债以外的负债，其偿还期在一年以上或者超过一年的一个营业周期以上，主要包括长期借款、应付债券等。

举借流动负债一般是为了满足生产经营资金周转的需要，而举借非流动负债往往是为了解决企业因扩大生产经营规模、提高竞争能力或提高产品质量等项目，需要投入、占用大量的长期资金而产生的资金缺口。因此，非流动负债与流动负债相比具有偿还期限长、债务金额较大等特点，同时，举借非流动负债给企业带来的财务风险远远高于流动负债，更需要慎重决策。

8.1.3 负债的确认

> 符合本准则第二十三条规定的负债定义的义务，在同时满足以下条件时，确认为负债：
> 1. 与该义务有关的经济利益很可能流出企业；
> 2. 未来流出的经济利益的金额能够可靠地计量。
> ——引自《企业会计准则——基本准则》

1. 与该义务有关的经济利益很可能流出企业

预期会导致经济利益流出企业是负债的本质特征，但是履行义务所需流出的经济利益带有不确定性，尤其是与推定义务相关的经济利益，通常需要依赖于大量的估计。因此，负债的确认应当与经济利益流出的不确定性程度的判断结合起来。如果有确凿证据表明，与现时义务有关的经济利益很可能流出企业，就应当将其作为负债予以确认；反之，不应将其作为负债予以确认。

2. 未来流出的经济利益的金额能够可靠地计量

可计量性是各会计要素确认的必要条件。负债的可计量性是指对于未来流出的经济利益的金额应当能够可靠计量。对于与法定义务有关的经济利益流出金额，通常可以根据合同或者法律规定的金额予以确定，考虑到经济利益流出的金额通常在未来期间，有时未来期间较长，有关金额的计量需要考虑货币时间价值等因素的影响。对于与推定义务有关的经济利益流出金额，企业应当根据履行相关义务所需支出的最佳估计数进行估计，并综合考虑有关货币时间价值、风险等因素的影响。

请你分析： 某企业销售一批商品给客户，并承诺产品售出后3年内如出现质量问题企业免费保修。根据以往经验，发生的保修费一般为销售额的1%~2%。请问因该承诺可能承担的修理费是否应确认为负债？

答案提示： 应确认为企业的负债。企业因销售商品承担了现时义务，该义务的履行很可能导致经济利益流出企业，且该义务的金额能够可靠地计量，符合负债确认条件。

8.2 流动负债

8.2.1 短期借款

1. 短期借款概述

短期借款是指企业向银行或其他金融机构等借入的期限在1年以下（含1年）的各种借款。

短期借款一般是企业为解决正常生产经营所需的周转资金，或为抵偿某项债务而借入的款项，在会计核算中，除了及时反映款项的借入及偿还外，核算的重点是借款利息。短期借款利息是企业筹措资金付出的代价，应作为筹资费用计入财务费用。

2. 短期借款的核算

（1）账户设置。"短期借款"账户，核算企业短期借款借入、归还、结存情况。该账户属于负债类账户，贷方登记企业借入的各种短期借款；借方登记归还的短期借款；期末贷方余额，反映企业尚未偿还的短期借款。该账户可按借款种类、贷款人和币种进行明细核算。

(2) 短期借款的账务处理。短期借款的账务处理包括三部分内容：

①借入短期借款时，借记"银行存款"科目，贷记"短期借款"科目；

②短期借款计息时，如果按月支付利息，支付时借记"财务费用"科目，贷记"银行存款"科目；如果月末预提利息，再按期（如季度、半年、到期等）支付利息，则月末计提利息时，借记"财务费用"科目，贷记"应付利息"科目；

③偿还短期借款本金时，借记"短期借款"科目，贷记"银行存款"科目。

【例8-1】甲企业于2015年1月1日向银行借入1 000 000元，期限3个月，年利率为6%。根据与银行的协定到期一次还本，利息按季支付。假设本企业利息采用预提的方法核算。根据上述资料，编制会计分录如下：

①1月1日借入款项时：

借：银行存款　　　　　　　　　　1 000 000
　　贷：短期借款　　　　　　　　　　1 000 000

②1月、2月末预提短期借款利息时，分别作：

借：财务费用　　　　　　　　　　5 000
　　贷：应付利息　　　　　　　　　　5 000

③3月31日还本付息时：

借：短期借款　　　　　　　　　　1 000 000
　　应付利息　　　　　　　　　　10 000
　　财务费用　　　　　　　　　　5 000
　　贷：银行存款　　　　　　　　　　1 015 000

如果短期借款数额不多，各月负担的利息数额不大时，年内各月份也可以采用简化的核算方法，即实际支付时，将全部利息作为当月的财务费用。但在年末，如果有应由本年负担但尚未支付的借款利息，应予计提。

8.2.2 应付票据

1. 应付票据概述

应付票据是指企业因购买材料、商品和接受劳务供应等而签发并承兑的商业汇票。商业汇票是由出票人签发，委托付款人在指定日期无条件支付确定的金额给收款人或者持票人的票据。它的有效期限最长6个月,是付款人延期付款的证明。

商业汇票按承兑人的不同,可分为商业承兑汇票和银行承兑汇票。其中商业承兑汇票由银行以外的付款人承兑,其承兑人在票据上的签章,应为其预留银行的签章。银行承兑汇票由银行承兑。商业汇票的付款人为承兑人。

商业汇票按是否带息,可分为带息票据和不带息票据。不带息票据,其面值即为付款人到期应支付的金额;带息票据,该票据记载有确定的票面利率,票据到期时,付款人除了按面值支付外,还应按票面利率和票据期限计算应支付的利息。我国目前多为不带息的商业承兑汇票。

2. 应付票据的核算

(1) 账户设置。"应付票据"账户,核算应付票据的发生、偿付等情况。该账户属于负债类账户,贷方登记企业开出承兑商业汇票的面值和带息票据计算的利息;借方登记票据到期支付(或结转)的金额;期末贷方余额,反映企业尚未到期的商业汇票的金额。该账户可按债权人进行明细核算。

企业还应当设置"应付票据备查簿",详细登记商业汇票的种类、号数和出票日期、到期日、票面金额、交易合同号和收款人姓名或单位名称以及付款日期和金额等资料。应付票据到期结清时,在备查簿中应予注销。

(2) 应付票据的账务处理。应付票据的账务处理包括三部分内容:

①开出承兑商业汇票时,借记"材料采购""库存商品"等科目,按面值,贷记"应付票据"科目;

②商业汇票有效期内,如果是带息票据,需要在资产负债表日按票面利率计算利息,借记"财务费用"科目,贷记"应付票据"科目;如果是不带息票据,则不需要进行账务处理;

③商业承兑汇票到期按规定支付款项时,借记"应付票据"等科目,贷记"银行存款"科目,如果无力支付款项,借记"应付票据"等科目,贷记"应付账款"科目。

知 识 拓 展 1

银行承兑汇票是收款人或承兑申请人签发,由承兑申请人向其开户银行申请承兑,经银行审查同意承兑的商业汇票。承兑申请人向承兑银行支付的手续费,借记"财务费用"科目,贷记"银行存款"科目。

知识拓展 2

银行承兑汇票到期，企业无力支付票款，一般按规定应由承兑人（即承兑银行）先行垫付，则企业应按票据的到期值，借记"应付票据"科目，贷记"短期借款"科目。

【例 8-2】甲企业 20×4 年 11 月 1 日购入一批原材料，根据发票账单，购入材料的实际成本为 1 000 000 元，支付的增值税 130 000 元，材料已经验收入库，企业开出 3 个月承兑的商业汇票。假设该企业采用实际成本进行材料的日常核算。根据上述资料，编制会计分录如下：

（1）20×4 年 11 月 1 日，开出商业承兑汇票时：

借：原材料　　　　　　　　　　　　　　1 000 000
　　应交税费——应交增值税（进项税额）　130 000
　　贷：应付票据　　　　　　　　　　　　　　1 130 000

（2）20×5 年 2 月 1 日，商业承兑汇票到期付款时：

借：应付票据　　　　　　　　　　　　　1 130 000
　　贷：银行存款　　　　　　　　　　　　　　1 130 000

如因某种原因到期不能履行付款义务，且未签发新的商业汇票时：

借：应付票据　　　　　　　　　　　　　1 130 000
　　贷：应付账款　　　　　　　　　　　　　　1 130 000

【例 8-3】承【例 8-2】假设开出的商业承兑汇票还载明了票面利率为 6%。根据变化了的资料，该企业编制会计分录如下：

（1）20×4 年 11 月 1 日，开出汇票时，会计分录同上。

（2）20×4 年 12 月 31 日，计算 2 个月的应付利息（1 130 000×6%×2/12）：

借：财务费用　　　　　　　　　　　　　　11 300
　　贷：应付票据　　　　　　　　　　　　　　　11 300

（3）20×5 年 2 月 1 日商业承兑汇票到期，支付票据本息时：

借：应付票据　　　　　　　　　　　　　1 141 300
　　财务费用　　　　　　　　　　　　　　　5 650
　　贷：银行存款　　　　　　　　　　　　　　1 146 950

请你回答：承上【例 8-3】，假设该商业汇票为银行承兑汇票，且汇票到期该企业无法履行付款义务，其会计处理分录应该如何编制？

答案提示：根据规定，采用银行承兑汇票结算，承兑人为承兑银行。如果付款人无法支付票据款，承兑银行作为第一付款人将代为支付票据款，并将其转为对付款人的逾期借款。由于商业汇票已经失效，付款人应将应付票据转为短期借款。编制会计分录如下：

借：应付票据
　　贷：短期借款

8.2.3 应付账款

1. 应付账款概述

应付账款是指企业因购买材料、商品或接受劳务供应等经营活动应支付而尚未付出的款项。它是买卖双方在购销活动中由于取得物资与支付货款在时间上不一致而产生的负债。因此，应付账款的入账时间，应以与所购货物的所有权有关的风险和报酬已经转移或劳务已经接受为标志。

另外，由于应付账款的金额受到购货业务中供货方信用政策的影响，所以应付账款的入账金额，应按照购货发票所载的应付金额计价入账。如果应付账款入账后，发生因现金折扣导致的实际支付金额小于应付账款的入账金额，其差额应作为购货价格的调减，调整购货成本。

2. 应付账款的核算

（1）账户设置。"应付账款"账户，核算企业应付账款的发生、偿还、转销等情况。该账户是负债类账户，贷方登记因购买材料、商品或接受劳务供应等发生的应付未付的账款金额；借方登记已经支付（或已转销）的应付账款金额；期末贷方余额，反映企业尚未支付的应付账款金额。该账户可按债权人进行明细核算。

（2）应付账款的账务处理。应付账款的形成与企业存货的购进紧密相连，有关应付账款的基本账务处理已在第4章存货中作了阐述。

请你回忆：在第4章存货中，外购原材料按实际成本核算部分，有哪几种情况下购进存货的核算与应付账款的核算相关联？请你试着总结一下。

答案提示：共两种情况：一是，存货已确认，同时账单已到，但由于企业资金紧张等原因，货款尚未支付。二是，存货实物已经入库，账单未到，并且直到月末与该批存货相关的账单依然未抵达本企业，月末会计核算时只好先按暂估价入库，下月初再作调整。其相关的会计处理见第4章。

【例8-4】 甲企业20×4年8月10日从B公司赊购一批材料，价款200 000元，增值税税率13%，1个月内付款，9月10日无法全额支付，开出一张150 000元，期限半年的商业汇票抵偿，其余欠款用银行存款支付。根据上述资料，编制会计分录如下：

（1）8月10日赊购时：

借：原材料　　　　　　　　　　　　　　　200 000
　　应交税费——应交增值税（进项税额）　 26 000
　　贷：应付账款　　　　　　　　　　　　 226 000

（2）9月10日，开出15万元商业承兑汇票时：

借：应付账款　　　　　　　　　　　　　　150 000
　　贷：应付票据　　　　　　　　　　　　 150 000

其余欠款7.6万元用银行存款偿还时：

借：应付账款　　　　　　　　　　　　　　 76 000
　　贷：银行存款　　　　　　　　　　　　　76 000

知 识 拓 展

应付账款一般在较短时间内偿还，但有时也会发生由于债权单位撤销或其他原因，而无法支付应付账款，对无法支付的应付账款，一般应作为企业的利得，计入营业外收入，即借记"应付账款"科目，贷记"营业外收入"科目。

请你分析：甲公司某年5月2日赊购一批材料，不含税价格为100万元，增值税税率为13%。假定购货的现金折扣为"5/10，n/30"；假设折扣按不含税价格折扣，并采用总价法。请根据业务内容编制甲公司相关步骤的会计分录。

答案提示：该业务属于赊销（购）资产时发生的现金折扣。总价法下，应付账款入账金额的确定按发票上记载的应付金额的总值（即不扣除折扣）记账。获得的现金折扣冲减原材料成本。相关会计分录如下：

（1）赊购时：

借：原材料　　　　　　　　　　　　　　　1 000 000
　　应交税费——应交增值税（进项税额）　 130 000
　　贷：应付账款　　　　　　　　　　　　1 130 000

（2）如果甲公司10天内付款：

借：应付账款　　　　　　　　　　　　　　1 130 000
　　贷：银行存款　　　　　　　　　　　　1 080 000
　　　　原材料　　　　　　　　　　　　　　50 000

(3) 如果甲公司在超过 10 天短于 30 天内付款：

借：应付账款　　　　　　　　　　　1 130 000
　　贷：银行存款　　　　　　　　　　　　1 130 000

为了全方位地掌握现金折扣的会计处理。以上业务还可以参见第 2.2.2 节中应收账款涉及的现金折扣。销货方是为了尽快回笼资金给予购货方开出现金折扣条件，总价法下，对于发生的现金折扣，作为营业收入的调整。

8.2.4 预收账款

1. 预收账款概述

预收账款是指企业按照合同规定向购货单位或接受劳务方预收的款项。这部分在企业没有履行合同（即向购货方提供商品或劳务）之前预收的款项，实质上表明了企业未来应履行的义务，即未来要按合同交付给购货方商品或向对方提供劳务，所以，预收账款构成了企业的一项负债。为此，企业应设置"预收账款"科目来核算因提供劳务等行为而预收的有关款项，比如邮电通信公司预收客户的款项等。对于预收账款情况不多的企业，可以不设置"预收账款"科目，直接通过"应收账款"科目核算。

需要注意的是，执行我国新修订的企业会计准则中收入准则的销货企业，在核算按照合同规定向购货单位预收的款项时，应使用"合同负债"会计科目进行核算，不再使用"预收账款"科目。作为流动负债中的"合同负债"，详见第 10 章中的第 10.1 节收入，此略。

2. 预收账款的核算

（1）账户设置。"预收账款"账户，核算预收账款的取得及偿付情况。该账户是负债类账户，贷方登记按合同规定预收的货款，以及收到的货款的补差；借方登记企业提供商品或劳务的应收款项，以及退还多收的预收款；期末如为贷方余额，反映企业预收的款项；期末如为借方余额，反映应由购货方补付的货款。该账户可按购货单位进行明细核算。

（2）预收账款的账务处理。预收账款的账务处理包括三部分内容：①收到预收款时，借记"银行存款"科目，贷记"预收账款"科目；②企业预收价款后，应在确认相关收入时，借记"预收账款"科目，贷记有关收入科目和贷记"应交税费——应交增值税（销项税额）"；③结算剩余价款时（收到或退回），借或贷"预收账款"，贷或借"银行存款"。

请你分析: "应收账款"科目以及"预收账款"科目,期末可能出现借方余额,也可能出现贷方余额,且其余额含义不同,那么在编制资产负债表时,该账户余额会对资产负债表有关项目的填列产生怎样的影响?

答案提示: "应收账款"科目以及"预收账款"科目,是销货方为履行销售合同设置的账户,在编制资产负债表时,应该在资产负债表中"应收账款"项目以及"预收账款"项目的反映。但是,"应收账款"科目以及"预收账款"科目的总账余额,并不能与资产负债表中"应收账款"项目以及"预收账款"项目形成一一对应,而是应根据"应收账款"科目以及"预收账款"科目所属明细科目分析填列。"应收账款"科目以及"预收账款"科目所属明细科目的借方余额之和,其本质为企业的债权,故在资产负债表中"应收账款"项目下列报,"应收账款"科目以及"预收账款"科目所属明细科目的贷方余额之和,其本质为企业应承担的义务,故在资产负债表中"预收账款"项目下列报。

8.2.5 应付职工薪酬

1. 职工薪酬的内容

> 职工薪酬,是指企业为获得职工提供的服务或解除劳动关系而给予的各种形式的报酬或补偿。职工薪酬包括短期薪酬、离职后福利、辞退福利和其他长期职工福利。企业提供给职工配偶、子女、受赡养人、已故员工遗属及其他受益人等的福利,也属于职工薪酬。
> ——引自《企业会计准则第9号——职工薪酬》

职工薪酬准则所称的"职工",包括三类人员:一类是与企业订立劳动合同的所有人员,含全职、兼职和临时职工;二类是未与企业订立劳动合同,但由企业正式任命的人员,如董事会成员、监事会成员等;三类是在企业的计划和控制下,虽未与企业订立劳动合同或未由其正式任命,但为其提供与职工类似服务的人员,也属于职工薪酬准则所称的职工。职工薪酬中所称的"薪酬"包括以下几部分内容:

(1)短期薪酬,是指企业在职工提供相关服务的年度报告期间结束后12个月内需要全部予以支付的职工薪酬,因解除与职工的劳动关系给予的补偿除外。短期薪酬具体包括：职工工资、奖金、津贴和补贴，职工福利费，医疗保险费、工伤保险费和生育保险费等社会保险费，住房公积金，工会经费和职工教育经费，短期带薪缺勤，短期利润分享计划，非货币性福利以及其他短期薪酬。

请你判断：企业支付的职工出差补贴，是否属于职工薪酬？

答案提示：不属于。应作为企业发生的差旅费。

请你判断：企业每月支付给职工的误餐补助，是否属于职工薪酬？

答案提示：属于。因为它是企业支付给职工的津贴，是工资总额的组成部分，应作为职工薪酬。

(2) 离职后福利，是指企业为获得职工提供的服务而在职工退休或与企业解除劳动关系后，提供的各种形式的报酬和福利，短期薪酬和辞退福利除外。

(3) 辞退福利，是指企业在职工劳动合同到期之前解除与职工的劳动关系，或者为鼓励职工自愿接受裁减而给予职工的补偿。

(4) 其他长期工福利，是指除短期薪酬、离职后福利、辞退福利之外所有的职工薪酬，包括长期带薪缺勤、长期残疾福利、长期利润分计划等。

2. 应付职工薪酬的核算

(1) 账户设置。"应付职工薪酬"账户，核算企业根据有关规定应付给职工的各种薪酬。该账户是负债类账户，贷方登记已分配计入有关资产成本费用项目的应付职工薪酬的数额；借方登记实际发放及使用职工薪酬的数额；期末一般贷方余额，反映企业应付未付的职工薪酬。本科目可按"工资""短期带薪缺勤""职工福利""社会保险费""住房公积金""工会经费""职工教育经费""非货币性福利""辞退福利""股份支付"等进行明细核算。

(2) 短期薪酬——货币性职工薪酬的账务处理。企业应当在职工为其提供服务的会计期间，将实际发生的短期薪酬确认为负债，并计入当期损益，其他会计准则要求或允许计入资产成本的除外。

1) 工资、奖金、津贴和补贴。对于职工工资、奖金、津贴和补贴等货币性职工薪酬，企业应当在职工为其提供服务的会计期间，将实际发生的职工工资、奖金、津贴和补贴等，根据职工提供服务的受益对象，将应确认的职工薪酬，借记"生产成本""制造费用""劳务成本"等科目，贷记"应付职工薪酬——工资、奖金、津贴和补贴"科目。

【例8-5】甲企业2014年8月份应付工资总额820 000元，"工资费用分配汇总表"中列示的产品生产人员工资为550 000元，车间管理人员工资为 150 000 元，企业行政管理人员工资为 100 000 元，专设销售机构人员工资为 20 000 元。甲企业应编制会计分录如下：

借：生产成本——基本生产成本　　　　550 000
　　制造费用　　　　　　　　　　　　150 000
　　管理费用　　　　　　　　　　　　100 000
　　销售费用　　　　　　　　　　　　 20 000
　　贷：应付职工薪酬——职工工资、奖金、津贴和补贴
　　　　　　　　　　　　　　　　　　820 000

实务中，企业一般在每月发放工资前，根据"工资费用分配汇总表"中的"实发金额"栏的合计数，通过开户银行支付给职工或从开户银行提取现金，然后再向职工发放。

【例8-6】承【例8-5】，甲企业根据"工资费用分配汇总表"结算本月应付职工工资总额 820 000 元，其中企业代扣职工房租 30 000 元、代垫职工家属医药费 8 000 元，实发工资 782 000 元。甲企业应编制如下会计分录：

①向银行提取现金：
借：库存现金　　　　　　　　　　　　782 000
　　贷：银行存款　　　　　　　　　　　 782 000

②用现金发放工资：
借：应付职工薪酬——工资、奖金、津贴和补贴
　　　　　　　　　　　　　　　　　　782 000
　　贷：库存现金　　　　　　　　　　　 782 000

如果通过银行发放工资，该企业应编制会计分录如下：
借：应付职工薪酬——工资、奖金、津贴和补贴
　　　　　　　　　　　　　　　　　　782 000
　　贷：银行存款　　　　　　　　　　　 782 000

③代扣款项：
借：应付职工薪酬——工资、奖金、津贴和补贴 38 000
　　贷：其他应收款——职工房租　　　　 30 000
　　　　　　　　　——代垫医药费　　　　 8 000

请你分析：企业发放工资时，对于应由个人负担且由单位代扣代缴的以下款项该如何进行会计处理？

（1）社会保险费；
（2）住房公积金；
（3）个人所得税。

答案提示：企业发放工资时，对于应由个人负担部分，且由单位

代扣代缴的以上款项应该进行如下会计处理：

借：应付职工薪酬——工资
　　贷：其他应付款——应付社会保险费
　　　　　　　　——应付住房公积金
　　　　应交税费——应交个人所得税

2）国家规定计提标准的职工薪酬。对于国家规定了计提基础和计提比例的医疗保险费、工伤保险费、生育保险费等社会保险费和住房公积金，以及按规定提取的工会经费和职工教育经费，企业应当在职工为其提供服务的会计期间，根据规定的计提基础和计提比例计算确定相应的职工薪酬金额，并确认相关负债，按照受益对象计入当期损益或相关资产成本，借记"生产成本""制造费用""管理费用"等科目，贷记"应付职工薪酬"科目。

【例8-7】承【例8-6】，2014年8月份，甲企业根据相关规定，分别按照职工工资总额的2%和1.5%的计提标准，确认应付工会经费和职工教育经费。甲企业应编制会计分录如下：

借：生产成本——基本生产成本　　　　　　19 250
　　制造费用　　　　　　　　　　　　　　 5 250
　　管理费用　　　　　　　　　　　　　　 3 500
　　销售费用　　　　　　　　　　　　　　　 700
　　贷：应付职工薪酬——工会经费　　　　16 400
　　　　　　　　　　——职工教育经费　　12 300

单位工会作为一个独立组织，应按照《工会会计制度》独立进行核算。承该例，甲企业划拨工会经费16 400元时，应编制会计分录如下：

借：应付职工薪酬——工会经费　　　　　　16 400
　　贷：银行存款　　　　　　　　　　　　16 400

【例8-8】2014年12月，乙企业根据国家规定的计提标准，计算应向社会保险经办机构缴纳职工基本医疗保险费共计100 000元，其中，应计入基本生产车间生产成本的金额为74 000元，应计入制造费用的金额为12 000元，应计入管理费用的金额为14 000元。乙企业应编制会计分录如下：

借：生产成本——基本生产成本　　　　　　74 000
　　制造费用　　　　　　　　　　　　　　12 000
　　管理费用　　　　　　　　　　　　　　14 000
　　贷：应付职工薪酬——社会保险费——基本医疗保险
　　　　　　　　　　　　　　　　　　　100 000

3) 短期带薪缺勤。对于职工带薪缺勤，企业应当根据其性质及职工享有的权利，分为累积带薪缺勤和非累积带薪缺勤两类。企业应当对累积带薪缺勤和非累积带薪缺勤分别进行会计处理。如果带薪缺勤属于长期带薪缺勤的，企业应当作为其他长期职工福利处理。

①累积带薪缺勤。累积带薪缺勤是指带薪权利可以结转下期的带薪缺勤，本期尚未用完的带薪缺勤权利可以在未来期间使用。企业应当在职工提供了服务从而增加了其未来享有的带薪缺勤权利时，确认与累积带薪缺勤相关的职工薪酬，并以累积未行使权利而增加的预期支付金额计量。确认累积带薪缺勤时，借记"管理费用"等科目，贷记"应付职工薪酬——带薪缺勤——短期带薪缺勤——累积带薪缺勤"科目。

【例8-9】丙公司共有100名职工，该公司自2013年开始实行累积带薪缺勤制度。该制度规定，每个职工每年可享受10天的带薪年休假，未享受的年休假只能向后结转1个会计年度，超过1年未行使的带薪年休假权利作废，累积未行使的带薪缺勤权利可以获得相应的现金支付。职工休假是以后进先出原则为基础，即首先使用当年可享受的权利，再从上年结转的带薪年休假中扣除。

2013年12月31日，丙公司共有10个职工当年未享受的带薪年休假为2天。假定这10名职工全部为生产车间工人。该公司车间工人平均每名职工日工资收入为200元。

根据职工薪酬会计准则的规定，累积带薪缺勤需要在职工提供了服务从而增加了其未来享有的带薪缺勤权利时应确认为资产成本或者计入当期损益。因此，公司在2013年12月31日，应当预计由于10名职工未享受的每人2天年休假权利而导致的预期支付金额，即相当于20天（10×2）的年休假工资4 000元（20×200），并做如下会计分录：

借：生产成本　　　　　　　　　　　　4 000
　　贷：应付职工薪酬——短期带薪缺勤——累积带薪缺勤
　　　　　　　　　　　　　　　　　　　　4 000

【例8-10】承〖例8-9〗，假定2014年上述10名生产人员中有8名享受了12天的年休假，公司以银行存款支付其薪酬，剩下2名只享受了10天的年休假。2014年12月31日，8名享受了12天的年休假职工的会计分录如下：

借：应付职工薪酬——短期带薪缺勤——累积带薪缺勤
　　　　　　　　　　　　　　　　　　　　3 200

  贷：银行存款   3 200

注：3 200 = 8 × 2 × 200。

  根据该公司的带薪缺勤制度规定，未行使的权利只能结转1年，超过1年未行使的权利将作废。根据《职工带薪年休假条例》的规定，对职工应休未休的年休假天数，单位应当按照职工日工资收入的300%支付年休假工资报酬。所以剩余2名没有享受2013年的年休假，其会计分录如下：

  借：生产成本   1 600
    应付职工薪酬——短期带薪缺勤——累积带薪缺勤
                      800
    贷：银行存款（800 × 3）   2 400

  ②非累积带薪缺勤。非累积带薪缺勤是指带薪权利不能结转下期的带薪缺勤，本期尚未用完的带薪缺勤权利将予以取消，并且职工离开企业时也无权获得现金支付。我国企业职工休婚假、产假、丧假、探亲假、病假期间的工资通常属于非累积带薪缺勤。

  通常情况下，与非累积带薪缺勤相关的职工薪酬已经包括在企业每期向职工发放的工资等薪酬中。企业应当在职工实际发生缺勤的会计期间确认与非累积带薪缺勤相关的职工薪酬。

  【例8-11】丙公司2014年7月有2名销售人员放弃15天的婚假，假设平均每名职工每个工作日工资为200元，月工资为6 000元。该公司实行非累积带薪缺勤货币补偿制度，补偿金额为放弃带薪休假期间平均日工资的2倍。该公司应编制会计分录如下：

  借：销售费用   24 000
    贷：应付职工薪酬——工资   12 000
       ——短期带薪缺勤——非累计带薪缺勤
                     12 000

实际补偿时一般随工资同时支付：

  借：应付职工薪酬——工资   12 000
     ——短期带薪缺勤——非累计带薪缺勤
                     12 000
    贷：库存现金   24 000

  4) 短期利润分享计划（或奖金计划）。企业制订有短期利润分享计划的，如果职工完成规定业绩指标，或者在企业工作了特定期限后，能够享有按照企业净利润的一定比例计算的薪酬，企业应当按照规定，进行有关职工薪酬的会计处理。

> **第九条** 利润分享计划同时满足下列的，企业应当确认相关的应付职工薪酬：
> 1. 企业因过去事项导致现在具有支付职工薪酬的法定义务或推定义务；
> 2. 因利润分享计划所产生的应付职工薪酬义务金额能够可靠估计。属于下列三种情形之一的，视为金额能够可靠估计：
> 1. 在财务报告批准报出之前企业已确定应支付的金额。
> 2. 该短期利润分享计划的正式条款中包括确定薪酬金额的方式。
> 3. 过去的惯例为企业确定推定金额提供了明显证据。
>
> 引自《企业会计准则第9号——职工薪酬》

请你一试（会计分录）：甲公司于2014年初制订和实施了一项短期利润分享计划，以对公司管理层进行激励。该计划规定：公司全年的净利润指标为1 000万元，如果在公司管理层的努力下完成的净利润超过1 000万元，公司管理层将可以分享超过1 000万元净利润部分的10%作为额外报酬。假定至2014年12月31日，甲公司全年实际完成净利润1 500万元。假定不考虑离职等其他因素，请编制甲公司短期利润分享计划的相关会计分录。

答案提示：借：管理费用　　　　　　　　　500 000
　　　　　　贷：应付职工薪酬——利润分享计划
　　　　　　　　　　　　　　　　　　　　500 000

（3）短期薪酬——非货币性职工薪酬的账务处理。企业以其生产的产品作为非货币性福利提供给职工的，应当按照该产品的公允价值和相关税费，计量应计入成本费用的职工薪酬金额，相关收入的确认、销售成本的结转和相关税费的处理，与正常商品销售相同。以外购商品作为非货币性福利提供给职工的，应当按照该商品的公允价值和相关税费计入成本费用。

企业将拥有的房屋等资产无偿提供给职工使用的，应当根据受益对象，将住房每期应计提的折旧计入相关资产成本或当期损益，同时确认应付职工薪酬。租赁住房等资产供职工无偿使用的，应当根据受益对象，将每期应付的租金计入相关资产成本或当期损益，并确认应付职工薪酬。难以认定受益对象的，直接计入当期损益，并确认应付职工薪酬。借记"管理费用"等科目，贷记"应付职工薪酬——非货币性福利"科目；借记"应付职工薪酬——非货币性福利"科目，贷记"累计折旧""其他应付款"等科目。

【例8-12】丁企业有员工200人,其中150名为直接参加生产的员工,50人为管理人员。20×4年6月企业以其生产的某家电产品作为福利发放给每一个员工。该产品每件产品生产成本为500元,市场售价为800元,本企业适用的增值税税率13%。

该行为属于视同销售,按规定应计算交纳增值税:

应交纳增值税 = 800 × 200 × 13% = 20 800(元)

应付职工薪酬 = 800 × 200 + 20 800 = 180 800(元)

编制会计分录如下:

借:生产成本　　　　　　　　　　　　　135 600
　　管理费用　　　　　　　　　　　　　 45 200
　　　贷:应付职工薪酬——非货币性福利　180 800
借:应付职工薪酬——非货币性福利　　　180 800
　　　贷:主营业务收入　　　　　　　　　160 000
　　　　应交税费——应交增值税(销项税额)　20 800
借:主营业务成本　　　　　　　　　　　100 000
　　　贷:库存商品　　　　　　　　　　　100 000

8.2.6　应交税费

1. 应交税费概述

企业在一定时期内取得的营业收入和实现的利润或发生特定经营行为,要按照规定向国家交纳各种税金,这些应交的税金,应按照权责发生制的原则确认。而这些税金在尚未交纳之前,就形成了企业的一项负债。

目前,企业应交纳的各种税费包括:增值税、消费税、城市维护建设税、资源税、所得税、土地增值税、房产税、车船税、土地使用税、教育费附加、矿产资源补偿费、印花税、耕地占用税等。

企业应当设置"应交税费"账户,核算企业各种税费的交纳情况。该账户是负债类账户,贷方登记应交纳的各种税费;借方登记实际交纳的各种税费;期末如为贷方余额,反映企业尚未交纳的税费;期末如为借方余额,反映企业多交或尚未抵扣的税费。该账户可按照应交税费项目进行明细核算。

2. 增值税

增值税是以商品(含货物、加工修理修配劳务、服务、无形资产或不动产,这些一般统称商品)在流转过程中产生的增值额作为计税依据而征收的一种流转税。增值税是一种价外税，增值税纳税人是指税法规定负有缴纳增值税义务的单位和个人；比如在我国境内销售货物或者提供加工、修理修配劳务以及进口货物的单位和个人等，均为增值税的纳税人。增值税的纳税人按照经营规模及会计核算健全的程度，分为一般纳税人和小规模纳税人。两者在应纳税额的计算及会计处理方面都有所不同。

（1）一般纳税人应交增值税的核算。增值税一般纳税企业发生的应税行为适用一般计税方法计税。在这种方法下，采购等业务进项税额允许抵扣销项税额。在购进阶段，会计处理时实行价与税的分离，属于价款部分，计入购入商品的成本；属于增值税税额部分，按规定计入进项税额。在销售阶段，销售价格中不再含税，如果定价时含税，应还原为不含税价格作为销售收入，向购买方收取的增值税作为销项税额。

一般纳税人的应纳税额采用抵扣的方法计算，企业购入货物或接受应税劳务支付的增值税称为进项税额，销售货物或提供劳务按规定收取的增值税称为销项税额，当期的销项税额减去当期的进项税额就是当期应纳税额，用公式表示为：

$$应纳税额 = 当期销项税额 - 当期进项税额$$

需要注意的是，只有符合规定条件和持有有效凭证（主要包括增值税专用发票、完税凭证等）的进项税额才允许从销项税额中抵扣。

一般纳税企业在"应交税费"科目下，通常根据不同的业务内容，设置以下等明细科目：

①"应交增值税"——进项税额、销项税额抵减、已交税金、转出未交增值税、减免税款、出口抵减内销产品应纳税额、销项税额、出口退税、进项税额转出、转出多交增值税。

②"未交增值税"。该明细科目核算一般纳税人月度终了从"应交增值税"或"预交增值税"明细科目转入当月应交未交、多交或预交的增值税额，以及当月交纳以前期间未交的增值税额。

③"预交增值税"。该明细科目核算一般纳税人转让不动产、提供不动产经营租赁服务、提供建筑服务、采用预收款方式销售自行开发的房地产项目等，以及其他按现行增值税制度规定应预交的增值税额。

④"待抵扣进项税额"。该明细科目核算一般纳税人已取得增值税扣税凭证并经税务机关认证，按照现行增值税制度规定准予以后期间从销项税额中抵扣的进项税额。

⑤ "待认证进项税额"。该明细科目核算一般纳税人由于未经税务机关认证而不得从当期销项税额中抵扣的进项税额。包括：一般纳税人已取得增值税扣税凭证、按照现行增值税制度规定准予从销项税额中抵扣，但尚未经税务机关认证的进项税额；一般纳税人已申请稽核但尚未取得稽核相符结果的海关缴款书进项税额。

⑥ "待转销项税额"。该明细科目核算一般纳税人销售货物、加工修理修配劳务、服务、无形资产或不动产，已确认相关收入（或利得）但尚未发生增值税纳税义务而需于以后期间确认为销项税额的增值税额。

⑦ "简易计税"。该明细科目核算一般纳税人采用简易计税方法发生的增值税计提、扣减、预交、交纳等业务。

在以上明细科目中，"应交增值税"核算企业应交增值税的发生、抵扣、交纳、退税及转出等情况。"应交增值税"明细科目借方主要登记有关增值税的进项税额、已交税金等；贷方主要登记有关增值税的销项税额、进项税额转出等；期末借方余额反映企业尚未抵扣的增值税。企业应在"应交税费——应交增值税"明细账下设置若干专栏，并使用多栏式明细账页核算增值税。"应交税费——应交增值税"多栏式明细账账页格式如表8-1所示。

表8-1　　　　　　　应交税费——应交增值税

年		摘要	借方				贷方				借或贷	余额
月	日		进项税额	已交税金	…	合计	销项税额	进项税额转出	…	合计		

知 识 拓 展

"应交税费——应交增值税"明细账户专栏核算的内容提示如下：

① "进项税额"专栏，记录一般纳税人购进货物、加工修理修配劳务、服务、无形资产或不动产而支付或负担的、准予从当期销项税额中抵扣的增值税额；

② "销项税额抵减"专栏，记录一般纳税人按照现行增值税制度规定因扣减销售额而减少的销项税额；

③"已交税金"专栏,记录一般纳税人当月已交纳的应交增值税额;

④"转出未交增值税"和"转出多交增值税"专栏,分别记录一般纳税人月度终了转出当月应交未交或多交的增值税额;

⑤"减免税款"专栏,记录一般纳税人按现行增值税制度规定准予减免的增值税额;

⑥"出口抵减内销产品应纳税额"专栏,记录实行"免、抵、退"办法的一般纳税人按规定计算的出口货物的进项税抵减内销产品的应纳税额;

⑦"销项税额"专栏,记录一般纳税人销售货物、加工修理修配劳务、服务、无形资产或不动产应收取的增值税额;

⑧"出口退税"专栏,记录一般纳税人出口货物、加工修理修配劳务、服务、无形资产按规定退回的增值税额;

⑨"进项税额转出"专栏,记录一般纳税人购进货物、加工修理修配劳务、服务、无形资产或不动产等发生非正常损失以及其他原因而不应从销项税额中抵扣、按规定转出的进项税额。

【例8-13】甲企业为增值税的一般纳税人。本月购入原材料一批,取得专用发票上注明的价款为100 000元,增值税税率为13%,增值税税额13 000元,价税合计113 000元。开出银行支票支付以上货款,材料已验收入库,该企业材料采用实际成本核算。购进原材料的增值税经税务机关认证可以抵扣。同时,甲企业本月销售产品一批,其成本为6 500 000元,开出的专用发票上注明货款为7 000 000元,增值税税额为910 000元,款项已通过银行划入本企业账户。根据上述经济业务,甲企业应作如下会计分录:

①购进存货时:
借:原材料　　　　　　　　　　　　　　100 000
　　应交税费——应交增值税(进项税额)　13 000
　　贷:银行存款　　　　　　　　　　　　　113 000

②销售产品时:
借:银行存款　　　　　　　　　　　　　7 910 000
　　贷:主营业务收入　　　　　　　　　　　7 000 000
　　　　应交税费——应交增值税(销项税额)　910 000
借:主营业务成本　　　　　　　　　　　6 500 000
　　贷:库存商品　　　　　　　　　　　　　6 500 000

请你一试1:某咨询服务机构为丁企业提供的咨询服务已经完成。按照合同约定,总价款为95 400元(含税),适用的税率为

6%，款项也已经通过支票方式结算完毕。据此，该咨询机构的会计处理应该怎样？

答案提示： 不含税的收入 = 95 400 ÷ (1 + 6%) = 90 000（元）

应缴增值税销项税额 = 90 000 × 6% = 5 400（元）

该咨询公司应编制会计分录如下：

借：银行存款　　　　　　　　　　　　　　　　　95 400
　　贷：主营业务收入　　　　　　　　　　　　　90 000
　　　　应交税费——应交增值税（销项税额）　　 5 400

请你一试2： 甲公司因技术革新，欲开发一项新的专利技术。为此特聘请某科研机构为本企业提供技术服务支持（开发阶段并符合资本化条件）。向该科研机构支付价款500 000元，增值税65 000元，支票结算。甲公司针对此项业务，应编制怎样的会计分录？

答案提示： 甲公司因开发新专利技术并且又符合自行研发的资本化条件，为此，应编制会计分录如下：

借：研发支出——资本化支出　　　　　　　　　　500 000
　　应交税费——应交增值税（进项税额）　　　　 65 000
　　贷：银行存款　　　　　　　　　　　　　　　565 000

请你分析： 根据规定，待转销项税额是指企业销售货物、加工修理修配劳务、服务、无形资产或不动产，已确认相关收入（或利得）但尚未发生增值税纳税义务而需于以后期间确认为销项税额的增值税额。如果企业确认收入或利得的时点早于按照增值税制度确认增值税纳税义务发生时点的，应将相关销项税额记入"应交税费——待转销项税额"科目，待实际发生纳税义务时再转入"应交税费——应交增值税（销项税额）"。

根据上述规定，假设甲公司采用分期收款方式销售丙产品，不含税的价款为1 000万元（假定1 000万元为收入的确认价格），增值税税率为13%，合同约定于当年和次年分别收取价款500万元（不含税）；假设按照增值税条例规定，增值税纳税义务的发生时点为合同约定的收款日期，为此，确认待转销项税额130万元（该批产品成本为760万元）。请编制甲公司的会计分录。

答案提示：

①销售业务发生时：

借：应收账款　　　　　　　　　　　　　　　11 300 000
　　贷：主营业务收入　　　　　　　　　　　10 000 000
　　　　应交税费——待转销项税额　　　　　 1 300 000

借：主营业务成本　　　　　　　　　　　　　 7 600 000

贷：库存商品　　　　　　　　　　　　　　　　7 600 000

②当年收到销售丙产品价款及增值税共计5 650 000元，存入银行：
　　借：银行存款　　　　　　　　　　　　　　　　5 650 000
　　　　贷：应收账款　　　　　　　　　　　　　　　　5 650 000
　　借：应交税费——待转销项税额　　　　　　　　　　650 000
　　　　贷：应交税费——应交增值税（销项税额）　　　　650 000

③次年如期收到销售丙产品价款及增值税共计5 650 000元，存入银行：
　　借：银行存款　　　　　　　　　　　　　　　　5 650 000
　　　　贷：应收账款　　　　　　　　　　　　　　　　5 650 000
　　借：应交税费——待转销项税额　　　　　　　　　　650 000
　　　　贷：应交税费——应交增值税（销项税额）　　　　650 000

请你分析：某企业为增值税一般纳税人，某日购入一台不需要安装的机器设备，买价200 000元，增值税26 000元，运费1 000元，运费增值税90元。以上款项共计227 090元，以银行存款转账支付，已收到增值税专用发票，设备也已经验收合格，交付使用。根据以上业务编制会计分录。

答案提示：
固定资产原值价值 = 200 000 + 1 000 = 201 000（元）
增值税进项税额 = 26 000 + 90 = 26 090（元）
　　借：固定资产　　　　　　　　　　　　　　　　201 000
　　　　应交税费——应交增值税（进项税额）　　　　　26 090
　　　　贷：银行存款　　　　　　　　　　　　　　　　227 090

【例8-14】 甲企业为增值税一般纳税人，20×8年3月12日购入一批原材料，买价款100 000元，增值税13 000元，原材料已经入库，款项以银行存款支付；甲企业已经收到增值税专用发票，但是尚未经税务机关认证。根据以上业务编制会计分录如下：

①原材料已经入库，款项以银行存款支付时：
　　借：原材料　　　　　　　　　　　　　　　　　100 000
　　　　应交税费——待认证进项税额　　　　　　　　　13 000
　　　　贷：银行存款　　　　　　　　　　　　　　　　113 000

②经税务机关认证后：
　　借：应交税费——应交增值税（进项税额）　　　　　13 000
　　　　贷：应交税费——待认证进项税额　　　　　　　　13 000

【例8-15】 甲企业为增值税一般纳税人，20×8年3月12日购入一不动产作为经营活动场所。单位通过银行存款共计支付1 130万元，其中含增值税130万元。根据现行增值税制度规定，经税务机关认证可以抵扣。甲企业对上述经济业务，在取得不动产时应编制会计分录如下：

借：固定资产　　　　　　　　　　　　　10 000 000
　　应交税费——应交增值税（进项税额）　1 300 000
　　贷：银行存款　　　　　　　　　　　　　　11 300 000

知 识 拓 展

2019年3月20日，财政部、国家税务总局和海关总署联合下发了《关于深化增值税改革有关政策的公告》，公告阐明：为贯彻落实党中央、国务院决策部署，推进增值税实质性减税，自2019年4月1日起，《营业税改征增值税试点有关事项的规定》第一条第（四）项第1点、第二条第（一）项第1点停止执行，纳税人取得不动产或者不动产在建工程的进项税额不再分2年抵扣。此前按照上述规定尚未抵扣完毕的待抵扣进项税额，可自2019年4月税款所属期起从销项税额中抵扣。

【例8-16】 甲企业为增值税一般纳税人，20×8年10月22日购买A存货200万元，增值税为26万元。该存货已入库，价款均通过银行存款支付。20×8年12月1日，将所购A存货的10%用于发放职工福利（假设管理岗位与生产岗位各为50%）；20×8年12月20日，将所购A存货的20%用于单位某专项工程的改造。

①购入A存货时：

借：原材料——A存货　　　　　　　　　2 000 000
　　应交税费——应交增值税（进项税额）　260 000
　　贷：银行存款　　　　　　　　　　　　　　2 260 000

②20×8年12月1日，A存货的10%用于发放职工福利时：

借：生产成本　　　　　　　　　　　　　113 000
　　管理费用　　　　　　　　　　　　　113 000
　　贷：应付职工薪酬——非货币性福利　　　　226 000
借：应付职工薪酬——非货币性福利　　　226 000
　　贷：原材料——A存货　　　　　　　　　　　200 000
　　　　应交税费——应交增值税（进项税额转出）26 000

③20×8年12月20日，将所购A存货的20%用于单位某专项工程的改造：

借：在建工程　　　　　　　　　　　　　400 000
　　贷：原材料　　　　　　　　　　　　　　　　400 000

请你分析：某企业因管理不善，毁损一批材料存货，该批材料实际成本240 000元，所购材料的进项税额为31 200元。后经批准，应由责任人赔偿40 000元，其余作为单位净损失。编制相关环节的会计分录。

答案提示：（1）发生材料毁损时：

借：待处理财产损溢　　　　　　　　　　271 200
　　贷：原材料　　　　　　　　　　　　　　240 000
　　　　应交税费——应交增值税（进项税额转出）31 200

（2）批准时：

借：其他应收款——某责任人　　　　　　40 000
　　管理费用　　　　　　　　　　　　　231 200
　　贷：待处理财产损溢　　　　　　　　　271 200

请你判断：甲企业为增值税一般纳税人，该企业将一幢生产用房改为单位健身场所。对此，会计处理会发生什么变化？

答案提示：本例中，健身场所为单位的集体福利用房，不符合增值税进项税额的抵扣，应予以转出。编制会计分录如下：

借：固定资产
　　贷：应交税费——应交增值税（进项税额转出）

知 识 拓 展

不允许抵扣的进项税额一般包括以下部分：（1）用于简易计税的项目、用于集体福利或者个人消费的、用于免税项目的购进货物或应税劳务的进项税额；（2）非正常损失的购进货物，以及相关的加工修理修配劳务和交通运输服务；（3）非正常损失的在产品、产成品所耗用的购进货物或应税劳务的进项税额；等等。

非正常损失是指因管理不善造成货物被盗、丢失、霉烂变质，以及因未违反法律法规造成货物或不动产被依法没收、销毁、拆除的情形。

【例8-17】 甲公司为增值税一般纳税人，适用的增值税税率为13%；20×4年8月1日将一批产品无偿捐赠给丙公司。该批产品的成本为80万元，市场售价（计税价格）为100万元。

该业务属于视同销售业务，甲公司应当按产品的计税价格和适用税率计算增值税的销项税额，并编制会计分录如下：

借：营业外支出　　　　　　　　　　　　930 000
　　贷：库存商品　　　　　　　　　　　　　800 000
　　　　应交税费——应交增值税（销项税额）130 000

【例8-18】 甲公司为增值税一般纳税人，适用的增值税税率为13%；20×4年9月1日将一批所购的B材料用于对外投资，该批材料的成本为1 000 000元，投资双方协商不含税的价格为1 200 000元。

本例中，甲公司将一批所购的B材料用于对外投资，应视同销售。编制会计分录如下：

借：长期股权投资　　　　　　　　　　　　　1 356 000
　　贷：其他业务收入　　　　　　　　　　　　1 200 000
　　　　应交税费——应交增值税（销项税额）　　156 000
借：其他业务成本　　　　　　　　　　　　　1 000 000
　　贷：原材料　　　　　　　　　　　　　　　1 000 000

请你判断： 承〖例8-18〗，如果将B材料改为自产的A产品，其他不变。甲公司应编制怎样的会计分录？

答案提示： 将B材料改为自产的A产品，甲公司仍作为视同销售，所不同的是视同出售自产产品。应编制如下会计分录：

借：长期股权投资　　　　　　　　　　　　　1 356 000
　　贷：主营业务收入　　　　　　　　　　　　1 200 000
　　　　应交税费——应交增值税（销项税额）　　156 000
借：主营业务成本　　　　　　　　　　　　　1 000 000
　　贷：库存商品　　　　　　　　　　　　　　1 000 000

知 识 拓 展

企业某些行为虽然没有取得销售收入，但应视同发生应税行为，应当计算缴纳增值税。常见视同销售行为包括：

（1）将自产或委托加工的货物用于免征增值税项目；
（2）将自产或委托加工的货物用于集体福利或个人消费；
（3）将自产、委托加工或购买的货物用于投资、提供给其他单位或个体经营者；
（4）将自产、委托加工或购买的货物分配给股东或投资者；
（5）将自产、委托加工或购买的货物用于无偿赠送他人；
（6）向其他单位或个人无偿提供服务。

【例8-19】 甲公司为增值税一般纳税人。20×4年3月份当月可以抵扣的进项税额共计560万元，当月产生的销项税额共计600万元。根据规定，甲公司当月缴纳增值税。

本例，甲公司当月应缴纳的增值税 = 600 - 560 = 40（万元）。
对此，应编制会计分录如下：

借：应交税费——应交增值税（已交税金）　　400 000
　　贷：银行存款　　　　　　　　　　　　　　　　400 000

请你回答：承〖例8-19〗，如果甲公司当月的增值税下月初缴纳，应怎样编制正确的会计分录？

答案提示：如果甲公司当月的增值税下月初缴纳，应编制如下会计分录：

借：应交税费——应交增值税（转出未交增值税）
　　　　　　　　　　　　　　　　　　　　　　400 000
　　贷：应交税费——未交增值税　　　　　　　　400 000

待次月初缴纳时：

借：应交税费——未交增值税　　　　　　　　　400 000
　　贷：银行存款　　　　　　　　　　　　　　　　400 000

请你分析："应交税费——简易计税"科目是指小规模纳税人核算增值税时使用的会计科目吗？

答案提示：不是。"应交税费——简易计税"仍是增值税一般纳税人使用的会计科目。它核算一般纳税人采用简易计税方法发生的增值税计提、扣减、预缴、缴纳等业务。

例如某增值一般纳税人因提供有关服务，按照规定，适合采用简易计税办法计算缴纳增值税。本期取得的含税收入为103 000元，假设增值税的征收率为3%；对此，简易计税下甲公司应交增值税为：103 000÷(1+3%)×3%=3 000（元），编制会计分录如下：

借：银行存款　　　　　　　　　　　　　　　103 000
　　贷：其他业务收入（或主营业务收入）　　　　100 000
　　　　应交税费——简易计税　　　　　　　　　3 000

（2）小规模纳税人，是指应纳增值税销售额在规定的标准以下，并且会计核算不健全的纳税单位或个体。小规模纳税人增值税征税率一般为3%，并实行简易征税办法。其计算公式为：

$$应纳税额 = 计税销售额 \times 征收率$$

如果计税销售额是含税销售额，则需要计算出其不含税销售额。公式为：

$$计税销售额 = \frac{含税销售额}{1+增值税征收率}$$

小规模纳税人在购买货物或接受劳务所支付的全部价款均计入存货入账价值，均不得单独确认进项税额（尽管有可能取得增值税专用发票，并存在进项税额）；另外，小规模纳税人销售货物或提供劳务所开具的发票，如果是普通发票时，其销售额为含税价款。

小规模纳税人，应当在"应交税费"科目下设置"应交增值税"明细科目进行核算，不需要再设置专栏，应采用三栏式账户。

请你试试： 某企业核定为小规模纳税人，本期购入原材料，按照增值税专用发票上记载的原材料价款为100万元，支付的增值税额为13万元，款项已通过银行划转，材料已验收入库（该企业原材料采用实际成本核算），请作出购进材料的会计分录。

答案提示： 借：原材料　　　　　　　　　　　1 130 000
　　　　　　贷：银行存款　　　　　　　　　　1 130 000

请你试试： 相关资料承前，假设该企业本期的产品销售价格总额为206万元（含税），增值税征税率为3%，款项已存入银行。请作出销售货物的会计分录。

答案提示： 不含税价格 = 2 060 000 ÷ (1 + 3%) = 2 000 000（元）
应交增值税 = 2 000 000 × 3% = 60 000（元）
借：银行存款　　　　　　　　　　　2 060 000
　　贷：主营业务收入　　　　　　　　2 000 000
　　　　应交税费——应交增值税　　　　60 000

3. 消费税

为了正确引导消费方向，国家在普遍征收增值税的基础上，选择部分消费品，再征收一道消费税。消费税是对在我国境内生产、委托加工和进口应税消费品的单位和个人征收的一种流转税。目前，我国的应税消费品包括烟、酒及酒精、化妆品、贵重首饰及珠宝玉石、鞭炮、焰火、成品油、汽车轮胎、游艇、实木地板、摩托车、小汽车等十四类。

消费税属于价内税，并实行单一环节征收，一般在生产、委托加工和进口环节征收，进入流通领域不再征收（金银首饰、钻石及钻饰品除外），这是因为消费税属于价内税，其价款中已包含消费税，因此不必再交纳。

消费税应纳税额的计算分为从价定率、从量定额、复合计税三类方法。其中，复合计税主要是针对粮食白酒、薯类白酒、卷烟类的应税消费品。

从价定率计算消费税的公式：
　　消费税应纳税额 = 应税消费品的销售额 × 适用税率
从量定额计算消费税的公式：
　　消费税应纳税额 = 应税消费品的销售量 × 单位销售税额
复合计税计算消费税的公式：
　　消费税应纳税额 = 应税消费品的销售量 × 单位销售税额
　　　　　　　　　　+ 该应税消费品的销售额 × 适用税率

企业应在"应交税费"科目下设置"应交消费税"明细科目核算应纳的消费税。贷方登记企业按规定应交纳的消费税,借方登记企业实际交纳的消费税或待扣的消费税;期末如为贷方余额,反映尚未交纳的消费税,如为借方余额,反映企业多交或待扣的消费税。

(1) 销售应税消费品的会计处理。企业因销售应税消费税产品而承担的应交消费税,一方面形成企业对国家的负债,同时也增加了企业经营过程中的一种耗费。该耗费一般记入当期损益的"税金及附加"科目。

【例8-20】 承〖例8-13〗假设销售的该批产品是应税消费品,其消费税税率为10%。根据上述资料,企业应对消费税做如下会计分录:

应交消费税 = 7 000 000 × 10% = 700 000(元)

借:税金及附加　　　　　　　　　　700 000
　　贷:应交税费——应交消费税　　　　　　700 000

(2) 委托加工应税消费品的会计处理。委托加工是指由委托方提供原料和主要材料,受托方只收取加工费和代垫部分辅助材料加工的应税消费品。

委托加工应税消费品由受托方在向委托方交货时代收代缴消费税。委托加工的应税消费品(受托方已代收代缴消费税),委托方收回后直接出售的,则交纳的消费税应计入收回的应税消费品的成本,即借记"委托加工物资"科目;委托方收回货物后用于连续生产应税消费品的,其已纳税款按规定准予从连续生产的消费品应纳消费税税额中抵扣。

委托加工应税消费品的会计处理详见第4章第4.3节中委托加工物资存货的会计处理,此不再举例。

4. 城市维护建设税和教育费附加

为了加强城市的维护建设,扩大和稳定城市维护建设资金的来源,国家开征了城市维护建设税。城市维护建设税(简称城建税)是国家对缴纳增值税、消费税的单位和个人,就其实际缴纳的增值税和消费税税额为计税依据而征收的一种税种。城建税税率设为1%、5%、7%三档。其计算公式:

应交城市维护建设税 = (实际缴纳增值税 + 实际缴纳消费税)
× 适合税率

教育费附加是国家为了发展我国的教育事业,提高人民的文化素质而征收的一项费用。教育费附加费率为3%,其计税依据与城市维护建设税相同。

企业应在"应交税费"科目下设置"应交城市维护建设税""应交教育费附加"明细科目,核算应纳的城市维护建设税和教育费附加。企业按规定计算的应交城市维护建设税和教育费附加,借记"税金及附加"科目,贷记"应交税费——应交城市维护建设税""应交税费——应交教育费附加"科目。

知 识 拓 展

关于房产税、土地使用税、车船税、印花税和耕地占用税

房产税是国家对在城市、县城、建制镇和工矿区征收的由产权所有人交纳的一种税。房产税依照房产原值一次减除10%～30%后的余额计算交纳。土地使用税是国家为了合理利用城镇土地,调节土地级差收入,提高土地使用效益,加强土地管理而开征的一种税,以纳税人实际占用的土地面积为计税依据,依照规定税额计算征收。车船税由拥有并且使用车船的单位和个人交纳。企业按规定计算应交的房产税、土地使用税、车船税时,应借记"税金及附加"科目,贷记"应交税费"等明细科目。

印花税是对书立、领受购销合同等凭证行为征收的税款,实行由纳税人根据规定自行计算应纳税额,购买并一次贴足印花税票的交纳方法。耕地占用税是国家为了利用土地资源,加强土地管理,保护农用耕地而征收的一种税款。耕地占用税以实际占用的耕地面积计税,按照规定税额一次征收。企业交纳的印花税,是由纳税人根据规定自行计算应纳税额以购买并一次贴足印花税票的方法交纳的税款。所以,对企业交纳的印花税,直接借记"税金及附加"科目,贷记"库存现金""银行存款"科目;对企业交纳的耕地占用税,直接借记"在建工程"科目,贷记"库存现金""银行存款"科目。

8.2.7 应付股利

应付股利是指企业根据股东大会或类似机构审议批准的利润方案确定分配给投资者的现金股利或利润。

企业应当设置"应付股利"科目,核算企业确定或宣告支付但尚未支付的现金股利或利润。该账户为负债类账户,企业根据股东大会或类似机构审议批准的利润分配方案,按应支付的现金股利或利润,借记"利润分配"科目,贷记"应付股利"等科目;实际支付

企业产生的各种税金及其核算账户(会计科目)

现金股利或利润，借记"应付股利"等科目，贷记"银行存款"等科目；本科目期末贷方余额，反映企业应付未付的现金股利或利润。本科目可按投资者进行明细核算。

董事会或类似机构通过的利润分配方案中拟分配的现金股利或利润，不做账务处理，但应在附注中披露。

请你编制：某企业经股东代表大会通过，决定2014年度的股利分配方案为：每股派发现金股利0.5元，共计800 000元。请编制应支付及实际支付现金股利的会计分录。

答案提示：（1）按股东大会或类似机构审议批准的利润分配方案计算应付的现金股利：

借：利润分配——应付现金股利　　　　　　800 000
　　贷：应付股利　　　　　　　　　　　　　　800 000

（2）实际支付股利时：

借：应付股利　　　　　　　　　　　　　　　800 000
　　贷：银行存款　　　　　　　　　　　　　　800 000

8.2.8　其他应付款

其他应付款是指企业除应付票据、应付账款、预收账款、应付职工薪酬、应交税费、应付利息、应付股利等经营活动以外的其他各项应付、暂收的款项。

企业应当设置"其他应付款"账户，核算其他应付款的增减变动及其结存情况。企业发生的其他各种应付、暂收款项，借记"管理费用"等科目，贷记"其他应付款"科目；支付的其他各种应付、暂收款项，借记"其他应付款"科目，贷记"银行存款"等科目；期末贷方余额，反映企业应付未付的其他应付款项。该科目可按其他应付款的项目和对方单位（或个人）进行明细核算。

8.3　非流动负债

8.3.1　长期借款

1. 长期借款概述

长期借款，是指企业从银行或其他金融机构借入的期限在1年以上（不含 1 年）的各项借款，一般用于固定资产的购建、改扩建工程、大修理工程、对外投资以及为了保持企业长期经营能力等方面。企业长期借款一般借款额度较大，期限比较长，因此，企业必须加强管理和核算。一方面，严格监督借款的使用，努力提高资金的使用效率，确保借款资金发挥最大效益，尽可能地降低长期借款给企业带来的财务风险；另一方面，及时反映和监督长期借款的借入、借款利息的计算以及本息的偿还情况，遵守信贷纪律，重视企业的信誉，提高信用等级。

2. 长期借款的核算

（1）账户设置。"长期借款"科目，核算企业向银行或其他金融机构借入的期限在 1 年以上（不含 1 年）的各项借款的取得、偿还等情况。本科目可按贷款单位和贷款种类，分别"本金""利息调整"等进行明细核算。贷方登记长期借款本息的增加额；借方登记本息的减少额；期末贷方余额，反映企业尚未偿还的长期借款。

（2）长期借款的账务处理。长期借款的账务处理主要分为三个环节的核算：

1）取得长期借款。此时，企业应按实际收到的借款，借记"银行存款"科目，贷记"长期借款——本金"科目。

【例 8-21】甲企业为建造一幢厂房，2013 年 1 月 1 日借入期限为两年的长期专门借款 300 万元，款项已存入银行。借款利率为 9%，每年末付息一次，期满后一次还清本金。根据上述业务编制有关会计分录如下：

借：银行存款　　　　　　　　　　　　　3 000 000
　　贷：长期借款——本金　　　　　　　　　3 000 000

2）长期借款的利息。长期借款的利息应当在资产负债表日，按摊余成本和实际利率计算确定。如果实际利率与合同约定的名义利率差异很小的，也可以采用合同约定的名义利率计算确定利息费用。

长期借款利息费用，一般按以下原则计入相关的成本、费用。属于筹建期间的，计入管理费用；属于生产经营期间的，应计入财务费用。如果长期借款用于购建固定资产的，在固定资产尚未达到可使用状态前所发生的利息费用，一般予以资本化，计入在建工程成本；固定资产达到可使用状态后发生的利息费用，以及按规定不予以资本化的利息支出，计入财务费用。

【例 8-22】承【例 8-21】，2013 年初，以银行存款支付工程价款共计 200 万元，2014 年初又以银行存款支付工程费用 100 万元。该厂房于 2014 年 8 月底完工，达到预定可使用状态。假定不考虑闲

置专门借款资金存款的利息收入或者投资收益。根据上述业务编制有关会计分录如下:

①2013年初,支付工程款时:

借:在建工程 2 000 000
　　贷:银行存款 2 000 000

②2013年12月31日,计算2013年应计入工程成本的利息时:

借款利息 = 3 000 000 × 9% = 270 000(元)

借:在建工程 270 000
　　贷:应付利息 270 000

③2013年12月31日支付借款利息时:

借:应付利息 270 000
　　贷:银行存款 270 000

④2014年初支付工程款时:

借:在建工程 1 000 000
　　贷:银行存款 1 000 000

⑤2014年8月底,达到预定可使用状态:

该期应计入工程成本的利息 = $3\,000\,000 \times 9\% \times \dfrac{8}{12}$ = 180 000(元)

借:在建工程 180 000
　　贷:应付利息 180 000

同时,结转完工的在建工程:

在建工程总成本 = 2 000 000 + 270 000 + 1 000 000 + 180 000 = 3 450 000(元):

借:固定资产 3 450 000
　　贷:在建工程 3 450 000

请你试试:【例8-22】中的借款还需在2014年12月31日计息一次,计息时如何进行会计处理你能试试吗?

答案提示:2014年12月31日,需计算2014年9～12月的应计利息:

应计利息 = 300 × 9% ÷ 12 × 4 = 9(万元)

借:财务费用 90 000
　　贷:应付利息 90 000

请你回答:该企业2014年支付的利息与2013年支付的利息是否一样?为什么?

答案提示:该企业2014年支付的利息与2013年支付的利息是一样的,均为借款本金与借款利率的乘积(年利息均为270 000元)。

只是利息计入的账户（借方）与2013年不同，即：2014年有最后四个月的利息计入当期损益中的财务费用（因为已经脱离计息的资本化期间）；而2013年的利息则需要全部资本化，计入在建工程。

3）归还长期借款。归还长期借款本金时，借记"长期借款——本金"科目，贷记"银行存款"科目；按归还的利息，借记"应付利息"科目；按归还的本息之和，贷记"银行存款"科目。对到期一次还本付息的长期借款，其利息应通过"长期借款——应计利息"科目核算。

请你编制：请编制【例8-22】2014年12月31日支付利息及到期还本的会计分录。

答案提示：（1）2014年12月31日支付一年的利息：

借：应付利息　　　　　　　　　　　270 000
　　贷：银行存款　　　　　　　　　　　270 000

（2）到期还本时：

借：长期借款——本金　　　　　　　3 000 000
　　贷：银行存款　　　　　　　　　　3 000 000

知 识 拓 展

"长期借款——利息调整"科目的运用。

（1）取得长期借款时，如果实际收到的款与借款本金之间存在差额，则应按其差额，借记"长期借款——利息调整"科目。

（2）资产负债表日，按摊余成本和实际利率计算确定的长期借款的利息费用，借记"在建工程""财务费用""研发支出"等科目；按合同约定的名义利率计算确定的应付利息金额，贷记"应付利息"科目；按其差额，贷记"长期借款——利息调整"科目。

（3）归还长期借款时，如果到期还存在利息调整余额的，应按其余额转销利息调整，并调整相关科目，借记或贷记"在建工程""制造费用""财务费用""研发支出"等科目，贷记或借记"长期借款——利息调整"科目。

8.3.2　应付债券

1. 应付债券概述

应付债券是指企业为了筹集长期资金发行债券而形成的一种非流动负债。企业通过发行债券取得的资金，是以未来履行归还债券投资者的本金和利息的义务作保证的。企业发行债券是一种比较灵活的筹资方式，但债券的发行会受到许多条件制约的。

企业债券的发行价格一般取决于债券的票面值、债券的票面利率（又称为名义利率）、发行时的市场利率以及债券的期限等因素。其计算公式为：

债券发行价格 = 债券面值现值 + 债券各期利息现值
　　　　　　 = 债券面值 × 复利现值系数 + 债券面值
　　　　　　 × 票面利率 × 年金现值系数

债券按其发行价格可分为三种发行方式：面值发行、溢价发行和折价发行。面值发行是指债券发行时，债券的票面利率等于市场利率，债券按其面值的价格发行；溢价发行是指债券发行时，债券的票面利率大于市场利率，债券按大于其面值的价格发行；折价发行是指债券发行时，债券的票面利率小于市场利率，债券按小于其面值的价格发行。

债券溢价实质上是债券发行企业以后各期多付利息而事先得到的补偿，并非发行方的额外收益。债券折价实质上是债券发行企业以后各期少付利息而预先给债券投资者的补偿，并非发行方的额外损失。债券的溢价或折价，是发行债券的企业在债券存续期内对利息费用的一种调整，因此，应当在债券每期计息时进行摊销。

债券溢（折）价的调整方法有直线法和实际利率法两种。实际利率法，是指按照应付债券的实际利率计算摊余成本及各期利息费用的方法；实际利率，是指将应付债券在债券存续期间的未来现金流量，折现为该债券当前账面价值所使用的利率。我国企业会计准则规定采用实际利率法进行调整。

2. 应付债券的核算

（1）账户设置。"应付债券"科目，核算企业债券发行和偿还情况。该科目贷方登记应付债券的本金和利息；借方登记偿还的债券本息；期末贷方余额，反映企业尚未偿还的长期债券摊余成本。企业应在该科目下设置"面值""利息调整""应计利息"等明细科目，进行明细核算。

"应付债券——面值"科目，反映企业发行债券票面价值的增减变动情况；"应付债券——利息调整"科目，反映债券的溢（折）价金额以及按实际利率法对债券溢（折）价金额在债券存续期内的各期调整数额；"应付债券——应计利息"科目，反映一次还本付息的应付债券，在资产负债表日，按票面利率计算的利息以及利息的偿还情况。

注意：如果企业发行的是分期付息债券，则债券的应计利息，一般通过"应付利息"科目核算,而不在"应付债券——应计利息"科目核算。二者的主要区别在于,尚未支付的分期付息债券的应计利息,一般属于流动负债,故通过"应付利息"科目核算。

(2)应付债券的账务处理。应付债券的账务处理主要分为三个环节的核算:

1)债券的发行。企业发行的一般公司债券,无论是按面值发行,还是溢价发行或折价发行,均按债券面值记入"应付债券——面值"明细科目,实际收到的款项与面值的差额,记入"应付债券——利息调整"明细科目。企业发行债券时,按实际收到的款项,借记"银行存款""库存现金"等科目,按债券票面价值,贷记"应付债券——面值"科目,按实际收到的款项与票面价值之间的差额,贷记或借记"应付债券——利息调整"科目。

【例8-23】甲企业经批准于2011年12月31日发行3年期、每年12月31日付息、到期一次还本的公司债券,债券面值为200万元,票面年利率为5%,假定债券发行时的市场利率为6%,则经计算债券的发行价格为194.65万元。

知识拓展

【例8-23】中债券发行价格的计算:

(查表得知:(6%,3)复利现值系数为0.8396;(6%,3)年金现值系数为2.6730)

债券发行价格 = 债券面值现值 + 债券各期利息现值
= 200 × 0.8396 + 200 × 5% × 2.6730
= 194.65(万元)

收到发行债券款项时,编制如下会计分录:

借:银行存款　　　　　　　　　　　　1 946 500
　　应付债券——利息调整　　　　　　　 53 500
　贷:应付债券——面值　　　　　　　　2 000 000

请你回忆:承〖例8-23〗,根据前面已学知识(金融资产部分),作为购买甲企业债券的另一方,通常会作为什么资产?其会计分录如何?

答案提示:作为购买债券一方通常为一种债权投资,使用的会计科目为"债权投资"或"其他债权投资"。其会计分录如下:

借:债权投资——面值
或:其他债权投资——面值
　贷:债权投资——利息调整

或：其他债权投资——利息调整
　　　银行存款

2）利息调整的摊销。资产负债表日，对于分期付息、一次还本的债券，企业应按应付债券的摊余成本和实际利率计算确定的债券利息费用，借记"在建工程""制造费用""财务费用"等科目，按票面利率计算确定的应付未付利息，贷记"应付利息"科目，按其差额，借记或贷记"应付债券——利息调整"科目。

【例8-24】承〖例8-23〗资料，采用实际利率法计算确定企业每期应承担的利息费用，见表8-2。

表8-2　　　　　　　　　利息费用一览　　　　　　　　　单位：元

付息日期	支付利息	利息费用	摊销的利息调整	应付债券摊余成本
2011年12月31日				1 946 500
2012年12月31日	100 000	116 800	16 800	1 963 300
2013年12月31日	100 000	117 798	17 798	1 981 098
2014年12月31日	100 000	118 902	18 902	2 000 000

根据表8-2资料，编制有关利息调整摊销的会计分录如下：
①2012年12月31日计息：
应支付利息 = 2 000 000 × 5% = 100 000（元）
利息费用 = 1 946 500 × 6% = 116 800（元）
利息调整摊销额 = 116 800 - 100 000 = 16 800（元）
借：财务费用　　　　　　　　　　　　　116 800
　　贷：应付利息　　　　　　　　　　　　100 000
　　　　应付债券——利息调整　　　　　　 16 800

②2013年12月31日计息：
应支付利息 = 2 000 000 × 5% = 100 000（元）
利息费用 = （1 946 500 + 16 800） × 6% = 1 963 300 × 6% = 117 798（元）
利息调整摊销额 = 117 798 - 100 000 = 17 798（元）
借：财务费用　　　　　　　　　　　　　117 798
　　贷：应付利息　　　　　　　　　　　　100 000
　　　　应付债券——利息调整　　　　　　 17 798

③2014年12月31日计息：
应支付利息 = 2 000 000 × 5% = 100 000（元）

利息调整摊销额 = 53 500 - (16 800 + 17 798) = 18 902（元）
利息费用 = 100 000 + 18 902 = 118 902（元）

借：财务费用　　　　　　　　　　　　　　　118 902
　　贷：应付利息　　　　　　　　　　　　　　　100 000
　　　　应付债券——利息调整　　　　　　　　　 18 902

3) 债券的偿还。对于分期付息、一次还本的债券，在每期支付利息时，借记"应付利息"科目，贷记"银行存款"科目；债券到期偿还本金并支付最后一期利息时，借记"应付债券——面值""在建工程""财务费用""制造费用"等科目，贷记"银行存款"科目，按其差额，借记或贷记"应付债券——利息调整"科目。

【例 8-25】 承【例 8-24】，根据相关资料，编制有关债券本息偿还的会计分录如下：

① 2012 年 12 月 31 日支付利息时：

借：应付利息　　　　　　　　　　　　　　　100 000
　　贷：银行存款　　　　　　　　　　　　　　　100 000

② 2013 年 12 月 31 日支付利息时：（同上）

③ 2014 年 12 月 31 日支付本金和利息时：

借：应付债券——面值　　　　　　　　　　　2 000 000
　　应付利息　　　　　　　　　　　　　　　　100 000
　　贷：银行存款　　　　　　　　　　　　　　2 100 000

请你试试： 本例中 2014 年 12 月 31 日是债券到期日。如果把【例 8-24】的分录③与【例 8-25】的分录③合作一笔分录，该如何编制？

　　答案提示： 借：应付债券——面值　　　　　　　2 000 000
　　　　　　　　　　　财务费用　　　　　　　　　　　118 902
　　　　　　　　　　贷：银行存款　　　　　　　　　　2 100 000
　　　　　　　　　　　　应付债券——利息调整　　　　　18 902

请你分析： 承【例 8-24】资料，回答以下问题：

(1) 如果该债券筹集来的资金用于企业固定资产建造，其会计处理会发生什么变化？

(2) 如果该债券属于一次还本付息，其会计处理又会怎样？

答案提示：

(1) 如果该债券筹集来的资金用于企业固定资产建造，则每期计提的利息应当资本化（在建工程），而不是记入"财务费用"；

(2) 如果该债券属于一次还本付息，则每期按票面利率计算确定的应付未付利息，贷记"应付债券——应计利息"科目，而不是

"应付利息";而且因为付息方式不同,实际利率也有差异。

知识拓展

我国发行可转换公司债券采取记名式无纸化发行方式。企业发行的可转换公司债券在"应付债券"科目下设置"可转换公司债券"明细科目核算。

企业发行的可转换公司债券,应当在初始确认时将其包含的负债成分和权益成分进行分拆,将负债成分确认为应付债券,将权益成分确认为其他权益工具。

在进行分拆时,应当先对负债成分的未来现金流量进行折现确定负债成分的初始确认金额,再按发行价格总额扣除负债成分初始确认金额后的金额确定权益成分的初始确认金额。发行可转换公司债券发生的交易费用,应当在负债成分和权益成分之间按照各自的相对公允价值进行分摊。

企业应按实际收到的款项,借记"银行存款"等科目,按可转换公司债券包含的负债成分面值,贷记"应付债券——可转换公司债券(面值)"科目,按权益成分的公允价值,贷记"其他权益工具"科目,按借贷双方之间的差额,借记或贷记"应付债券——可转换公司债券(利息调整)"科目。

8.3.3 其他非流动负债

1. 长期应付款

长期应付款是指企业除长期借款和应付债券以外的其他各种长期应付款项,包括应付融资租入固定资产的租赁费、以分期付款方式购入固定资产发生的应付款项等。

企业购买资产有可能延期支付有关价款。如果延期支付的购买价款超过正常信用条件,实质上具有融资性质的,所购资产的成本应当以延期支付购买价款的现值为基础确定。编制会计分录如下:

借:固定资产、在建工程 (延期支付购买价款的现值)
　　贷:长期应付款　　　　　　　　(支付的价款总额)
　　　　未确认融资费用　　　　　　　　　　(差额)

企业对上述"未确认融资费用"在信用期间内采用实际利率法进行摊销,计入相关资产成本或当期损益。

2. 预计负债

预计负债是指因或有事项引发的并符合负债确认条件的有关义

务。或有事项，是指过去的交易或者事项形成的，其结果须由某些未来事项的发生或不发生才能决定的不确定事项。常见的或有事项包括：未决诉讼或未决仲裁、债务担保、产品质量保证（含产品安全保证）、亏损合同、重组义务、承诺、环境污染整治等。

或有事项主要包括三方面的内容：或有资产、或有负债和预计负债。其中，或有负债是指过去的交易或事项形成的潜在义务，其存在须通过未来不确定事项的发生或不发生予以证实；同时或有负债还包括过去的交易或事项形成的现时义务，履行该义务不是很可能导致经济利益流出企业或该义务的金额不能可靠计量。或有资产是指过去的交易或者事项形成的潜在资产，其存在须通过未来不确定事项的发生或不发生予以证实；或有资产作为一种潜在资产，其结果具有较大的不确定性，只有随着经济情况的变化，通过某些未来不确定事项的发生或不发生才能证实其是否会形成企业真正的资产。由于或有负债和或有资产不符合负债或资产的定义和确认条件，企业不应当确认或有负债和或有资产，只需要进行相应的信息披露。

对于预计负债，当与或有事项有关的义务符合确认为负债的条件时应当预计确认（确认为预计负债），预计负债应当与应付账款不同，预计负债相关的未来支出的时间或金额具有一定的不确定性。应付账款是为已收到或已提供的，并已开出发票或已与供应商达成正式协议的货物或劳务支付的负债。

3. 递延收益

递延收益是指尚待确认的收益，即当期不能计入收益，而应当在以后期间确认为收益的负债。递延收益是权责发生制在收益确认上的典型运用。递延收益主要包括因政府补助而形成的收益，以及企业给予客户奖励积分计划而形成的负债。

政府补助的内容有很多，但是通过"递延收益"科目核算的主要包括以下内容：

（1）与资产相关的政府补助；

（2）与收益相关的政府补助，并且是用于补偿企业以后期间的成本费用或损失。

诠释各种负债及其对立面（资产）

本 章 小 结

1. 负债的特征。负债具有以下三个特征：（1）负债是企业承担的现时义务；（2）负债预期会导致经济利益流出企业；（3）负债是由企业过去的交易或者事项形成的。

2. 负债的内容。负债一般按其流动性进行分类，可分为流动负债和非流动负债。流动负债主要包括融资活动中形成的短期借款，经营活动中形成的应付票据、应付账款、合同负债、预收账款、应付职工薪酬以及收益分配活动中形成的应付股利等。非流动负债是指流动负债以外的负债。

3. 流动负债的会计处理。流动负债的会计处理主要包括：短期借款、应付票据、应付账款、预收账款、应付职工薪酬、应交税费、应付股利、其他应付款。

短期借款，是指企业向银行或其他金融机构等借入的期限在1年以下（含1年）的各种借款。企业发生的短期借款利息既可以按月支付，也可以按月预提、到期支付。

应付票据，是指在经济往来活动中由于采用商业汇票结算方式而发生的，由出票人签发，承兑人承兑的票据。商业汇票按承兑人的不同，可分为商业承兑汇票和银行承兑汇票。出具票据时，无论是带息商业汇票，还是不带息商业汇票，都必须按票面金额记为负债。应付票据的利息按期计息，并增加应付票据的账面价值。

应付账款，是指企业因购买材料、商品或接受劳务供应等经营活动应支付而尚未付出的款项。应付账款的入账金额，应按照购货发票所载的应付金额计价入账。如果应付账款入账后，发生因现金折扣导致的实际支付金额小于应付账款的入账金额，其差额应调整购货成本。

职工薪酬，是指企业为获得职工提供的服务而给予各种形式的报酬以及其他相关支出。具体包括：职工工资、奖金、津贴和补贴；短期带薪缺勤；职工福利费；社会保险费；住房公积金；工会经费和职工教育经费；非货币性福利；辞退福利等。以上均应在"应付职工薪酬"科目下，按其构成内容分别设置相应的明细账户进行核算。

应交税费，是指企业应交的各种税费。主要包括：增值税、消费税、城市维护建设税等。企业应当设置"应交税费"账户，核算企业各种税费的交纳情况。

预收账款是指企业按照合同规定向购货单位预收的款项。

应付股利，是指企业根据股东大会或类似机构审议批准的利润方案确定分配给投资者的现金股利或利润。

其他应付款，是指企业除上述流动负债以外的其他各项应付、暂收的款项。

需要说明的是，作为流动负债中的合同负债，因在第10章收入部分有详细介绍，本章不再重复。

4. 非流动负债的会计处理。非流动负债主要包括长期借款、应付债券以及长期应付款、预计负债、递延收益。

长期借款。长期借款的利息应当在资产负债表日，按摊余成本和实际利率计算确定。如果实际利率与合同约定的名义利率差异很小的，也可以采用合同约定的名义利率计算确定利息费用。

应付债券。应付债券按其发行价格可分为三种发行方式：面值发行、溢价发行和折价发行。债券的溢价或折价应当在债券每期计息时进行摊销。其摊销方法有直线法和实际利率法两种。

除此之外，还应对长期应付款、预计负债和递延收益有一个基本的了解。

本章练习题

一、选择题

1. 下列关于溢价发行债券的说法中，正确的有（　　）。
   A. 债券的摊余成本逐期减少
   B. 债券的利息费用逐期增加
   C. 债券的利息费用逐期减少
   D. 债券溢价的摊销额逐期增加

2. 一般纳税企业发生的下列各项业务中，应当计算增值税销项税额的有（　　）。
   A. 自产的产品发生非正常损失
   B. 以自产的产品清偿债务
   C. 不动产在建工程领用自产的产品
   D. 将自产的产品对股东进行利润分配

3. 下列各项中，应作为应付职工薪酬核算的有（　　）。
   A. 职工奖金和津贴
   B. 失业保险费
   C. 非货币性福利
   D. 为职工无偿提供的医疗保健服务

4. 在资产负债表日，企业根据长期借款的摊余成本和实际利率计算确定当期的利息费用，可能借记的会计科目是（　　）。
   A. 在建工程　　　　　　B. 应付利息
   C. 销售费用　　　　　　D. 长期借款

5. 下列各项中，不应通过"其他应付款"科目核算的有（　　）。
   A. 应付现金股利　　　　B. 应交教育费附加
   C. 应付租入包装物租金　D. 应付管理人员工资

二、判断题

1. 企业以自产的产品发放给职工作为非货币性福利时,应当以产品的公允价值计量职工薪酬的金额。（ ）
2. 因提前解除与职工的劳动关系给予的补偿,应当确认为当期的管理费用。（ ）
3. 小规模纳税人当期支付的增值税进项税额,不能从销售商品或提供劳务过程中发生的增值税税额中抵扣。（ ）
4. 企业在采用实际利率法计算债券利息费用时,实际利率应当在债券发行日确定,以后期间一般不再调整。（ ）
5. 企业为购建一项符合资本化条件的资产取得的专门借款,应当在借款费用发生时开始资本化。（ ）

三、实务题

1. 甲企业为增值税一般纳税人,增值税税率为13%。2013年10月发生如下经济事项。

（1）2日,企业借入期限3个月的短期借款100万元,月利率为0.5%,到期一次还本付息。

（2）3日,购入A材料一批,材料价款为10万元,增值税专用发票上注明的增值税为1.3万元,材料采用实际成本法核算。甲企业开出为期3个月、无息商业承兑汇票一张。材料已验收入库。

（3）4日,企业将其生产的成本为1 200元的毛毯和外购的不含税价格为800元的饮水机作为福利发放给公司全体职工。企业共有职工100名,其中直接生产工人60名,销售部门人员25人,管理部门人员15人。每条毛毯的不含税售价为1 500元,购买的饮水机开具了税率为13%的增值税专用发票。

（4）15日,与乙公司签订一项销售合同,合同总价款300万元,当日收到乙公司预付的货款100万元。

（5）19日,借给乙公司一批包装物,收到乙公司支付的押金5万元。

（6）20日,从银行取得借款1 000万元,年利率为6%,期限为2年。借款期满时一次还本付息,企业按月计提利息。

（7）23日,经研究决定给予一车间生产工人张一生活困难补助2 000元,以库存现金支付。

要求：根据以上业务做出甲企业2013年10月相关会计分录。

2. 甲公司为建造生产线筹集资金而发行债券,有关业务如下：

（1）2013年1月1日,委托证券公司以1 080万元的价格发行5年期的公司债券,专门用于某生产线的建设。该债券面值为1 000

万元，票面利率为10%，实际利率为8%，每年末付息一次，到期还本。

（2）该生产线建造工程采用出包方式，于2013年1月1日开始动工，发行债券所得款项当日全部支付给建造承包商，2014年12月31日所建造生产线达到预定可使用状态。

要求：

（1）编制实际利率计算表，计算甲公司该债券在发行期内各年末的摊余成本、实际利息和利息调整额。

（2）分别编制甲公司发行债券、计提并支付债券利息以及到期赎回债券的会计分录。（答案中的金额单位用万元表示）

第 9 章
所有者权益

本章要点

◇ 了解所有者权益的特征及内容
◇ 明确实收资本、资本公积、其他综合收益、其他权益工具与留存收益的内容
◇ 掌握所有者权益的基本会计处理，主要包括：
(1) 实收资本的基本会计处理
(2) 资本公积的基本会计处理
(3) 利润分配的基本会计处理
(4) 盈余公积的基本会计处理

9.1 所有者权益概述

9.1.1 所有者权益的概念及特征

> 所有者权益是指企业资产扣除负债后由所有者享有的剩余权益。公司的所有者权益又称为股东权益。
> ——引自《企业会计准则——基本准则》

所有者权益是所有者对企业资产的剩余索取权，它是企业资产中扣除债权人权益后应由所有者享有的部分，既可反映所有者投入资本

的保值增值情况，又体现了保护债权人权益的理念。股份公司的所有者权益又称股东权益。

所有者权益的基本特征为：（1）所有者权益的本质是剩余权利，除非发生减资、清算或分派现金股利，企业不需要偿还所有者权益；（2）企业清算时，只有在清偿所有的负债后，所有者权益才返还给所有者；（3）所有者凭借所有者权益能够参与企业利润的分配。

所有者权益是投资者对企业净资产的索取权，而负债是债权人对企业资产的索取权。所有者权益（即投资者权益）与负债（即债权人权益）相比，有以下不同：

一是债权人对企业资产的索取权总是优先于投资者，投资者只是享有对偿还债务后剩余资产的索取权。债权人与企业的关系是债权债务关系，无权参与企业管理的权利，但债权人有要求企业破产还债的权利。而投资者与企业的关系是产权归属关系，拥有参与重大决策和选择管理者等权利。

二是投资者的收益风险高于债权人。一般来说，除非企业章程等有约定，否则，投资者不得随意撤资或退股，因此，所有者权益对企业不仅有要求保持资本完整的权利，还具有获取投资收益的权利。而所有者权益的收益是依据企业经营成果和利润分配政策而定的，具有较强的不确定性，存在较高的收益风险。债权人的收益体现在对企业只具有要求按照约定条款还本付息的权利，负债金额确定，其风险较小。

9.1.2 所有者权益的来源构成

所有者权益的构成，按其来源主要包括所有者投入的资本、直接计入所有者权益的利得或损失（通过"其他综合收益"科目核算）、留存收益等。在资产负债表中，所有者权益通常按实收资本（或股本）、其他权益工具、资本公积、其他综合收益、盈余公积和未分配利润等项目列示。

所有者投入的资本是指所有者投入企业的资本部分，它既包括构成企业注册资本或者股本部分的金额，也包括投入资本超过注册资本或者股本部分的金额，即资本溢价或者股本溢价。所有者投入的资本具体包括实收资本（或股本）、资本公积和其他权益工具。

其他综合收益是指企业经营活动中形成的未计入当期损益，但归所有者共有的各项利得和损失。企业的利得或损失共分两部分：一是直接计入所有者权益的利得和损失；二是直接计入当期损益的利得和损失。其他综合收益属于直接计入所有者权益的利得和损失。

利得是指由企业非日常活动所形成的、会导致所有者权益增加的、与所有者投入资本无关的经济利益的流入。

损失是指由企业非日常活动所发生的、会导致所有者权益减少的、与向所有者分配利润无关的经济利益的流出。

留存收益是企业历年实现的净利润留存于企业的部分，主要包括累积计提的盈余公积和未分配利润。

9.1.3 所有者权益的确认条件

所有者权益的确认、计量，主要取决于资产、负债、收入、费用等其他会计要素的确认和计量。

从会计的基本恒等式：资产＝负债＋所有者权益，以及会计的动态恒等式：资产＝负债＋所有者权益＋（收入－费用）可以看出，所有者权益要素与资产、负债、收入、费用等其他要素相比，处于被动地位。所有者权益即为企业的净资产，是企业资产总额中扣除债权人权益后的净额，反映所有者（股东）财富的净增加额。通常企业收入增加时，会导致资产的增加，相应地会增加所有者权益；企业发生费用时，会导致负债增加，相应地会减少所有者权益。因此，企业日常经营的好坏和资产、负债的质量直接决定着企业所有者权益的增减变化和资本的保值增值。

请你选择：下列各项中，属于所有者权益的有（　　）。
A. 盈余公积　　　　　　　　B. 实收资本
C. 直接计入所有者权益的利得　　D. 坏账准备
E. 直接计入所有者权益的损失
答案提示：ABCE。坏账准备属于资产的抵减项目。

9.2 实收资本和其他权益工具

9.2.1 实收资本概述

1. 实收资本概念

按照我国有关法律规定，投资者设立企业首先必须投入资本。实收资本是指投资者按照章程或合同、协议的约定，实际投入企业的资本。这一部分资本通常无须偿还，可以长期周转使用。实收资本的构成比例或股东的股份比例，是确定所有者在企业所有者权益中份额的基础，也是企业进行利润或股利分配的主要依据，同时也是企业清算时确定所有者对净资产要求权的依据。

投资者的出资方式主要有两种方式：以现金资产投入的资本和以非现金资产投入的资本。非现金资产投入资本具体是指投资者以存货、固定资产、无形资产等方式的投资。

我国《公司法》规定：股东可以用货币出资，也可以用实物、知识产权、土地使用权等可以用货币估价并可以依法转让的非货币财产作价出资。只是有关资产的投资比例必须符合相关制度规定的要求，比如全体股东的货币出资金额不得低于注册资本的一定百分比，也就是说股东的非货币财产作价出资金额，最高不得超过注册资本的一定百分比规定。不论以何种方式出资，投资者如果在投资过程中违反投资合约，不按规定如期缴足出资额，企业可以依法追究投资者的违约责任。

2. 实收资本的核算

为了反映和监督投资者投入资本的增减变动情况，企业必须按照相关制度规定进行实收资本的核算，对于股份有限公司应设置"股本"账户核算，其他各类企业应设置"实收资本"账户核算。

"实收资本"（或"股本"）科目，核算企业实收资本（或股本）的增减变动情况。该科目属于所有者权益类科目，贷方登记收到投资者投入企业的资本、资本公积和盈余公积转增的资本，以及分配股票股利等情况下的增资；借方登记企业按法定程序报经批准减少的资本；期末贷方余额，反映企业实收资本（或股本）总额。该科目可按投资者进行明细核算。

值得注意的是，企业收到投资者出资超过其在注册资本或股本中所占份额的部分，作为资本溢价或股本溢价，在"资本公积"科目核算。

企业收到投资者投入企业的资本后，应根据有关原始凭证（如投资清单、银行通知单等），分别不同的出资方式进行会计处理。实收资本的账务处理主要包括三方面的核算：接受现金资产投资、接受非现金资产投资和实收资本（股本）的增减变动的核算。

（1）接受现金资产投资的核算。

①股份有限公司以外的企业接受现金资产投资。股份有限公司以外的企业，主要是指有限责任公司。有限责任公司是指由一定人数的

股东组成，股东以其认缴的出资额为限对公司承担责任，公司以其全部资产对公司债务承担责任的企业法人。

企业收到投资者投入的现金，按实际收到的金额，借记"银行存款"等科目，按其在注册资本中应享有的份额，贷记"实收资本"科目，按其差额，贷记"资本公积——资本溢价"科目。

具体来说，如果是新设立的有限责任公司，投资者按公司章程、合同投入认缴的出资额，应全部记入"实收资本"科目；如果有限责任公司增资时，有新的投资者加入，新投资者交纳的出资额则要区分为两部分：即按约定比例计算在注册资本中所占的份额部分，以及超过所占份额部分。前者记入"实收资本"科目，后者作为资本溢价，记入"资本公积"科目。

【例9-1】由三位A、B、C投资者共同投资设立有限责任公司甲，注册资本为200万元。三投资者持股比例分别为60%、30%、10%。按照章程规定，投资者投入资本分别为120万元、60万元和20万元。甲公司已如期收到各投资者一次缴足的出资额。根据上述资料，甲公司应编制会计分录如下：

借：银行存款　　　　　　　　　　　　　2 000 000
　　贷：实收资本——A　　　　　　　　　1 200 000
　　　　　　　——B　　　　　　　　　　 600 000
　　　　　　　——C　　　　　　　　　　 200 000

②股份有限公司接受现金资产投资。股份有限公司是指全部资本由等额股份（每一单位为一股）构成，并通过发行股票筹集资本，规定以其所持股份对公司承担有限责任，公司以其全部资产对公司债务承担责任的企业法人。股票是股份有限公司发给股东的用以证明其出资的产权凭证。每股股票的面值以公司的注册资本总额除以核定的股份总数来确定。股票的发行价格，既可以等于股票的票面金额，也可以超过面值（溢价发行），但不得低于票面金额（我国目前不允许折价发行）。

股份有限公司溢价发行股票，当实际收到现金资产时，应将其中相当于股票面值的部分记入"股本"科目贷方，其余部分在扣除手续费等发行费用后记入"资本公积"科目贷方。

【例9-2】甲股份有限公司委托证券公司代理发行普通股30 000 000股，每股面值1元，每股发行价格5元。假定股票发行成功，股款150 000 000元已全部收到，不考虑发行过程中的税费等因素。根据上述资料，该股份有限公司应编制会计分录如下：

借：银行存款　　　　　　　　　　　　 150 000 000

  贷：股本　　　　　　　　　　　　　　　　　30 000 000
    资本公积——股本溢价　　　　　　　　120 000 000

  （2）接受非现金资产投资的核算。根据《公司法》的规定，股东除了以货币出资外，还可以用实物、知识产权、土地使用权等可以用货币估价并可以依法转让的非货币财产作价出资。对作为出资的非货币财产应当评估作价，核实财产，不得高估或者低估作价。具体来说，非货币财产出资主要包括公司接受的固定资产、材料等有形资产的投入，以及知识产权、土地使用权等无形资产的投入。

  企业接受非现金资产投资的计量。在接受投资时，应按投资合同或协议约定价值确定非现金资产价值（但投资合同或协议约定价值不公允的除外），同时应按投资合同或协议约定的权益比例确定投资者在注册资本中应享有的份额。

  ①接受固定资产投入。

  【例 9-3】甲有限责任公司接受乙公司投入的机器设备一台，该台设备的原价为 225 000 元，已提折旧 65 000 元，双方经协商确认的价值为 180 000 元，增值税 23 400 元，占注册资本的 10%。甲公司注册资本为 1 500 000 万元。假设合同约定价值公允，且运输费由受资方负担，受资方以银行存款支付运输费 2 000 元，增值税 180 元。根据上述资料，甲公司应编制如下会计分录：

  借：固定资产　　　　　　　　　　　　　　　　182 000
    应交税费——应交增值税（进项税额）　　　23 580
   贷：实收资本——乙公司　　　　　　　　　　150 000
    资本公积——资本溢价　　　　　　　　　　55 580

  ②接收材料物资投入。

  【例 9-4】甲公司接受乙公司投入的原材料一批，该批材料协议价（不含增值税）500 000 元，增值税 65 000 元，商定乙公司获取权益资本 450 000 元。乙公司已开具了增值税专用发票。假设合同约定价值公允且不考虑其他相关税费。根据上述资料，甲公司应编制如下会计分录：

  借：原材料　　　　　　　　　　　　　　　　　500 000
    应交税费——应交增值税（进项税额）　　　65 000
   贷：实收资本——乙公司　　　　　　　　　　450 000
    资本公积——资本溢价　　　　　　　　　115 000

  ③接受无形资产投入。

  【例 9-5】甲公司于设立时，接受乙公司投入的非专利技术一项，该非专利技术投资合同约定价值为 100 000 元。假设该投资符合国家相关法律规定，合同约定的价值与公允价值相符，且不考虑其他因素。根据上述资料，甲公司应编制如下会计分录：

借：无形资产　　　　　　　　　　　　100 000
　　贷：实收资本——B公司　　　　　　　　　100 000

请你总结：根据以上企业接受现金资产以及非现金资产的投资情况，你能总结一下企业确认接受投资的会计处理时点吗？例如，乙公司向甲公司投入现金资产100万元，如果一切手续均办理完毕，只是款项甲公司尚未收到，甲公司是否应当确认实收资本？实物资产也同理，即是否在实际收到货物时确认接受投资？

答案提示：企业确认接受投资的会计处理时点，根据接受投资的对象不同而各有所别，分别为：（1）以现金资产投入的资本，在收到现金资产时确认；（2）以实物资产投入的资本，在办理实物产权转让手续时确认；（3）以无形资产投入的资本，应在移交有关凭证时确认。

（3）实收资本（或股本）增减变动的核算。一般情况下，实收资本（或股本）应相对固定不变，但在某些特定情况下，实收资本（或股本）也可能会发生增减变化，为此，企业应根据国家相关法规的规定和报批的程序办理实收资本（或股本）增减变动手续，并进行相应的会计处理。

①实收资本（或股本）的增加。一般企业实收资本的增加，主要有三个途径：一是接受投资者投资，包括原投资者的追加投资和新投资者的投资。企业收到投资者投入的资本时，借记"银行存款""固定资产"等科目，贷记"实收资本（或股本）"等科目；二是资本公积转增资本；三是盈余公积转增资本。值得注意的是：由于资本公积和盈余公积均属于所有者权益，用其转增资本时，如果是股份公司或有限责任公司应该按照原投资者权益比例相应增加各投资者的出资额。

在实务中，还有其他形式的实收资本（或股本）增加途径，如股份有限公司以发行股票股利的方法实现增资、可转换公司债券持有人行使转换权利、企业将重组债务转为资本、以权益结算的股份支付等。

【例9-6】甲股份公司由于扩大生产经营规模，经股东代表大会决定，向老股东和社会扩股1 000 000股，每股面值1元，发行价格为每股1.5元。假设不考虑其他因素。根据上述资料，该公司应编制如下会计分录：

借：银行存款　　　　　　　　　　　　1 500 000

贷：股本　　　　　　　　　　　　　　　1 000 000
　　　　资本公积——股本溢价　　　　　　　　 500 000

【例9-7】因扩大经营规模需要，经批准，甲公司将盈余公积1 000 000元转增资本。根据上述资料，该公司应编制如下会计分录：

　　借：盈余公积　　　　　　　　　　　　　1 000 000
　　　　贷：实收资本　　　　　　　　　　　 1 000 000

②实收资本（或股本）的减少。企业实收资本减少的原因大体有两种：一是资本过剩；二是企业发生重大亏损。

有限责任公司和一般企业发还投资的会计处理比较简单，即按法定程序报经批准减少注册资本的，按减少的注册资本金额：

　　借：实收资本
　　　　贷：银行存款（等）

股份有限公司由于采用的是发行股票的方式筹集股本，发还股款时，则要回购发行的股票，发行股票的价格与股票面值可能不同，回购股票的价格也可能与发行价格不同，会计处理较为复杂。即股份有限公司因减少注册资本而回购本公司股份时，应按实际支付的金额，编制会计分录如下：

　　借：库存股
　　　　贷：银行存款（等）

待日后注销库存股时，编制会计分录如下：

　　借：股本（股票面值）
　　　　资本公积——股本溢价（差额）
　　　　贷：库存股（注销库存股的账面余额）

上述会计处理，如果股本溢价仍不足以冲减的，应依次借"盈余公积""利润分配——未分配利润"科目。如果购回股票支付的价款低于面值总额的，所注销库存股的账面余额与所冲减股本的差额作为增加股本溢价处理。

知 识 拓 展

库存股是指公司已发行但由于各种原因又回到公司手中，为公司所持有的股票。公司的库存股，主要有待批准减资而回购的股票、为奖励职工而回购的股票以及日后还要再出售而回购的股票（目前我国尚不允许此类回购）等。尚未发行的股票，不属于库存股。为了反映库存股的回购和处置情况应设置"库存股"科目，该科目属于所有者权益类科目。

9.2.2 其他权益工具

其他权益工具是指企业发行的除普通股（股本）以外的归类为权益工具性质的各种金融工具。包括归类为权益工具的优先股、永续债、认股权、可转换公司债券等。

对于企业持有的其他权益工具，应在所有者权益类科目中设置"其他权益工具"科目，用来核算企业发行的除普通股以外的归类为权益工具的各种金融工具。"其他权益工具"科目应按发行金融工具的种类等进行明细核算。

以优先股为例。假定某企业发行可转换优先股，在扣除了相关费用后，根据实收款项，编制会计分录如下：

借：银行存款（等）
　　贷：其他权益工具——优先股

日后，假定将上述优先股转换为普通股股票时，编制会计分录如下：

借：其他权益工具——优先股
　　贷：股本
　　　　资本公积——股本溢价

9.3　资本公积和其他综合收益

9.3.1　资本公积

1. 资本公积概述

资本公积是企业收到投资者的超出其在企业注册资本（或股本）中所占份额的投资，以及其他资本公积等。资本公积包括资本溢价（或股本溢价）和其他资本公积等。

资本（或股本）溢价，是指企业投资者投入的资金超过其在注册资本中所占份额的部分。它来源于投资者的投入资本。如溢价发行股票的溢价部分、投资者超额缴入资本等。

其他资本公积，是指除资本溢价（或股本溢价）所形成的资本公积。包括以权益结算的股份支付以及采用权益法核算的长期股权投资所涉及的业务。

请你分析：企业拥有的其他权益工具投资期末公允价值上升所形成的利得属于其他资本公积吗？为什么？

答案提示：不属于。因为按照企业会计准则的规定，其他综合收益是指企业未在当期损益中确认的各项利得和损失；所以其他权益工具投资期末公允价值上升所形成的利得应列入"其他综合收益"账户。

由于资本公积是特定来源形成的、由企业所有者共享的一部分公积金。资本公积金必须按规定的用途使用。但是，资本公积金不得用于弥补公司的亏损。

2. 资本公积的核算

（1）账户设置。"资本公积"账户，核算企业收到投资者出资额超出其在注册资本或股本中所占份额的部分以及直接计入所有者权益的利得和损失。该科目属于所有者权益类账户。其贷方登记资本公积的增加数；借方登记资本公积的冲减（或转销）数；期末贷方余额反映企业的资本公积金额。该科目应当分别"资本溢价（或股本溢价）""其他资本公积"进行明细核算。

（2）资本公积的账务处理。资本公积的账务处理主要包括三方面：资本溢价（或股本溢价）的核算、其他资本公积的核算和资本公积转增资本的核算。

①资本溢价（或股本溢价）的核算。

a. 资本溢价。股份有限公司以外的企业，在企业创立时，按我国《公司法》规定："有限责任公司的注册资本为在公司登记机关登记的全体股东认缴的出资额。"也就是说，企业创立时，投资者的出资额与注册资本一致，一般不会产生资本溢价，出资者认缴的出资额全部记入"实收资本"账户。但在企业重组并有新的投资者加入时，常常会产生资本溢价。这是因为，在企业正常经营过程中投入的资金与企业创立时投入的资金，即使在金额上一致，但其获利能力却不同。往往早期出资带给投资者的权利要大于后期出资带给投资者的权利。所以，新加入的投资者要付出大于原有投资者的出资额，才能取得与投资者相同的投资比例。另外，不仅原投资者原有投资从质量上发生了变化，就是从数量上也可能发生变化，这是因为企业经营过程中实现利润的一部分留在企业，形成留存收益，而留存收益也属于投资者权益，但其未转入实收资本。新加入的投资者如与原投资者共享这部分留存利益，也要求其付出大于原有投资者的出资额，才能取得与原有投资者相同的投资比例，由此产生资本溢价。

【例 9-8】 由甲、乙、丙共同投资设立的有限责任公司丁公司，其注册资本为 150 万元。投资者持股比例各为 1/3；2014 年 5 月 1 日，因扩大经营规模需要，决定接受戊企业投资，并将其注册资本变更为 200 万元。投资各方一致同意，接受戊企业投入现金资产 80 万元，享有与其他股东同等权利。假设已按法定程序办完增资和变更手续。根据上述资料，丁公司应编制如下会计分录：

借：银行存款　　　　　　　　　　　　800 000
　　贷：实收资本——戊企业　　　　　　　500 000
　　　　资本公积——资本溢价　　　　　　300 000

请你分析： 假设某企业所有者权益合计金额 2 000 万元，其中：实收资本 800 万元，盈余公积 100 万元，未分配利润 1 100 万元。现企业需扩大生产经营，准备增资 200 万元，使其注册资本扩充到 1 000 万元。现有甲投资者欲投资该企业，经权力机构讨论，接受其投资，并同意甲占有 20% 的股份，如果你是原投资者，那么甲投资者至少投入多少资本你才能接受？

答案提示： 对于原投资者来说，扩资后他们原享有的所有者权益至少保持不变，才会接受新投资。扩资前，原投资者享有的所有者权益总额为 2 000 万元，扩资后，原投资者所占的权益比例变为 80%。假设甲投资者至少应该投入 X 万元，则：

$2\ 000 \div (2\ 000 + X) = 80\%$

$X = 500$ 万元

b. 股本溢价。股份有限公司是以发行股票的方式筹集资金的，股票可按面值发行，也可按溢价发行，在我国股票大多按溢价发行。因此，与其他一般企业相比，股份有限公司初次发行股票时，就可能会产生股本溢价。股本溢价的数额等于股份有限公司发行股票时实际收到的款额超过股票面值总额的部分。在溢价发行股票的情况下，企业发行股票取得的收入中，等于股票面值部分记入"股本"科目的贷方，超出股票面值的溢价部分，应作为股本溢价处理，记入"资本公积——股本溢价"科目的贷方。

值得注意的是：委托证券商代理发行股票而支付的手续费、佣金等，应从溢价发行收入中扣除，企业应按扣除手续费、佣金后的数额，记入"资本公积"科目。

【例 9-9】 承〔例 9-2〕，假设按约定，证券公司按发行收入的 2% 收取手续费。根据相关资料，该股份有限公司应编制会计分录如下：

公司收到证券公司交来发行收入款 = 30 000 000 × 5 × (1 - 2%) =

147 000 000（元）

股本溢价 = 溢价收入 – 发行费用 = 30 000 000 × (5 – 1) – 30 000 000 × 5 × 2% = 117 000 000（元）

借：银行存款	147 000 000
贷：股本	30 000 000
资本公积——股本溢价	117 000 000

②其他资本公积的核算。如前所述，其他资本公积，是指除资本溢价（或股本溢价）项目以外所形成的资本公积。其核算包括以下几部分：

a. 以权益结算的股份支付。

b. 采用权益法核算的长期股权投资。

长期股权投资采用权益法核算的，被投资单位除净损益、其他综合收益和利润分配以外的所有者权益的其他变动，投资企业按持股比例计算应享有的份额，应当增加或减少长期股权投资的账面价值，同时增加或减少资本公积（其他资本公积）。当处置采用权益法核算的长期股权投资时，应当将原记入资本公积（其他资本公积）的相关金额转入投资收益（除不能转入损益的项目外）。

【例9-10】甲企业于2015年1月1日向乙公司投6 000 000元拥有该公司22%的股份，并对该公司有重大影响，因而对乙公司长期股权投资采用权益法核算。2015年12月31日，乙公司除净损益、其他综合收益和利润之外的所有者权益增加了1 000 000元。假定除此以外，乙公司的所有者权益没有变化，甲企业的持股比例没有变化，乙公司资产的账面价值与公允价值一致。不考虑其他因素，甲企业应编制会计分录如下：

借：长期股权投资——乙公司（其他权益变动）	220 000
贷：资本公积——其他资本公积	220 000

③资本公积转增资本的核算。按照我国《公司法》规定：资本公积金可以用于扩大公司生产经营或者转为增加公司资本，但不得用于弥补公司的亏损。当按法定程序办妥相关增资手续后，资本公积转增资本的数额记入"资本公积"科目的借方，将转增的资本和转增前各投资者的权益比例计算的数额记入"实收资本（或股本）"科目的贷方，并按投资者进行明细核算。

请你分析：按照我国《公司法》的相关规定，资本公积可以用来转增资本。这里的资本公积是指企业资本公积的总额吗？为什么？

答案提示：资本公积包括资本（或股本）溢价和其他资本公积

两部分。其中只有资本（或股本）溢价部分可以用来转增资本，而其他资本公积部分则不可以。因为其他资本公积的形成与特定资产交易或事项的发生有关，因此，当处置这些特定资产时，与之相对应的其他资本公积应一并进行处置。

9.3.2 其他综合收益

其他综合收益，是指企业根据会计准则规定未在当期损益中确认而直接计入所有者权益的各项利得和损失。其他综合收益一般是由特定资产的计价变动形成的，并且不得计入当期损益。其他综合收益的主要内容包括：

（1）企业持有以公允价值计量且其变动计入其他综合收益的金融资产。这些资产主要表现为其他债权投资和其他权益工具投资，这些资产的公允价值与其账面价值的差额，应确认为其他综合收益。

（2）企业采用权益法核算的长期股权投资。采用权益法核算的长期股权投资，按照被投资单位实现其他综合收益以及持股比例计算应享有或分担的金额，调整长期股权投资的账面价值，同时增加或减少其他综合收益。

（3）企业将自用的建筑物等有关资产转换为采用公允价值模式计量的投资性房地产。转换日资产的公允价值大于其账面价值的差额，应确认为其他综合收益。

（4）企业将一项以摊余成本计量的金融资产（如债权投资）重分类为以公允价值计量且其变动计入其他综合收益的金融资产的，应当按照该金融资产在重分类日的公允价值进行计量。原账面价值与公允价值之间的差额计入其他综合收益。

（5）现金流量套期工具产生的利得或损失中属于有效套期的部分。

（6）外币财务报表折算差额，等等。

对于以上会计行为按照规定，企业发生直接计入所有者权益的利得和损失，应当通过"其他综合收益"会计账户进行专门核算。该账户属于所有者权益类，用来核算涉及其他综合收益内容的会计业务。其他综合收益举例详见第3章，此略。

当企业处置特定资产时，与其相关的其他综合收益才会一并处置，计入当期损益（或留存收益），但是其他综合收益不得转增企业资本。

9.4 留存收益

留存收益是指企业按照国家财经法规和公司章程、股东大会决议等规定，从企业历年盈利中留用的资金，包括盈余公积和未分配利润两个部分。留存收益与实收资本和资本公积的区别在于：实收资本和资本公积主要来源于企业的投入资本，而留存收益来源于企业实现的利润中提取或形成的企业内部积累。

9.4.1 利润分配

1. 利润分配的概述

（1）利润分配概念。利润分配是指企业根据国家有关规定和企业章程、投资者协议等，对企业当年可供分配的利润在投资主体和企业之间所进行的划分。通过利润分配，一方面，满足投资者获得投资回报的要求；另一方面，是企业留存收益积累的源泉。

（2）利润分配顺序。企业当年实现的净利润加上年初未分配利润，构成企业可供分配的利润。根据《公司法》等有关法规的规定，企业当年实现的净利润一般按如下顺序进行分配：

①提取法定盈余公积。我国《公司法》第一百六十七条规定："公司分配当年税后利润时，应当提取利润的百分之十列入公司法定公积金。公司法定公积金累计额为公司注册资本的百分之五十以上的，可以不再提取。"

公司的法定公积金不足以弥补以前年度亏损的，在提取法定公积金之前，应当先用当年利润弥补亏损。

②提取任意公积金。公司从税后利润中提取法定公积金后，经股东会或者股东大会决议，还可以从税后利润中提取任意公积金。非公司制企业经类似权力机构批准，也可以提取任意盈余公积。

③向投资者分配利润或股利。公司弥补亏损和提取公积金后所余税后利润，有限责任公司依照实缴的出资比例分取红利，但是，全体股东约定不按照出资比例分取红利的除外；股份有限公司按照股东持有的股份比例分配，但股份有限公司章程规定不按持股比例分配的除外。

企业实现的净利润，应当按照法定程序进行分配，如果股东会、股东大会或者董事会违反规定，在公司弥补亏损和提取法定公积金之前向股东分配利润的，股东必须将违反规定分配的利润退还公司。

（3）未分配利润。未分配利润是经过弥补亏损、提取法定盈余公积、提取任意盈余公积和向投资者分配利润等利润分配之后剩余的利润。未分配利润和盈余公积都属于企业的留存收益，但是，未分配利润相对于盈余公积而言，属于非指定用途的留存收益，所以，企业在使用这部分资金方面有较大的自主权。未分配利润存在两层含义：一是留待以后年度分配的利润；二是未指定特定用途的利润。

2. 利润分配的核算

企业应设置"利润分配"账户，核算企业利润的分配（或亏损的弥补）和历年分配（或弥补）后的积存余额。本科目应当分别"提取法定盈余公积""提取任意盈余公积""应付现金股利或利润""转作股本的股利""盈余公积补亏""未分配利润"等进行明细核算。

利润分配的账务处理主要包括：当年实现净利润的结转、按法定顺序分配利润、未分配利润的结转。

（1）当年实现净利润的结转。利润分配的起点是当年实现的净利润。年度终了，企业应将当年实现的净利润，自"本年利润"科目转入"利润分配——未分配利润"科目，即：借记"本年利润"科目，贷记"利润分配——未分配利润"科目。使当年实现的净利润进入利润分配环节，形成可供分配的利润。

（2）按法定顺序分配利润。企业依法提取法定盈余公积、提取任意盈余公积和向投资者分配利润时，按计算的分配额，分别借记"利润分配——提取法定盈余公积""利润分配——提取任意盈余公积""利润分配——应付现金股利或利润"科目，贷记"盈余公积""应付股利"等科目。

（3）未分配利润的结转。年度终了，应将企业依法分配的利润从可供分配的利润中扣除，作为未分配的利润，留待以后年度分配。其会计处理为：将"利润分配"科目所属其他明细科目的余额转入"未分配利润"明细科目。结转后，除"未分配利润"明细科目外，其他明细科目应无余额。

【例9-11】假设甲股份有限公司2014年度实现净利润100万元，经股东大会批准，按当年净利润的10%提取法定盈余公积，5%提取任意盈余公积，50%作为现金股利发放。假定不考虑其他因素，根据相关资料，该股份有限公司应编制会计分录如下：

①结转本年净利润：

借：本年利润　　　　　　　　　　　　　　　1 000 000
　　贷：利润分配——未分配利润　　　　　　　　　　1 000 000

请你回忆：你还记得【例 9-11】净利润 100 万元是如何形成的吗？原来已经学过的（基础会计）。

答案提示：净利润 100 万元是该股份有限公司 2009 年度的损益类账户（如主营业务收入、主营业务成本、其他业务收入、其他业务成本、管理费用、财务费用、销售费用等）结转到"本年利润"账户形成的贷方余额。

请你回答：承〖例 9-11〗，如果 20×4 年度企业实现发生亏损 100 万元，其会计处理如何？

答案提示：如果 20×4 年度企业实现发生亏损 100 万元，"本年利润"科目应为借方余额，则编制会计分录如下：

结转本年亏损：

借：利润分配——未分配利润　　　　　　　　1 000 000
　　贷：本年利润　　　　　　　　　　　　　　　　　1 000 000

②提取法定盈余公积、提取任意盈余公积和向投资者分配利润，按计算的分配额：

借：利润分配——提取法定盈余公积　　　　　100 000
　　　　　　——提取任意盈余公积　　　　　 50 000
　　　　　　——应付现金股利　　　　　　　 500 000
　　贷：盈余公积　　　　　　　　　　　　　　　　　150 000
　　　　应付股利　　　　　　　　　　　　　　　　　500 000

③结转未分配利润时：

借：利润分配——未分配利润　　　　　　　　650 000
　　贷：利润分配——提取法定盈余公积　　　　　　　100 000
　　　　　　　　——提取任意盈余公积　　　　　　　 50 000
　　　　　　　　——应付现金股利　　　　　　　　　500 000

如果企业在当年发生亏损，应将本年发生的亏损，自"本年利润"科目转入"利润分配——未分配利润"科目，不过，与实现净利润下的结转相反。即：借记"利润分配——未分配利润"科目，贷记"本年利润"科目。这样，企业以前年度的未分配利润减少，结转后"利润分配——未分配利润"科目如果出现借方余额，即为未弥补亏损的数额。对于该未弥补的亏损可以用以后年度实现的利润弥补。

请你分析： 如果用当年实现的净利润弥补以前年度发生的未弥补亏损，如何进行账务处理？

答案提示： 只需将本年实现的净利润，自"本年利润"科目借方，转入"利润分配——未分配利润"科目贷方，并不需要另外为弥补亏损作专门的会计处理。因为以前年度发生的未弥补亏损，表现为"利润分配——未分配利润"科目的借方余额，将本年实现的净利润转入"利润分配——未分配利润"科目贷方后，该科目的借方余额就会减少，而减少的金额就是弥补的亏损数额。

企业发生的亏损如何进行会计处理？

请你分析： 上述例题②中向投资者分配利润，即：

借：利润分配——应付现金股利　　　500 000
　　贷：应付股利　　　　　　　　　　　　　500 000

其会计处理的时点是不是企业董事会或类似机构通过的利润分配方案中拟分配的现金股利或利润时？

答案提示： 不是。企业董事会或类似机构通过的利润分配方案中拟分配的现金股利或利润，企业不做账务处理（但应在财务报告附注中披露）。只有在董事会或类似机构通过的利润分配方案获得股东大会或类似机构审议通过后，企业方可按应支付的现金股利或利润，编制以上会计分录。待以后实际支付现金股利或利润时，再注销"应付股利"，贷记"银行存款"等科目。

9.4.2　盈余公积

1. 盈余公积概述

（1）盈余公积概念。盈余公积是指企业按规定从净利润中提取的企业积累资金。盈余公积主要包括法定盈余公积和任意盈余公积两部分。两者主要区别在于，前者有法定的提取比例，而后者的提取比例则由企业自行决定。

法定盈余公积，是指按照我国《公司法》的规定，公司按 10% 从当年税后利润中提取的法定公积金。当法定公积金累计额达到公司注册资本的 50% 以上，可以不再提取。值得注意的是，如果企业不存在以前年度未弥补的亏损，则计算法定盈余公积的基数为：当年实现的净利润；如果企业存在以前年度未弥补的亏损按规定需用税后利润弥补的，则计算法定盈余公积的基数为：当年实现的净利润弥补亏损后的余额。

任意盈余公积，是指经股东会、股东代表大会或类似权力机构批准，依据相关法定程序，按一定比例从公司税后利润中提取的公积金。

(2) 盈余公积的用途。按照我国《公司法》规定,盈余公积主要用于三方面:

一是弥补亏损。企业发生亏损时,应由企业自行弥补。亏损弥补方式按有关法规规定一般有三种方式:用以后年度税前利润弥补(但弥补期限不得超过5年);用盈余公积弥补;用以后年度税后利润弥补。

二是转增企业资本。按《公司法》规定,企业可以用法定盈余公积转增资本。在转增资本时,应按原股东持股比例结转。但法定盈余公积转增资本后留存的法定盈余公积不得少于企业注册资本的25%。

三是扩大公司生产经营。盈余公积的用途,并不是指其实际占用形态,提取的盈余公积也并不是要将该部分资金从企业资金周转过程中抽出。盈余公积的结存数,实际只表现为企业所有者权益的组成部分,表明企业生产经营资金的一个来源而已。其形成的资金可能表现为企业的各种资产,随同企业其他来源所形成的资金进行循环周转,用于企业的生产经营。

2. 盈余公积的核算

为了核算企业从净利润中提取的盈余公积及其使用情况,应设置"盈余公积"科目。该科目属于所有者权益类科目,其贷方登记当期盈余公积提取数,借方登记因转增资本、弥补亏损等发生的盈余公积减少数;期末贷方余额反映企业的盈余公积结存数。该科目应当分别按"法定盈余公积""任意盈余公积"进行明细核算。

盈余公积的账务处理主要包括三方面的核算:提取盈余公积的核算;盈余公积转增资本的核算;盈余公积补亏的核算。

企业按规定提取盈余公积时,借记"利润分配——提取法定盈余公积、提取任意盈余公积"科目,贷记"盈余公积——法定盈余公积、任意盈余公积"科目。其举例见【例9-11】②,此略。

经股东大会或类似机构决议,用盈余公积弥补亏损或转增资本时,借记"盈余公积"科目,贷记"利润分配——盈余公积补亏""实收资本(或股本)"科目。

请你编制:某股份有限公司经股东大会批准,用以前年度提取的法定盈余公积弥补当年的亏损250 000元。假定不考虑其他因素,如何进行账务处理?

答案提示: 借:盈余公积——法定盈余公积　　250 000
　　　　　　　　贷:利润分配——盈余公积补亏　　250 000

本章小结

1. 所有者权益的特征。所有者权益是指企业资产扣除负债后由所有者享有的剩余权益。其基本特征为：(1) 所有者权益的本质是剩余权利，除非发生减资、清算或分派现金股利，企业不需要偿还所有者权益；(2) 企业清算时，只有在清偿所有的负债后，所有者权益才返还给所有者；(3) 所有者凭借所有者权益能够参与企业利润的分配。

2. 实收资本与其他权益工具、资本公积与其他综合收益、留存收益各自的内容。实收资本、资本公积和留存收益是所有者权益中最主要的构成要素。其中，实收资本和资本公积属于所有者投入的资本。实收资本（或股本）体现了企业所有者对企业的基本产权关系；资本公积是投资者的出资额超出其在注册资本中所占份额部分，它不直接表明所有者对企业的基本产权关系，资本公积的主要用途是用来转增资本；其他综合收益，是指企业根据会计准则的规定直接计入所有者权益的各项利得和损失；留存收益是指企业按照国家财经法规和公司章程、股东大会决议等规定，从企业历年盈利中留用的资金，包括盈余公积和未分配利润两个部分；而其他权益工具是指企业发行的除普通股以外的归类为权益工具性质的各种金融工具。

盈余公积是指企业按规定从净利润中提取的企业积累资金。包括法定盈余公积和任意盈余公积，两者主要区别在于，前者有法定的提取比例，而后者的提取比例则由企业自行决定。盈余公积主要用于：弥补亏损、转增企业资本以及扩大公司生产经营。未分配利润是经过弥补亏损、提取法定盈余公积、提取任意盈余公积和向投资者分配利润等利润分配之后剩余的利润。未分配利润属于非指定用途的留存收益。

3. 所有者权益的基本会计处理。

(1) 实收资本的基本会计处理。"实收资本（或股本）"账户，其账务处理主要包括三方面的核算：接受现金资产投资、接受非现金资产投资、实收资本（股本）增减变动的核算。除此之外，某些特殊的权益性质的金融工具，还会设置"其他权益工具"会计科目。

(2) 资本公积的基本会计处理。"资本公积"账户，该科目应当按"资本（或股本）溢价""其他资本公积"进行明细核算。其账务处理主要包括三方面的核算：资本溢价（或股本溢价）、其他资本公积、资本公积转增资本的核算。

(3) 其他综合收益的基本会计处理。"其他综合收益"账户，核算不应计入当期损益、会导致所有者权益发生增减变动的、与所有者投入资本或者向所有者分配利润无关的利得或者损失。

（4）利润分配的基本会计处理。企业当年实现的净利润加上年初未分配利润，构成企业可供分配的利润。企业当年实现的净利润应按法定顺序进行分配。企业应在"利润分配"账户下，分别"提取法定盈余公积""提取任意盈余公积""应付现金股利或利润""未分配利润"等进行明细核算。利润分配的账务处理主要包括：当年实现净利润的结转、按法定顺序分配利润、未分配利润的结转。

（5）盈余公积的基本会计处理。"盈余公积"账户，核算企业从净利润中提取的盈余公积及其使用情况。并按"法定盈余公积""任意盈余公积"进行明细核算。盈余公积的账务处理主要包括三方面的核算：提取盈余公积的核算、盈余公积转增资本的核算、盈余公积补亏的核算。

本章练习题

一、选择题

1. 下列各项中，关于未分配利润的描述正确的有（　　）。
    A. 未分配利润是企业所有者权益的组成部分
    B. 可留待以后年度进行分配，但不得用于弥补亏损
    C. 可留待以后年度进行分配的当年结余利润
    D. 可留待以后年度进行分配的历年结存利润

2. 下列各项中，能够引起企业留存收益总额发生增减变动的有（　　）。
    A. 本年度实现的净利润
    B. 提取法定盈余公积
    C. 向投资者宣告分配现金股利
    D. 用盈余公积弥补亏损

3. 甲公司"盈余公积"科目年初贷方余额为50万元，本年提取法定盈余公积60万元，用盈余公积转增资本40万元。假定不考虑其他因素，则下列表述中不正确的是（　　）。
    A. 所有者权益总额维持不变
    B. 所有者权益总额增加20万元
    C. "盈余公积"科目年末余额为70万元
    D. "实收资本"科目增加40万元

4. 下列各项中，属于资本公积核算的内容有（　　）。
    A. 企业收到投资者出资额超出其在注册资本（或股本）中所

占份额的部分

　　B. 交易性金融资产公允价值变动形成的损益

　　C. 其他债权投资资产公允价值变动形成的利得和损失

　　D. 企业接受的罚款收入

5. 企业发生亏损时，下列各项属于弥补亏损的渠道有（　　）。

　　A. 用以后5年税前利润弥补

　　B. 用5年后的税后利润弥补

　　C. 以次年实现的税前利润弥补

　　D. 以资本公积弥补亏损

二、判断题

1. 其他资本公积，是指除资本溢价以外所形成的资本公积。
（　　）

2. 对于企业直接计入所有者权益的利得和损失，应当通过"其他综合收益"会计账户进行专门核算。（　　）

3. 甲企业年初未分配利润为100万元，本年实现净利润800万元，提取法定盈余公积80万元，提取任意盈余公积20万元，该企业年末可供投资者分配的利润为800万元。（　　）

4. 收入能够导致企业所有者权益增加，但导致所有者权益增加的不一定是收入。（　　）

5. 企业接受捐赠应增加资本公积。相应地，对外捐赠应减少资本公积。（　　）

三、实务题

1. 甲股份有限公司发行普通股股票1 000万股，每股面值1元，每股发行价格3元。该公司按发行收入的1%支付发行手续费和佣金，从发行收入中抵减。股票已发行成功，款项已划入该公司的银行账户。

要求：编制相关会计分录。

2. 甲有限责任公司由甲A、甲B、甲C各出资200万元设立，设立时实收资本为600万元，经营5年后，为扩大经营规模，决定吸收甲D投资者加入，注册资本变更为800万元。经各方协商和办理增资手续，甲D投资者出资260万元，占注册资本的25%。该投资款项已存入银行。

要求：编制甲公司接受甲D投资者出资的会计分录。

3. 2013年12月31日，甲公司"实收资本"账户贷方余额为100万元，"资本公积"账户贷方余额20万元，"其他综合收益"账户贷方余额5万元，"盈余公积"账户贷方余额为5万元，"利润分配——未分配利润"账户贷方余额为 20 万元。2014 年度，甲公司实现净利润 100 万元，提取盈余公积 10 万元，用资本公积 10 万元转增资本，向投资者分配利润 20 万元。

要求：计算甲公司 2014 年 12 月 31 日所有者权益总额。

第 10 章
收入、费用和利润

本章要点

◇ 理解收入的概念和确认条件
◇ 掌握收入的会计处理
◇ 理解费用的概念并掌握会计处理
◇ 熟悉利润的构成和会计处理

10.1 收 入

10.1.1 收入的概念与确认

1. 收入的概念与特征

> 收入,是指企业在日常活动中形成的、会导致所有者权益增加的、与所有者投入资本无关的经济利益的总流入。
> ——引自《企业会计准则第14号——收入》
> 其中"日常活动",是指企业为完成其经营目标所从事的经常性活动以及与之相关的活动。比如,工业企业制造并销售产品、商品流通企业销售商品、保险公司签发保单、咨询公司

> 提供咨询服务、软件企业为客户开发软件、安装公司提供安装服务、商业银行对外贷款、租赁公司出租资产等，均属于企业为完成其经营目标所从事的经常性活动，由此产生的经济利益的总流入构成收入。
> ——引自《企业会计准则第14号——收入》应用指南

收入具有如下特征：(1) 收入是企业在日常活动中形成的经济利益总流入；(2) 收入会导致所有者权益的增加；(3) 收入与所有者投入资本无关。

企业的所有者权益有三种来源：投入资本、留存收益和直接计入所有者权益的利得和损失。收入可以导致所有者权益的增加说明收入存在于这三种来源中，由于收入的定义中明确了与投入资本无关且来自日常活动，因此收入只能通过留存收益增加所有者权益，这是收入增加所有者权益的途径。

请你分析：留存收益包括哪些内容？它的来源又是什么？这对收入意味着什么？

答案提示：留存收益包括盈余公积和未分配利润，它来自企业创造的净利润，这意味着收入是日常活动中产生的导致净利润增加的经济利益的总流入。

请你回答：企业收入核算执行的会计准则有几项？

答案提示：原来企业执行的收入会计准则有两项，包括《企业会计准则第14号——收入》(2006) 和《企业会计准则第15号——建造合同》(2006)。现在已经将这两项合并为一项，即《企业会计准则第14号——收入》(2017)。

在企业实际业务中，收入会有不同的分类。第一种分类，通常按照提供收入的业务内容不同可以分为三类：销售商品收入、提供劳务收入和让渡资产使用权的收入；第二种分类，是按照收入在其经营业务中的重要程度，收入可以分为主营业务收入和其他业务收入；第三种分类，是按照收入是否跨期，分为跨期收入和本期收入。

2. 收入的确认与计量

尽管收入有不同标准的分类，但是不管哪种收入，根据规定，企业应当在履行了合同中的履约义务，即在客户取得相关商品控制权时确认收入。

> 第四条 企业应当在履行了合同中的履约义务,即在客户取得相关商品控制权时确认收入。
>
> 取得相关商品控制权,是指能够主导该商品的使用并从中获得几乎全部的经济利益。
>
> 第五条 当企业与客户之间的合同同时满足下列条件时,企业应当在客户取得相关商品控制权时确认收入:
>
> 1. 合同各方已批准该合同并承诺将履行各自义务;
> 2. 该合同明确了合同各方与所转让商品或提供劳务相关的权利和义务;
> 3. 该合同有明确的与所转让商品相关的支付条款;
> 4. 该合同具有商业实质,即履行该合同将改变企业未来现金流量的风险、时间分布或金额;
> 5. 企业因向客户转让商品而有权取得的对价很可能收回。
>
> ——引自《企业会计准则第 14 号——收入》
> (2017 年修订)

市场经济条件下,一项销售(包括提供劳务服务)业务如何最终成交,是靠交易双方达成的协议来完成。所以,收入确认与计量的步骤通常会大致分为五步:

(1) 识别与客户签订的合同。合同是指双方或多方之间订立有法律约束利义务的协议。合同有书面形式、口头形式以及其他形式。识别客户合同,是指识别合同各方是否已批准该合同并承诺将履行各自的协议。在同一客户与企业签订多项合同且合同内容基本相同的情况下,企业可以将多项合同合并并将其作为单项合同进行会计处理。

(2) 识别合同中的单项履约义务。合同包括向客户转让商品或服务承诺。如果该商品或服务可明确区分,则对应的承诺即为单项履约义务。合同开始日,企业应当对合同进行评估,识别该合同所包含的各单项履约义务,并确定各单项履约义务是在某一时点履行,还是在某一时段内履行,然后,在履行了各单项履约义务时分别确认营业收入。

(3) 确定交易价格。交易价格是企业因向客户转让商品而预期有权收取的对价金额。交易价格一般是固定的对价金额,但有时也可能包含可变对价、重大融资成分、非现金对价及应付客户对价等,企业应考虑这些因素,最终确定交易价格。

例如，甲公司与乙公司签订合同，向其销售一批产品。合同约定，该批产品将于2年之后交货。合同中包含两种可供选择的付款方式，即乙公司可以在2年后交付产品时支付240万元，或者在合同签订时支付200万元。对此，乙公司选择在合同签订时支付货款，该批产品的控制权在交货时转移。

首先，例题中"该批产品的控制权在交货时转移"符合收入确认条件中的"企业应当在客户取得相关商品控制权时确认收入"（见收入准则第五条规定），所以甲公司应在两年后交货时确认收入。其次，甲公司确认收入的价格需要考虑一些必要的因素，本例中200万元与240万元之间的差额40万元属于因乙公司付款时间和产品交付时间之间的间隔以及现行市场利率水平而形成的，因此甲公司将40万元作为重大融资成分将其包含在合同交易价格中，由此形成甲公司在先期收到的200万元（银行存款）与未来应该确认的收入240万元（确认"合同负债"会计科目）之间的差异40万元需要在后期进行调整，最终达到收入金额的240万元。

（4）将交易价格分摊至各单项履约义务。如果交易价格为多项履约义务的对价之和，则分摊标准一般为各单项履约义务的市场价格；如果无法取得各单项履约义务的市场价格，也可以将各单项履约义务的预计成本作为分摊标准。

例如，甲公司与乙公司签订合同，向其销售A、B、C三件产品，合同价款为10 000元。合同约定：A商品于合同开始日交付，B商品在一个月之后交付，C商品在两个月之后交付，只当以上三项商品全部交付之后，甲公司才有权收取10 000元的合同对价。假定A商品、B商品和C商品分别构成单项履约义务；A、B、C产品的单独售价分别为5 000元、2 500元和7 500元，合计15 000元（单独售价是指企业向客户单独销售商品的价格，假设上述价格均不包含增值税）。

本例中，交易价格10 000元为三项履约义务，根据上述交易价格分摊原则，每种商品应分摊的交易价格为：

A商品应当分摊的交易价格为3 333元（5 000÷15 000×10 000）。
B商品应当分摊的交易价格为1 667元（2 500÷15 000×10 000）。
C商品应当分摊的交易价格为5 000元（7 500÷15 000×10 000）。

由此，甲公司在交付A商品时应确认收入3 333元（与"合同资产"借方相对应）；在一个月之后交付B商品时应确认收入1 667元（与"合同资产"借方相对应）；在交付C商品并取得收取10 000元的合同对价时确认收入5 000元（注销"合同资产"原借方，并确认应收账款)。

(5) 履行各单项履约义务时确认收入。企业应在履行了向客户转让已承诺的或服务的履约义务时确认收入,收入的计量金额为分摊至已履行的履约义务的金额。

在以上步骤中,其中,第(1)、第(2)和第(5)步与收入的确认有关,第(3)和第(4)步与收入的计量有关。

请你分析:针对上述第4步骤,即将交易价格分摊至各单项履约义务中的业务举例,编制甲公司相应步骤的会计分录(假定暂不考虑税)。

答案提示:例中交易价格10 000元为三项履约义务,根据上述交易价格分摊原则,每种商品应分摊的交易价格为:A商品应当分摊3 333元;B商品应当分摊1 667元;C商品应当分摊5 000元。甲公司相应步骤的会计分录如下:

①A商品于合同开始日交付时

借:合同资产　　　　　　　　　　　3 333
　　贷:主营业务收入　　　　　　　　　　　3 333

②B商品在一个月之后交付时

借:合同资产　　　　　　　　　　　1 667
　　贷:主营业务收入　　　　　　　　　　　1 667

③C商品在两个月之后交付时,三项商品全部交付之后甲公司才有权收取10 000元的合同对价

借:应收账款　　　　　　　　　　　10 000
　　贷:主营业务收入　　　　　　　　　　　5 000
　　　　合同资产　　　　　　　　　　　　5 000

请你分析:甲公司与乙公司于某年度初签订了一项销售合同,即甲公司向其销售自产的产品一批。合同规定:如果乙公司在当年的购货量超过3 000件,每件产品的价格按照较低的70元结算。否则按照正常的市场价格80元结算。乙公司在第一个月份购货共计60件;甲公司经分析后,预计乙公司全年的购货量不会超过3 000件。乙公司2月份因市场有利因素等原因,当月向甲公司的购货量达到了400件。

要求:分别计算确定甲公司在1月份和2月份应确认的商品销售收入。

答案提示:1月份,根据实际交易情况,甲公司预计乙公司全年的购货量不会超过3 000件,为此,应按照单价80元的交易价格确认当月的收入。即:60×80=4 800(元)。

2月份，根据新的实际交易情况，甲公司对交易价格根据乙公司采购量实质性的变化，进行了重新的估计。即甲公司预计乙公司全年的购货量将会超过3 000件。所以，应按照单价70元的交易价格确认2月份的收入。即：70×(400＋60)－4 800＝27 400（元）。

可见，虽然这是一份单项履约合同、单项履约义务，但是由于交易价格（单价）伴随销货量的变化会产生不同情形，所以该合同的交易价格是可变的。企业在判断交易价格时，应当考虑各种相关因素，以确定其是否会接受一个低于合同标价的金额，即企业向客户提供一定的价格折让。

3. 会计科目的设置

企业在销售商品或提供劳务中，因收入的确认与成本的转销等业务的发生，应设置以下相关的会计科目进行核算：

(1)"主营业务收入"。该科目属于损益类，用来核算企业确认的销售商品、提供服务等主营业务的收入。该科目可按主营业务的种类进行明细核算。期末，应将该科目的余额转入"本年利润"科目，结转后本科目应无余额。

(2)"其他业务收入"。该科目属于损益类，用来核算企业确认的除主营业务活动以外的其他经营活动实现的收入，包括出租固定资产、出租无形资产、出租包装物和商品、销售材料、用材料进行非货币性交换（非货币性资产交换具有商业实质且公允价值能够可靠计量）或债务重组等实现的收入。企业（保险）经营受托管理业务收取的管理费收入，也通过该科目核算。该科目可按其他业务的种类进行明细核算。期末，应将该科目的余额转入"本年利润"科目，结转后本科目应无余额。

(3)"主营业务成本"。该科目属于损益类，用来核算企业确认销售商品、提供服务等主营业务收入时应结转的成本。"主营业务成本"科目可按主营业务的种类进行明细核算。期末（或平时），企业应根据本期销售各种商品、提供各种服务等实际成本，计算应结转的主营业务成本，借记本科目，贷记"库存商品""合同履约成本"等科目。采用计划成本或售价核算库存商品的，平时的营业成本按计划成本或售价结转，月末，还应结转本月销售商品应分摊的产品成本差异或商品进销差价。期末，应将"主营业务成本"科目的余额转入"本年利润"科目，结转后本科目无余额。

(4)"其他业务成本"。该科目属于损益类，用来核算企业确认的除主营业务活动以外的其他经营活动所发生的支出，包括销售材料的成本、出租固定资产的折旧额、出租无形资产的摊销额、出租包装

如何理解收入确认与计量的各步骤？

物的成本或摊销额等。除主营业务活动以外的其他经营活动发生的相关税费，在"税金及附加"科目核算。采用成本模式计量投资性房地产的，其投资性房地产计提的折旧额或摊销额，也通过该科目核算。"其他业务成本"科目可按其他业务成本的种类进行明细核算。期末，应将"其他业务成本"科目的余额转入"本年利润"科目，结转后本科目无余额。

（5）"合同资产"。该科目属于资产类，用来核算企业已向客户转让商品而有权收取对价的权利。仅取决于时间流逝因素的权利不在本科目核算。其借方登记企业在客户实际支付合同对价或在该对价到期应付之前，已经向客户转让了商品时；贷方登记企业取得无条件收款权时。该科目应按合同进行明细核算，如果合同资产发生减值，还应按减记的金额，借记"资产减值损失"科目，贷记"合同资产减值准备"科目；转回已计提的资产减值准备时，作相反的会计分录。

（6）"合同负债"。该科目属于负债类，用来核算企业已收或应收客户对价而应向客户转让商品的义务。贷方登记企业在向客户转让商品之前，客户已经支付了合同对价而引发企业应当确认的合同债务；借方登记企业向客户转让相关商品时；期末贷方余额，反映企业在向客户转让商品之前，已经收到的合同对价而形成的企业合同债务金额。企业因转让商品收到的预收款适用收入准则进行会计处理时，不再使用"预收账款"科目及"递延收益"科目。该科目应按合同进行明细核算。

（7）"应收退货成本"。该科目属于资产类，用来核算企业发生附有销售退回条款的商品销售因预期退回商品而发生的待转销成本价值。该科目借方登记企业发生附有销售退回条款的销售时，根据预期可能退回商品的数额而确认的待转销商品成本价值；贷方登记实际销售商品和退回所销商品时应转销的成本数额（即实际销售部分结转销售成本，实际退回商品部分增加存货）。期末借方余额，反映企业发生附有销售退回条款的销售预期可能退回商品的待转销账成本价值。

除了上述会计科目外，企业在其确认收入过程中，还会因业务的发生设置其他相关的会计科目，如"合同履约成本""合同履约成本减值准备""合同取得成本""合同取得成本减值准备""合同资产减值准备"等。其具体的会计科目应用见后续相关业务处理。

会计实务中，企业大部分业务相对来说比较简单，有些步骤可能会简化甚至不存在。比如零售企业销售商品，商家直接与消费者面对面地"一手钱一手货"瞬间交易完毕，这种情况下的识别合同和识别合同中的履行义务几乎可以忽略不计,更不存在将交易价格分摊至各单项履约义务。

10.1.2 销售商品收入的核算

1. 一般销售商品业务

一般情况下,企业在确认销售商品收入时,应按已收或应收的合同或协议价款,加上应收取的增值税额,借记"银行存款""应收账款""应收票据"等科目,按确定的收入金额,贷记"主营业务收入""其他业务收入"等科目,按应收取的增值税额,贷记"应交税费——应交增值税(销项税额)"科目。

【例10-1】甲公司与乙公司签订商品销售合同,合同约定:甲公司向乙公司销售一批产品,数量1 000件,单价12元,该批产品的成本为8元/件。产品已经运抵乙公司(乙公司承担运费),增值税专用发票已经交付,货款已经通过银行收到。甲公司的增值税税率为13%,则甲公司应编制会计分录如下:

借:银行存款　　　　　　　　　　　　　　　　13 560
　　贷:主营业务收入　　　　　　　　　　　　　12 000
　　　　应交税费——应交增值税(销项税额)　　 1 560
借:主营业务成本　　　　　　　　　　　　　　　 8 000
　　贷:库存商品　　　　　　　　　　　　　　　 8 000

请你分析: 假设【例10-1】中乙公司尚未向甲公司支付货款,其他条件不变,甲公司应如何处理?如果乙公司向甲公司开出了银行承兑汇票,甲公司又该如何处理?

答案提示: 在乙公司未付款的情况下,甲公司的会计处理为:

借:应收账款　　　　　　　　　　　　　　　　13 560
　　贷:主营业务收入　　　　　　　　　　　　　12 000
　　　　应交税费——应交增值税(销项税额)　　 1 560
借:主营业务成本　　　　　　　　　　　　　　　 8 000
　　贷:库存商品　　　　　　　　　　　　　　　 8 000

如果乙公司开出银行承兑汇票,甲公司的会计处理为:

借:应收票据　　　　　　　　　　　　　　　　13 560
　　贷:主营业务收入　　　　　　　　　　　　　12 000
　　　　应交税费——应交增值税(销项税额)　　 1 560
借:主营业务成本　　　　　　　　　　　　　　　 8 000
　　贷:库存商品　　　　　　　　　　　　　　　 8 000

2. 附有退货条款的商品销售业务

企业为了促销，通常会在销售时附有一定的退货条款，用来吸引客户。在已经发出商品的情况下，有些交易不符合收入确认的条件；有些虽然符合收入确认的条件，但确认收入的金额需要合理计量。

（1）附有退货条款且企业无法确定退货可能性的销售。附有销售退回条件的商品销售，是指购买方依照有关协议有权退货的销售方式。在这种销售方式下，企业不能根据以往经验合理估计退货可能性的，通常应在售出商品退货期满时确认收入。

在附有退货条款的商品销售下，企业通常发货在先，确认收入在后，为此应将发出货物先记入"应收退货成本"科目，待确认销售收入并结转销售成本时予以转销。

【例10-2】甲公司为销售一种新产品，对客户承诺新产品有一个月的试用期，在试用期内（假设为60天）如果对产品使用效果不满意，甲公司无条件给予退货。由于该新产品是最新推出，甲公司尚无有关该产品退货率的历史数据，也没有其他可以参考的市场信息。甲公司共销售该新产品2 000件，单价20元，单位产品成本12元，商品均已交付买方，货款已收讫，且已开具增值税专用发票。甲公司适用的增值税税率为13%，则甲公司在发出商品时应编制的会计分录如下：

借：应收退货成本　　　　　　　　　　　24 000
　　贷：库存商品　　　　　　　　　　　　24 000
借：银行存款　　　　　　　　　　　　　45 200
　　贷：合同负债　　　　　　　　　　　　40 000
　　　　应交税费——应交增值税（销项税额）　5 200

假设退货后期满，该产品有10%的退货率，退货的产品均以银行存款支付退货款，开具增值税红字专用发票，则甲公司应编制会计分录如下：

借：合同负债　　　　　　　　　　　　　40 000
　　贷：主营业务收入　　　　　　　　　　36 000
　　　　银行存款　　　　　　　　　　　　4 000
借：应交税费——应交增值税（销项税额）　520
　　贷：银行存款　　　　　　　　　　　　520
借：主营业务成本　　　　　　　　　　　21 600
　　库存商品　　　　　　　　　　　　　2 400
　　贷：应收退货成本　　　　　　　　　　24 000

（2）附有退货条款且企业可以确定退货可能性的销售。

附有退货条款的
商品销售（交易
价格的确认）

> 对于附有销售退回条款的销售,企业应当在客户取得相关商品控制权时,按照因向客户转让商品而预期有权收取的对价金额(即,不包含预期因销售退回将退还的金额)确认收入,按照预期因销售退回将退还的金额确认负债;同时,按照预期将退回商品转让时的账面价值,扣除收回该商品预计发生的成本(包括退回商品的价值减损)后的余额,确认为一项资产,按照所转让商品转让时的账面价值,扣除上述资产成本的净额结转成本。
>
> 每一资产负债表日,企业应当重新估计未来销售退回情况,如有变化,应当作为会计估计变更进行会计处理。
>
> ——引自《企业会计准则第14号——收入》

根据上述规定,企业在附有退货条款的商品销售时,应合理确定销货退回的比率,按照预期因销售退回可能退还的销售金额,作为一项"预计负债"来确认,以确保其收入金额的合理性。同时按照预期因销售退回可能将退还的成本金额,作为一项"应收退货成本"确认。

"预计负债"科目属于负债类。用来核算企业是因或有事项可能产生的负债。贷方登记产生的预计负债和根据确凿证据需要调整的预计负债;借方登记清偿预计负债和根据确凿证据需要调整的预计负债;期末贷方余额,反映企业尚未偿还的预计负债。

【例10-3】甲公司于20×7年10月1日向乙销售2 000件A产品,单位销售价格为500元,单位成本为400元,开出的增值税发票上注明的销售价格为100万元,增值税额为13万元。A产品已经发出,但尚未收到。根据协议约定,乙公司应于20×7年12月31日之前支付货款,在20×8年1月31日之前有权退还A产品。甲公司根据过去的经验,估计该批A产品的退货率为20%。在20×7年12月31日,甲公司对退货率进行了重新评估,认为实际只有10%的退货可能性。甲公司为增值税一般纳税人,A产品发出时纳税义务已经发生,实际发生退回时开具红字增值税专用发票。假定A产品发出时控制权转移给乙公司。20×8年1月实际发生销售退回为80件,退货款项已经支付。

对此,甲公司的相关账务处理如下:

(1)20×7年10月1日发出A产品时(退货率为20%)。

借:应收账款　　　　　　　　　　　　　1 130 000

　　　　贷：主营业务收入　　　　　　　　　　　　800 000
　　　　　　预计负债——应付退货款　　　　　　200 000
　　　　　　应交税费——应交增值税（销项税额）　130 000
　　借：主营业务成本　　　　　　　　　　　　640 000
　　　　应收退货成本　　　　　　　　　　　　160 000
　　　　贷：库存商品　　　　　　　　　　　　　　800 000

(2) 20×7年12月31日前收到货款时。
　　借：银行存款　　　　　　　　　　　　　1 130 000
　　　　贷：应收账款　　　　　　　　　　　　　1 130 000

(3) 20×7年12月31日，甲公司对退货率重新评估（退货率为10%）。
　　借：预计负债——应付退货款　　　　　　100 000
　　　　贷：主营业务收入　　　　　　　　　　　100 000
　　借：主营业务成本　　　　　　　　　　　　80 000
　　　　贷：应收退货成本　　　　　　　　　　　　80 000

(4) 20×8年1月实际发生销售退回为80件。
　　借：库存商品　　　　　　　　　　　　　　32 000
　　　　应交税费——应交增值税（销项税额）　　5 200
　　　　预计负债——应付退货款　　　　　　100 000
　　　　贷：应收退货成本　　　　　　　　　　　　32 000
　　　　　　主营业务收入　　　　　　　　　　　60 000
　　　　　　银行存款　　　　　　　　　　　　　45 200
　　借：主营业务成本　　　　　　　　　　　　48 000
　　　　贷：应收退货成本　　　　　　　　　　　　48 000

3. 售后回购

售后回购，是指销售商品的同时，销售方同意时承诺或有权选择日后再将该商品购回的销售方式。一般来说，售后回购通常有三种形式：一是企业和客户约定企业有义务回购该商品，即存在远期安排；二是企业有权利回购该商品，即企业拥有回购选择权；三是当客户要求时，企业有义务回购该商品，即客户拥有回售选择权。对于不同类型的售后回购交易，其会计处理也各不相同，以下仅以融资交易性质的售后回购为例。

【例10-4】 甲公司向乙公司销售一批商品，开出的增值税专用发票上注明的销售价款为200万元，增值税额为26万元。该批商品成本为150万元；商品已经发出，款项已经收到。协议约定，甲公司应于3个月之后将所售商品购回，回购价为230万元（不含增值税额)。甲公司的增值税税率为13%。

本例中,该交易的实质是甲公司以该批商品作为质押取得了200万元的借款,3个月后归还本息合计230万元。甲公司应当将该交易视为融资交易,不应当终止确认该设备,而应当在收到客户款项时确认金融负债,并将该款项和回购价格的差额在回购期间内确认为利息费用等。为此,甲公司相关的会计处理如下:

(1) 在发出商品时。

借:发出商品　　　　　　　　　　　　　　　1 500 000
　　贷:库存商品　　　　　　　　　　　　　　1 500 000
借:银行存款　　　　　　　　　　　　　　　2 260 000
　　贷:其他应付款　　　　　　　　　　　　　2 000 000
　　　　应交税费——应交增值税(销项税额)　　260 000

(2) 回购期内的3个月,甲公司每个月确认利息费用。

借:财务费用　　　　　　　　　　　　　　　　100 000
　　贷:其他应付款　　　　　　　　　　　　　　100 000

(3) 期满甲公司回购商品。

借:库存商品　　　　　　　　　　　　　　　1 500 000
　　贷:发出商品　　　　　　　　　　　　　　1 500 000
借:其他应付款　　　　　　　　　　　　　　2 300 000
　　应交税费——应交增值税(进项税额)　　　299 000
　　贷:银行存款　　　　　　　　　　　　　　2 599 000

知 识 拓 展

对于售后回购交易,企业应当区分下列两种情形分别进行会计处理:

(1) 企业因存在与客户的远期安排而负有回购义务或企业享有回购权利的,表明客户在销售时点并未取得相关商品控制权,企业应当作为租赁交易或融资交易进行相应的会计处理。其中,回购价格低于原售价的,应当视为租赁交易,按照《企业会计准则第21号——租赁》的相关规定进行会计处理;回购价格不低于原售价的,应当视为融资交易,在收到客户款项时确认金融负债,并将该款项和回购价格的差额在回购期间内确认为利息费用等。企业到期未行使回购权利的,应当在该回购权利到期时终止确认金融负债,同时确认收入。

(2) 企业负有应客户要求回购商品义务的,应当在合同开始日评估客户是否具有行使该要求权的重大经济动因。客户具有行使该要求权重大经济动因的，企业应当将售后回购作为租赁交易或融资交易，按照上述（1）规定进行会计处理；否则，企业应当将其作为附有销售退回条款的销售交易进行会计处理。

4. 商业折扣、现金折扣和销售折让的商品销售业务

企业在日常的产品销售中经常会遇到商业折扣、现金折扣和销售折让的问题，企业会计准则对它们进行了界定。

现金折扣，是指债权人为鼓励债务人在规定的期限内付款而向债务人提供的债务扣除。

商业折扣，是指企业为促进商品销售而在商品标价上给予的价格扣除。

销售折让，是指企业因售出商品的质量不合格等原因而在售价上给予的减让。

【例10-5】甲公司向乙公司销售 B 商品一批，售价为每件100元，成本价每件为80元。由于乙公司一次性购买2 000 件（量较大），根据规定甲公司给予10%的商业折扣，甲公司适用的增值税税率为13%；甲公司履行了合同规定的履约义务，乙公司也如期得到了 B 商品的控制权。为此，甲公司应确认收入，进行会计账务处理如下：

本例中，双方交易的实际成交价为：

发票价格 = 2 000 × 100 × (1 - 10%) = 180 000（元）

销项税额 = 180 000 × 13% = 23 400（元）

借：银行存款或应收账款　　　　　　　　203 400
　　贷：主营业务收入　　　　　　　　　　180 000
　　　　应交税费——应交增值税（销项税额）　23 400
借：主营业务成本　　　　　　　　　　　160 000
　　贷：库存商品　　　　　　　　　　　　160 000

现金折扣的会计处理详见第二章应收账款部分，此略。

销售折让也是一种价格的折让，但与商业折扣不同，销售折让不是为了促进销售，它是企业为防止因产品质量不符合要求等原因发生退货而在价格上做出的让步。出现销售折让时，所销货物的质量问题已经发生，价格折让只是防止退货的手段。

【例10-6】甲公司向乙公司销售一批商品，开出的增值税专用发票上注明的销售价款为1 000 000元，增值税额为130 000 元，成本为700 000 元。乙公司在验收过程中发现商品质量不合格，要求在价格上给予5%的折扣。假定甲公司已确认销售收入，款项尚未收到，发生的销售折让允许扣减当期增值税额。

甲公司应编制会计分录如下：

(1) 销售商品时。

借：应收账款　　　　　　　　　　　　　　1 130 000
　　贷：主营业务收入　　　　　　　　　　　　　1 000 000
　　　　应交税费——应交增值税（销项税额）　　130 000
借：主营业务成本　　　　　　　　　　　　700 000
　　贷：库存商品　　　　　　　　　　　　　　　700 000

(2) 发生销售折让时。

借：主营业务收入　　　　　　　　　　　　50 000
　　应交税费——应交增值税（销项税额）　　6 500
　　贷：应收账款　　　　　　　　　　　　　　　56 500

请你分析：你能够根据已经学过的商业折扣、现金折扣和销售折让，分析出它们在会计处理方面的主要区别吗？

答案提示：商业折扣在确认收入时已经事先将其扣除，所以会计处理上不再体现（收入数额）；现金折扣发生时应调整营业收入；而销售折让则通常在发生时调整收入账户。

请你一试：承〖例10-6〗，如果甲公司先发出商品，且收入尚未确认的情况下发生销售折让（其他资料不变）。其会计处理与以上例题的区别在哪里？

答案提示：(1) 发出商品时。

借：发出商品　　　　　　　　　　　　　　700 000
　　贷：库存商品　　　　　　　　　　　　　　　700 000

(2) 发生销售折让时。

借：应收账款　　　　　　　　　　　　　　1 073 500
　　贷：主营业务收入　　　　　　　　　　　　　950 000
　　　　应交税费——应交增值税（销项税额）　　123 500
借：主营业务成本　　　　　　　　　　　　700 000
　　贷：发出商品　　　　　　　　　　　　　　　700 000

如果企业已确认收入的销售折让发生在资产负债表日至财务会计报告批准报出日之间，则属于资产负债表日后事项，应当按照资产负债表日后事项的相关规定进行会计处理。

需要说明的是，不仅商品销售业务会发生商业折扣、现金折扣和销售折让的会计业务处理，企业在提供劳务等业务活动中，也会因为各种原因，发生有关的商业折扣、现金折扣和销售折让的行为，对此，会计处理的原理大致相同。故，后不再赘述。

5. 销售退回业务

销售退回，是指企业售出的商品由于质量、品种不符合要求等原因而发生的退货。企业会计准则对销售退回的会计处理原则进行了规范。

商品销售发生退货，原已经确认收入的应冲减收入并调整成本；尚未确认收入的调整相应账户，税法允许调整增值税的还应一并调整。

【例 10-7】甲公司在 2018 年 12 月 18 日向乙公司销售一批商品，开出的增值税专用发票上注明的销售价格为 80 000 元，增值税额为 10 400 元，该批商品成本为 66 000 元。乙公司在 2018 年 12 月 27 日支付货款，2019 年 4 月 5 日，该批商品因质量问题被乙公司退回，甲公司当日支付有关款项。假定销售退回不属于资产负债表日后事项。甲公司应编制会计分录如下：

（1）销售时。

借：应收账款　　　　　　　　　　　　　90 400
　　贷：主营业务收入　　　　　　　　　　　　80 000
　　　　应交税费——应交增值税（销项税额）　10 400
借：主营业务成本　　　　　　　　　　　66 000
　　贷：库存商品　　　　　　　　　　　　　　66 000

（2）收到货款时。

借：银行存款　　　　　　　　　　　　　93 600
　　贷：应收账款　　　　　　　　　　　　　　93 600

（3）退货时。

借：主营业务收入　　　　　　　　　　　80 000
　　应交税费——应交增值税（销项税额）　10 400
　　贷：银行存款　　　　　　　　　　　　　　90 400
借：库存商品　　　　　　　　　　　　　66 000
　　贷：主营业务成本　　　　　　　　　　　　66 000

如果企业已确认收入的销售退回发生在资产负债表日至财务会计报告批准报出日之间，则属于资产负债表日后事项，应当按照资产负债表日后事项的相关规定进行会计处理。

6. 采用预收款方式的商品销售业务

预收款销售商品，是指购买方在商品尚未收到前按合同或协议约定分期付款，销售方在后期按照合同约定交货的销售方式。在这种方式下，企业通常应在发出商品时确认收入，而在此之前预收的货款应确认为负债。

【例 10-8】甲公司与乙公司签订购销合同，采用预收款方式向乙公司销售一批商品。该批商品实际成本为 500 000 元。合同约定，

延伸阅读：履约义务与收入的确认

该批商品销售价格为 800 000 元,增值税额为 104 000 元;乙公司应在协议签订时预付 60% 的货款(按销售价格计算),剩余货款于两个月发货后支付。甲公司应编制会计分录如下:

(1) 预收 60% 货款时。

借:银行存款　　　　　　　　　　　　　480 000
　　贷:合同负债　　　　　　　　　　　　　480 000

(2) 两个月后发货时。

借:合同负债　　　　　　　　　　　　　480 000
　　银行存款　　　　　　　　　　　　　424 000
　　贷:主营业务收入　　　　　　　　　　　800 000
　　　　应交税费——应交增值税(销项税额)　104 000

借:主营业务成本　　　　　　　　　　　500 000
　　贷:库存商品　　　　　　　　　　　　　500 000

7. 采用支付手续费方式委托代销商品的业务

通过收取手续费方式进行委托代销业务时,委托方在发出商品时通常不应确认销售商品收入,而应在收到受托方开出的代销清单时确认销售商品收入;受托方应在商品销售后,按合同或协议约定的方法计算确定的手续费确认收入。

【例 10-9】甲公司委托乙公司销售商品 2 000 件,商品已经发出,每件成本为 50 元。合同约定乙公司应按每件 100 元对外销售,甲公司按售价的 15% 向乙公司支付手续费。合同还规定:在商品对外销售之前,乙公司没有义务向甲公司支付货款。乙公司不承担包销责任,没有售出的商品须退回给甲公司,同时,甲公司也有权要求收回商品或将其销售给其他的客户。乙公司对外实际销售 800 件,开出的增值税专用发票上注明的销售价款为 80 000 元,增值税额为 10 400 元,款项已经收到。甲公司收到乙公司开具的代销清单时,向乙公司开具一张相同金额的增值税专用发票。假定甲公司发出商品时纳税义务尚未发生,甲公司适用的增值税税率 13%,乙公司收取手续费适用的增值税税率为 6%,不考虑其他因素。

本例中,甲公司将商品发送至乙公司后,乙公司虽然已经实际占有商品,但仅是接受甲公司的委托销售商品,并根据实际销售的数量赚取一定比例的手续费。甲公司有权要求收回商品或将其销售给其他的客户,乙公司并不能主导这些商品的销售,这些商品对外销售与否、是否获利以及获利多少等不由乙公司控制,乙公司没有取得这些商品的控制权。因此,甲公司商品发送至乙公司时,不应确认收入,而应当在乙公司将商品销售给最终客户时确认收入。

甲公司应编制会计分录如下：
（1）发出商品时。
借：发出商品　　　　　　　　　　　　　　100 000
　　贷：库存商品　　　　　　　　　　　　　　　100 000
（2）收到代销清单，同时发生增值税纳税义务时。
借：应收账款　　　　　　　　　　　　　　90 400
　　贷：主营业务收入　　　　　　　　　　　　　80 000
　　　　应交税费——应交增值税（销项税额）　　10 400
借：主营业务成本　　　　　　　　　　　　40 000
　　贷：发出商品　　　　　　　　　　　　　　　40 000
借：销售费用　　　　　　　　　　　　　　12 000
　　应交税费——应交增值税（进项税额）　　720
　　贷：应收账款　　　　　　　　　　　　　　　12 720
（3）收到对方款项时。
借：银行存款　　　　　　　　　　　　　　77 680
　　贷：应收账款　　　　　　　　　　　　　　　77 680

乙公司应编制会计分录如下：
（1）收到代销商品时。
借：受托代销商品　　　　　　　　　　　　100 000
　　贷：受托代销商品款　　　　　　　　　　　　100 000
（2）实现对外销售时。
借：银行存款　　　　　　　　　　　　　　90 400
　　贷：应付账款　　　　　　　　　　　　　　　80 000
　　　　应交税费——应交增值税（销项税额）　　10 400
（3）收到甲公司开具的增值税发票时。
借：应交税费——应交增值税（进项税额）　　10 400
　　贷：应付账款　　　　　　　　　　　　　　　10 400
借：受托代销商品款　　　　　　　　　　　80 000
　　贷：受托代销商品　　　　　　　　　　　　　80 000
（4）支付货款计收手续费时。
借：应付账款　　　　　　　　　　　　　　90 400
　　贷：银行存款　　　　　　　　　　　　　　　77 680
　　　　其他业务收入——代销手续费　　　　　　12 000
　　　　应交税费——应交增值税（销项税额）　　720

8. 分期收款销售商品

企业采用分期收款销售方式销售商品时，因收款期较长（一般

合同资产与应收
账款的区别

为3年以上），说明该项销售业务具有融资性质，在满足收入确认条件的情况下，应按照商品的现销价格确认收入。如果销售的商品不存在现销价格，则按照不含增值税的分期收款总额的现值确认收入，不含增值税的分期收款总额与确认收入额差额作为未实现融资收益。

【例10-10】20×6年12月31日，甲公司采用分期收款方式销售C商品10件，不含增值税的价款为450万元，适用的增值税税率为13%；该批商品的现销价格为401万元，实际利率为6%，合同规定分三期收款，收款日期为20×7年12月31日、20×8年12月31日和20×9年12月31日；该批商品的总成本为315万元；甲公司在各收款日均收取货款169.5万元。假定根据增值税条例规定，增值税纳税义务的发生时点为合同约定的收款日期，确认销项税额，并开具增值税专用发票。对此，甲公司的账务处理如下：

（1）20×6年12月31日，销售C商品时。

待转销项税额 = 4 500 000 × 13% = 585 000（元）
长期应收款总额 = 4 500 000 + 585 000 = 5 085 000（元）
借：长期应收款　　　　　　　　　　　　5 085 000
　　贷：应交税费——待转销项税额　　　　　585 000
　　　　主营业务收入　　　　　　　　　4 010 000
　　　　未实现融资收益　　　　　　　　　490 000
借：主营业务成本　　　　　　　　　　　3 150 000
　　贷：库存商品　　　　　　　　　　　3 150 000

不含增值税的长期应收款账面价值 = 5 085 000 - 585 000 - 490 000 = 4 010 000（元）

（2）20×7年12月31日，收取货款时。

借：银行存款　　　　　　　　　　　　1 695 000
　　贷：长期应收款　　　　　　　　　　1 695 000
待转销项税额转为销项税额 = 585 000 ÷ 3 = 195 000（元）
借：应交税费——待转销项税额　　　　　　195 000
　　贷：应交税费——应交增值税（销项税额）　195 000
未实现融资收益的摊销额 = 4 010 000 × 6% = 240 600（元）
借：未实现融资收益　　　　　　　　　　　240 600
　　贷：财务费用　　　　　　　　　　　　240 600

"长期应收款"科目的借方余额 = 5 085 000 - 1 695 000 = 3 390 000（元）

"应交税费——待转销项税额"科目的贷方余额 = 585 000 - 195 000 = 390 000（元）

"未实现融资收益"科目的贷方余额 = 490 000 – 240 600 = 249 400（元）

为此，不含增值税的长期应收款账面价值 = 3 390 000 – 390 000 – 249 400 = 2 750 600（元）

(3) 20×8年12月31日，收取货款时。

借：银行存款　　　　　　　　　　　　　　1 695 000
　　贷：长期应收款　　　　　　　　　　　　1 695 000
借：应交税费——待转销项税额　　　　　　　195 000
　　贷：应交税费——应交增值税（销项税额）　195 000

未实现融资收益的摊销额 = 2 750 600×6% = 165 036（元）

借：未实现融资收益　　　　　　　　　　　　165 036
　　贷：财务费用　　　　　　　　　　　　　　165 036

"长期应收款"科目的借方余额 = 3 390 000 – 1 695 000 = 1 695 000（元）

"应交税费——待转销项税额"科目的贷方余额 = 3 900 000 – 195 000 = 195 000（元）

"未实现融资收益"科目的贷方余额 = 249 400 – 165 036 = 84 364（元）

为此，不含增值税的长期应收款账面价值 = 1 695 000 – 195 000 – 84 364 = 1 415 636（元）

(4) 20×9年12月31日，收取货款时。

借：银行存款　　　　　　　　　　　　　　1 695 000
　　贷：长期应收款　　　　　　　　　　　　1 695 000
借：应交税费——待转销项税额　　　　　　　195 000
　　贷：应交税费——应交增值税（销项税额）　195 000
借：未实现融资收益　　　　　　　　　　　　84 364
　　贷：财务费用　　　　　　　　　　　　　　84 364

注：最后一期未实现融资收益的摊销倒挤出计算求得。

9. 销售材料等其他存货的业务

一般情况下，企业取得的原材料等存货应当用于生产经营，而在生产经营不需要投入这些存货时，企业可以将其出售。出售时按照其他业务收入核算。

请你一试： 甲公司因转产等原因，将库存的不再使用的材料予以出售，该批材料的成本是20万元，当前市场可以实现售价28万元（不含税），甲公司适用的增值税税率为13%，材料销售价款已经通过银行收到，材料已经发出。编制甲公司出售材料的会计分录。

答案提示：

甲公司应编制会计分录如下：

借：银行存款　　　　　　　　　　　　　　　　316 400
　　贷：其他业务收入　　　　　　　　　　　　　280 000
　　　　应交税费——应交增值税（销项税额）　　36 400
借：其他业务成本　　　　　　　　　　　　　　200 000
　　贷：原材料　　　　　　　　　　　　　　　　200 000

知 识 拓 展

附有客户额外购买选择权的销售

企业在销售商品的同时，有时会向客户授予选择权，允许客户据此免费或者以折扣价格购买额外的商品，此种情况称为附有客户额外购买选择权的销售。企业向客户授予的额外购买选择权的形式包括销售激励、客户奖励积分、未来购买商品的折扣券以及合同续约选择权等。

对于附有客户额外购买选择权的销售，企业应当评估该选择权是否向客户提供了一项重大权利。如果客户只有在订立了一项合同的前提下才取得了额外购买选择权，并且客户行使该选择权购买额外商品时，能够享受到超过该地区或该市场中其他同类客户所能够享有的折扣，则通常认为该选择权向客户提供了一项重大权利，应当将其与原购买的商品单独区分，作为单项履约义务，企业应按照各单项履约义务的单独售价的相对比例，将交易价格分摊至各单项履约义务。其中，分摊至重大选择权的交易价格与未来的商品相关，企业应当在客户未来行使该选择权取得相关商品的控制权时，或者在该选择权失效时确认为收入。

例如，某企业实施一项奖励积分计划，根据该计划客户每消费10元便可获得1个积分，每个积分在次月购物时可以抵减1元。假设本期企业销售额100 000元，则客户获得的积分为10 000个。再根据历史经验，确定该企业积分的实现可能性（假设为95%）。对此，该企业对授予客户的积分认定为该选择权向客户提供了一项重大权利，应当将其与原购买的商品单独区分，作为单项履约义务，为此，该企业在确认本月收入时就不能简单地将销售额100 000元确认为本期收入。而是应当将100 000元在已销商品的交易价格和积分的交易价格之间进行分配，以最终确定属于本期应该确认的收入（假设为90 000元），至于对本期实际收到的价款与应确认的收入之间的差额,企业应作为一项"合同负债"。

10.1.3 提供劳务收入的核算

企业提供劳务是指通过提供劳动服务赚取一定的经济利益。在我国企业提供劳务的行业很多,如建筑安装业、投资银行业、咨询行业、软件开发行业以及娱乐服务业等;如公司提供咨询服务、软件开发企业为客户开发软件、安装公司提供安装服务等实现的收入。这些都是提供劳务取得的收入。

提供劳务通常与履行劳务所产生的合同义务密切相关,但是劳务的履行与完成,时间有长短之分。如果提供的劳务仅限于某一时点的履约义务,其会计处理类似于商品销售;如果提供的劳务属于某一段期间履行的义务(时间较长,尤其是跨年度),企业应当考虑转让商品的性质(注:转让商品按照新的准则规定,既包括商品,也包括提供服务),采用产出法或投入法确定恰当的履约进度,以确认本期应该产生的收入。通常情况下,当期应确认的收入为资产负债表日按照合同的交易价格总额乘以履约进度扣除以前会计期间累计已确认的收入后的金额。

1. 产出法

产出法是根据已转移给客户的商品对于客户的价值确定履约进度,通常可采用实际测量的完工进度、评估已实现的结果、已达到的里程碑、时间进度、已完工或交付的产品等产出指标确定履约进度的方法。企业在评估是否采用产出法确定履约进度时,应当考虑具体的事实和情况,并选择能够如实反映企业履约进度和向客户转移商品控制权的产出指标。当选择的产出指标无法计量控制权已转移给客户的商品时,不应采用产出法。

【例10-11】20×7年11月1日,甲公司与乙公司签订一项服务合同,合同价格为150万元(不含税价),完工日为20×8年4月30日,采用产出法确认营业收入。合同签订日(20×7年11月1日)甲公司预收120万元,其余服务款分别于20×7年12月31日、20×8年2月28日、20×8年4月30日各收取10万元;甲公司预计该项服务的总成本为100万元。20×7年11月,甲公司实际发生服务成本20万元(假定全部存款转账支付),月末专业测量师测算的履约进度10%;20×7年12月,甲公司实际发生服务成本15万元(假定全部为职工薪酬),月末专业测量师测算的履约进度为30%;不考虑增值税等其他因素。

本例中，根据双方签订的合同，甲公司提供的该项服务属于在某一时段内履行的履约义务，公司应当在提供该服务的期间内确认收入。为此，甲公司相关的账务处理如下：

(1) 20×7年11月1日甲公司预收款时。

借：银行存款　　　　　　　　　　　　　　1 200 000
　　贷：合同负债　　　　　　　　　　　　　　　1 200 000

(2) 2×17年11月份实际发生的服务成本时。

借：合同履约成本　　　　　　　　　　　　200 000
　　贷：银行存款　　　　　　　　　　　　　　　200 000

(3) 11月末确认服务收入时。

确认服务收入=150×10%=15（万元）

确认服务费用=100×10%=10（万元）

借：合同负债　　　　　　　　　　　　　　150 000
　　贷：主营业务收入　　　　　　　　　　　　　150 000
借：主营业务成本　　　　　　　　　　　　100 000
　　贷：合同履约成本　　　　　　　　　　　　　100 000

(4) 20×7年12月31日甲公司预收款时。

借：银行存款　　　　　　　　　　　　　　100 000
　　贷：合同负债　　　　　　　　　　　　　　　100 000

(5) 2×17年12月份实际发生的服务成本时。

借：合同履约成本　　　　　　　　　　　　150 000
　　贷：应付职工薪酬　　　　　　　　　　　　　150 000

(6) 12月末确认服务收入时。

确认本月服务收入=150×30%-15=30（万元）

确认本月服务费用=100×30%-10=20（万元）

借：合同负债　　　　　　　　　　　　　　300 000
　　贷：主营业务收入　　　　　　　　　　　　　300 000
借：主营业务成本　　　　　　　　　　　　200 000
　　贷：合同履约成本　　　　　　　　　　　　　200 000

请你分析：甲公司与客户签订合同，为该客户拥有的一项资产更换新的一系列部件，工作量共计100个单位。合同价格为20万元（不含税价）。截至2×18年12月31日，甲公司更换部件已经完成40个单位，剩余部分预计在2×19年6月30日之前完成。该合同仅包含一项履约义务，且该履约义务满足在某一时段内履行的条件。假定不考虑其他情况。

要求：请采用产出法，按照已完成的产出指标确定甲公司的履约进度，并计算当年的收入金额。

答案提示：甲公司提供的更换新部件的服务属于在某一时段内履行的履约义务，甲公司按照已完成的工作量确定履约进度。因此，截至 2×18 年 12 月 31 日，该合同的履约进度为 40%（40÷100），甲公司应确认的收入为 8 万元（20×40%）。

企业为履行合同可能会发生各种成本，对于确认为资产的合同履约成本和合同取得成本，企业应当采用与该资产相关的商品收入确认相同的基础（即，在履约义务履行的时点或者按照履约义务的履约进度）进行摊销，计入当期损益。为此，企业应当设置"合同履约成本"会计科目。

"合同履约成本"科目属于资产类。该科目核算企业为履行当前或预期取得的合同所发生的、不属于其他企业会计准则规范范围且按照收入准则应当确认为一项资产的成本。借方登记企业发生上述合同履约成本时，贷方登记企业对合同履约成本进行摊销时；该科目可按合同，分别"服务成本""工程施工"等进行明细核算。期末借方余额，反映企业尚未结转的合同履约成本。

如果企业发生与合同履约成本有关的资产减值时，还应当按照应减值的金额，借记"资产减值损失"科目，贷记"合同履约成本减值准备"科目；转回已计提的资产减值准备时，做相反的会计分录。

请你分析：承〖例 10-11〗假设适用的增值税税率为 6%，编制涉及增值税的会计处理？

答案提示：涉及的增值税会计处理如下：

(1) 2×17 年 11 月末确认服务收入时。

确认服务收入 = 150×10% = 15（万元）

应收取的增值税 = 15×6% = 0.9（万元）

借：合同负债　　　　　　　　　　　　　　159 000
　　贷：主营业务收入　　　　　　　　　　　　150 000
　　　　应交税费——应交增值税（销项税额）　　9 000

(2) 2×17 年 12 月末确认服务收入时。

确认本月服务收入 = 150×30% - 15 = 30（万元）

应收取的增值税 = 30×6% = 1.8（万元）

借：合同负债　　　　　　　　　　　　　　318 000
　　贷：主营业务收入　　　　　　　　　　　　300 000
　　　　应交税费——应交增值税（销项税额）　18 000

可见，产出法是直接计量已完成的产出，这种方法一般能够客观地反映履约进度。当产出法所需要的信息可能无法直接通过观察获得，或者为获得这些信息需要花费很高的成本时，可以采用投入法。

2. 投入法

投入法是根据企业为履行履约义务的投入确定履约进度，通常可采用投入的材料数量、花费的人工工时或机器工时、发生的成本和时间进度等投入指标确定履约进度。实务中，通常按照累计实际发生的成本占预计总成本的比例（即成本法）确定履约进度，累计实际发生的成本包括企业向客户转移商品过程中所发生的直接成本和间接成本，如直接人工、直接材料、分包成本以及其他与合同相关的成本。当企业从事的工作或发生的投入是在整个履约期间内平均发生时，企业也可以按照直线法确认收入。

【例10-12】甲公司于2018年12月1日接受一项设备安装任务，安装期为3个月，合同总收入1 200 000元，至年底已预收安装费800 000元，实际发生安装费用为550 000元（假定均为安装人员薪酬），估计还会发生安装费用250 000元。假定甲公司按实际发生的成本占估计总成本的比例确定劳务的履约进度。不考虑增值税等其他因素，甲公司会计处理如下（假设甲公司按年结算收入与费用）：

本例中，甲公司的安装劳务属于某一时段内履行的履约义务，采用投入法确定履约进度。

$$计算履约进度 = 已发生成本 \div 预计劳务总成本$$
$$= 550\ 000 \div (550\ 000 + 250\ 000) \times 100\%$$
$$= 68.75\%$$

$$计算应确认的收入 = 劳务总收入 \times 截至本年末的完工进度$$
$$- 以前期间已经确认的收入$$
$$= 1\ 200\ 000 \times 68.75\% - 0$$
$$= 825\ 000（元）$$

$$计算应结转的成本 = 劳务总成本 \times 截至本年末的完工进度$$
$$- 以前期间已经结转的成本$$
$$= (550\ 000 + 250\ 000) \times 68.75\% - 0$$
$$= 550\ 000（元）$$

甲公司应编制会计分录如下：

（1）2018年发生劳务成本时。

借：合同履约成本　　　　　　　　　　　　　　550 000
　　贷：应付职工薪酬　　　　　　　　　　　　　　550 000

（2）2018年预收劳务款时。
借：银行存款　　　　　　　　　　　　800 000
　　贷：合同负债　　　　　　　　　　　　　800 000
（3）确认2018年度的收入并结转成本。
借：合同负债　　　　　　　　　　　　825 000
　　贷：主营业务收入　　　　　　　　　　　825 000
借：主营业务成本　　　　　　　　　　550 000
　　贷：合同履约成本　　　　　　　　　　　550 000

对于每一项履约义务，企业只能采用一种方法来确定其履约进度，并加以一贯运用。对于类似情况下的类似履约义务，企业应当采用相同的方法确定履约进度。

资产负债表日，企业应当在按照合同的交易价格总额乘以履约进度扣除以前会计期间累计已确认收入后的金额，确认为当期收入。当履约进度不能合理确定时，企业已经发生的成本预计能够得到补偿的，应当按照已经发生的成本金额确认收入，直到履约进度能够合理确定为止。每一资产负债表日，企业应当对履约进度进行重新估计。当客观环境发生变化时，企业也需要重新评估履约进度是否发生变化，以确保履约进度能够反映履约情况的变化，该变化应当作为会计估计变更进行会计处理。

请你分析：实务中，企业为履行属于在某一时段内履行的单项履约义务而发生的支出并非均衡发生的，承上例〖例10-12〗在采用某种方法（例如成本法）确定履约进度时，可能会导致企业对于较早生产的产品确认更多的收入和成本。这种情况下还能采用投入法（成本法）吗？

答案提示：确实，实务中企业为履行属于在某一时段内履行的单项履约义务而发生的支出并非均衡发生。例如，企业承诺向客户交付一定数量的商品，且该承诺构成单项履约义务，在履约的前期，由于经验不足、技术不成熟、操作不熟练等原因，企业可能会发生较高的成本，而随着经验的不断累积，企业的生产效率逐步提高，导致企业的履约成本逐步下降。这一结果是合理的，因为这表明企业在合同早期的履约情况具有更高的价值。所以，仍可以采用投入法（成本法）。

但是，如果该单项履约义务属于在某一时点履行的履约义务，企业则需要按照其他相关会计准则对相关支出进行会计处理。

请你分析：甲公司向乙公司签订销售一软件产品及后续技术服务的合同。合同规定：半年后交付软件，并且约定在乙公司能够正常使用软件时一次性支付销售软件产品及后续技术服务的总价款500万元（不含税），而且双方确定甲公司应提供一年的技术服务，自软件正常使用时间开始算起。

要求：

(1) 分析该业务属于商品销售吗？

(2) 该业务涉及的履约义务有几项？

(3) 指出该业务确认收入的时点和金额。

(4) 如果500万元的总价款在确认收入之前先期收到，请指出会计应使用的账户（科目）名称。

答案提示：(1) 该业务属于商品销售（出售软件）和提供劳务（提供技术服务）混合性质业务。(2) 该业务涉及两项履约义务：一项为销售软件；另一项为提供技术服务。(3) 中的收入时点：出售软件的收入应在软件能够正式交付使用时；提供技术服务的收入从软件正常使用时间开始算起，分12个月均摊。(3) 中的收入金额：就500万元总价款，应在销售软件与技术服务两者之间进行分摊，并且按照软件与技术服务各自单独出售的市场售价之比重进行分摊。(4) 如果500万元的总价款在确认收入之前先期收到，会计核算应使用的科目为"合同负债"。

知 识 拓 展

对于建筑业来说，其从事的业务活动主要体现在利用机械设备与工具，按照客户的设计要求，从事建筑（安装）工程的勘察、设计、施工等，从而生产出特定的产品。所以，建筑业的经济业务特点决定了其收入的会计处理通常也会根据履约进度以确认本期应该产生的收入。

甲建筑公司与乙客户签订一项总金额为1 160万元的固定造价合同，该合同不可撤销。甲公司负责工程的施工及全面管理，乙客户按照第三方工程监理公司确认的工程完工量，每年与甲公司结算一次；该工程已于2×18年2月开工，预计2×21年6月完工；预计可能发生的工程总成本为1 100万元。

截至2×18年末，该建筑公司累计实际发生成本308万元，预计完成合同尚需发生成本792万元；本期（年）结算合同价款348万元，本期实际收到价款340万元。

2×18年账务处理如下：

(1) 实际发生合同成本。

借：合同履约成本　　　　　　　　　　　　3 080 000

　　贷：原材料、应付职工薪酬等　　　　　　　　3 080 000

(2) 年末确认计量当年的收入并结转成本。

履约进度 = 3 080 000 ÷ (3 080 000 + 7 920 000) = 28%

合同收入 = 11 600 000 × 28% = 3 248 000（元）

借：合同结算——收入结转　　　　　　3 248 000
　　　贷：主营业务收入　　　　　　　　　　　3 248 000
借：主营业务成本　　　　　　　　　　3 080 000
　　　贷：合同履约成本　　　　　　　　　　　3 080 000

(3) 结算合同价款。

借：应收账款　　　　　　　　　　　　3 480 000
　　　贷：合同结算——价款结算　　　　　　　3 480 000

(4) 实际收到合同价款。

借：银行存款　　　　　　　　　　　　3 400 000
　　　贷：应收账款　　　　　　　　　　　　　3 400 000

2×18 年 12 月 31 日，"合同结算"科目的余额为贷方 23.2 万元 (348 - 324.8)，表明甲公司已经与客户结算但尚未履行履约义务的金额为 23.2 万元，由于甲公司预计该部分履约义务将在 2×19 年内完成，因此，应在资产负债表中作为合同负债列示。

10.1.4　让渡资产使用权收入的核算

如前，企业提供劳务，是以活劳动形式为他人提供某种特殊使用价值的劳动。如咨询公司提供咨询服务、软件开发企业为客户开发软件、安装公司提供安装服务等实现的收入。而让渡资产使用权是指在不改变财产的本质前提下，将资产利用的权利通过一定的方式，全部或部分以有偿或无偿的形式转让给他人，让其行使相应的权利。如出租无形资产、出租固定资产、授予知识产权许可。

市场经济条件下，企业经常会发生向客户授予一定的知识产权，常见的包括软件和技术、影视和音乐等的版权、特许经营权以及专利权、商标权和其他版权等。企业向客户授予知识产权许可的，应当按照评估该知识产权许可是否构成单项履约义务。其中：

对于不构成单项履约义务的，企业应当将该知识产权许可和其他商品一起作为一项履约义务进行会计处理。授予知识产权许可不构成单项履约义务的情形包括：一是该知识产权许可构成有形商品的组成部分并且对于该商品的正常使用不可或缺，例如，企业向客户销售设备和相关软件，该软件内嵌于设备之中，该设备必须安装了该软件之后才能正常使用；二是客户只有将该知识产权许可和相关服务一起使用才能够从中获益,例如,客户取得授权许可,但是只有通过企业提供的在线服务才能访问相关内容。

对于构成单项履约义务的,应当进一步确定其是在某一时段内履行还是在某一时点履行,同时满足下列条件时,应当作为在某一时段内履行的履约义务确认相关收入;否则,应当作为在某一时点履行的履约义务确认相关收入:(1)合同要求或客户能够合理预期企业将从事对该项知识产权有重大影响的活动;(2)该活动对客户将产生有利或不利影响;(3)该活动不会导致向客户转让商品。如果企业向客户授予知识产权许可不能同时满足上述条件的,则属于在某一时点履行的履约义务,并在该时点确认收入。

企业向客户授予知识产权许可,并约定按客户实际销售或使用情况收取特许权使用费的,应当在下列两项孰晚的时点确认收入:一是客户后续销售或使用行为实际发生;二是企业履行相关履约义务。

【例10-13】甲公司与丁公司签订合同,将其商品的商标使用权授予丁公司,并约定丁公司每年末按年销售收入的10%支付使用费,使用期10年。第一年,丁公司实现销售收入120万元;第二年,丁公司实现销售收入160万元。假定甲公司均于每年末收到使用费,假定不考虑其他因素。

本例中,甲公司授予丁公司商标使用权,并约定按客户实际销售情况收取特许权使用费,应当在客户后续销售行为实际发生时确认收入。甲公司编制会计分录如下:

(1)第一年末确认使用费收入时(假设增值税税率为6%)

借:银行存款(1 200 000×10%) 127 200
　　贷:其他业务收入 120 000
　　　　应交税费——应交增值税(销项税额) 7 200

(2)第二年年末确认使用费收入时

借:银行存款(1 600 000×10%) 169 600
　　贷:其他业务收入 160 000
　　　　应交税费——应交增值税(销项税额) 9 600

【例10-14】承【例10-13】,如果甲公司年初与丁公司签订合同,将其商品的商标使用权授予丁公司,双方达成合同约定如下:(1)甲公司未来5年内允许丁公司使用甲公司的商标使用权,但是每年末向丁公司固定收取20万元的费用;(2)每年末按丁公司年销售收入的10%收取商标使用费。第一年末,丁公司实现销售收入120万元,年末甲公司转账收到丁公司支付的20万元固定使用

费。假定不考虑其他税费因素。为此,甲公司第一年末的会计处理如下:

甲公司授予丁公司商标使用权许可属于在某一时点履行履约义务。原因是甲公司可合理预期不会实施对该商标使用权产生重大影响的活动,应当作为在某一时点履行的履约义务。

借:银行存款　　　　　　　　　　　　　200 000
　　贷:长期应收款——丁公司　　　　　　　　200 000
借:应收账款——丁公司　　　　　　　　120 000
　　贷:其他业务收入　　　　　　　　　　　120 000

10.2　费　用

10.2.1　费用概述

1. 费用的含义和特征

> 费用是指企业在日常活动中发生的、会导致所有者权益减少的、与向所有者分配利润无关的经济利益的总流出。
> ——引自《企业会计准则——基本准则》

根据费用的定义可知,费用有三个特征:

(1) 费用是企业日常活动中发生的经济利益总流出;(2) 费用会导致企业所有者权益减少;(3) 费用与向所有者分配利润无关。

与收入相反,费用将导致所有者权益的减少说明费用存在于这三种来源中,由于费用的定义中明确了与分配利润无关且来自日常活动,因此费用只能通过留存收益减少所有者权益,这是费用减少所有者权益的途径。

2. 费用的分类和内容

费用有狭义和广义之分。狭义的费用仅指与本期营业收入相配比的那部分耗费(如营业成本、税金及附加和期间费用等);而广义的费用泛指企业各种日常活动发生的所有耗费,它除了包括狭义的费用外,还包括公允价值变动损失、投资损失、资产处置损失、营业外支出和所得税费用等。

费用应按照权责发生制和配比原则确认，凡应属于本期发生的费用，不论其款项是否支付，均确认为本期费用；反之，不属于本期发生的费用，即使其款项已在本期支付，也不确认为本期费用。

在确认费用时，首先，应当划分生产费用与非生产费用的界限。生产费用是指与企业日常生产经营活动有关各种直接费用和间接费用，如生产产品所发生的原材料费用、人工费用和制造费用等；非生产费用是指不应由生产费用负担的费用，如用于购建固定资产所发生的费用，不属于生产费用。其次，应当分清生产费用与产品成本的界限。生产费用与一定的时期相联系，而与生产的产品无关；产品成本与一定品种和数量的产品相联系，而不论发生在哪一期。生产费用需要按照一定的方式分配计入产品成本。最后，应当分清生产费用与期间费用的界限，生产费用应当计入产品成本，而期间费用直接计入当期损益。

在确认费用时，对于确认为期间费用的费用，必须进一步划分为管理费用、销售费用和财务费用。三种费用分别对应于企业经营管理活动、销售活动和筹集资金等财务活动所发生的耗费。

符合定义的费用主要包括：主营业务成本、其他业务成本、税金及附加、销售费用、管理费用、财务费用和所得税费用，主营业务成本和其他业务成本在收入业务中已经涉及不再赘述，税金及附加的核算详见本书第 8 章负债。本节主要讲述其他几种费用的核算。

成本、费用和支出

10.2.2 期间费用的核算

期间费用是企业当期发生的费用中的重要组成部分，是指本期发生的、不能直接或间接归入某种产品成本的、直接计入损益的各项费用，包括管理费用、销售费用和财务费用。

1. 管理费用

管理费用是指企业为组织和管理企业生产经营所发生的管理费用，包括企业在筹建期间内发生的开办费、董事会和行政管理部门在企业的经营管理中发生的或者应由企业统一负担的公司经费（包括行政管理部门职工工资及福利费、物料消耗、低值易耗品摊销、办公费和差旅费等）、工会经费、董事会费（包括董事会成员津贴、会议费和差旅费等）、聘请中介机构费、咨询费（含顾问费）、诉讼费、业务招待费、技术转让费、矿产资源补偿费、研究费用、排污费以及企业生产车间（部门）和行政管理部门等发生的固定资产修理费用等。

企业发生的管理费用，在"管理费用"科目核算，并在"管理费用"科目中按费用项目设置明细账，进行明细核算。期末，"管理费用"科目的余额结转"本年利润"科目后无余额。

【例10-15】2014年3月，甲公司行政办公室人员以现金购入办公用品一批，金额560元。经办人员持购物发票到财务部门报账。

甲公司应编制会计分录如下：

借：管理费用　　　　　　　　　　　　　　　　560
　　贷：库存现金　　　　　　　　　　　　　　　　560

2. 销售费用

销售费用是指企业在销售商品和材料、提供劳务的过程中发生的各种费用，包括企业在销售商品过程中发生的保险费、包装费、展览费和广告费、商品维修费、预计产品质量保证损失、运输费、装卸费等以及为销售本企业商品而专设的销售机构（含销售网点、售后服务网点等）的职工薪酬、业务费、折旧费、固定资产修理费用等费用。

企业发生的销售费用，在"销售费用"科目核算，并在"销售费用"科目中按费用项目设置明细账，进行明细核算。期末，"销售费用"科目的余额结转"本年利润"科目后无余额。

【例10-16】甲公司2014年6月为推销新产品发生展览费和广告费共计20 000元，均以银行存款支付。甲公司应编制会计分录如下：

借：销售费用　　　　　　　　　　　　　　　20 000
　　贷：银行存款　　　　　　　　　　　　　　　20 000

3. 财务费用

财务费用是指企业为筹集生产经营所需资金等而发生的融资费用，包括利息支出（减利息收入）、汇兑损益以及相关的手续费等。

企业发生的财务费用，在"财务费用"科目核算，并在"财务费用"科目中按费用项目设置明细账，进行明细核算。期末，"财务费用"科目的余额结转"本年利润"科目后无余额。

【例10-17】甲公司2014年9月结算银行借款的利息共计35 000元，银行自动扣款后已经将扣款通知下发给甲公司。甲公司应编制会计分录如下：

借：财务费用　　　　　　　　　　　　　　　35 000
　　贷：银行存款　　　　　　　　　　　　　　　35 000

请你分析：企业财务部门发生的购买办公用品费用、差旅费等应该记入哪一个期间费用账户？

答案提示：企业财务部门也属于企业行政管理部门，所以发生的各项办公费用应该记入管理费用账户。

10.2.3 所得税费用的核算

1. 所得税与所得税费用

所得税是企业根据《中华人民共和国企业所得税法》的规定，按照当期实现的应纳税所得额的一定比例缴纳的一种税金。企业缴纳所得税必然会造成经济利益的流出，因此企业承担的所得税耗费符合费用的定义，会计上称为所得税费用。所得税税款的计算必须依据税法的规定，而所得税费用作为一种费用其核算要符合会计准则的要求，税法和会计准则的规定可能会产生冲突，因此应交的所得税税款与所得税费用之间可能会出现差异。

2. 当期所得税的计算

当期所得税即是根据应纳税所得额的一定比例计算的应交所得税税款，这部分实际发生的上缴款项企业有实际的经济利益流出，需要将它确认为所得税费用。

$$当期所得税 = 应纳税所得额 \times 所得税税率$$

应纳税所得额需要根据企业会计账面税前利润调整会计与税收的差异之后得到，所得税税率由税法规定。

3. 所得税费用的核算

当期所得税只是构成所得税费用的一个组成部分，它们之间可能会产生差异。这些差异源自会计准则和所得税税法对相同问题的不同规定，它们可以分为两类：永久性差异和暂时性差异。

永久性差异是指某一会计期间，由于会计准则、会计制度和税法在计算收益、费用或损失时的口径不同，所产生的税前会计利润与应纳税所得之间的差异。

暂时性差异是指资产或负债的账面价值与其计税基础之间的差额。

由于所得税会计核算将会在高级财务会计课程中详细介绍，本书不再详述，假设不存在会计和税法规定差异的情况下，所得税费用在金额上等于应交所得税，此时企业应编制会计分录如下：

借：所得税费用
　　贷：应交税费——应交所得税

10.3 利润

10.3.1 利润的含义和构成

> 利润是指企业在一定会计期间的经营成果。利润包括收入减去费用后的净额、直接计入当期利润的利得和损失等。
>
> 直接计入当期利润的利得和损失,是指应当计入当期损益、会导致所有者权益发生增减变动的、与所有者投入资本或者向所有者分配利润无关的利得或者损失。
>
> 利润金额取决于收入和费用、直接计入当期利润的利得和损失金额的计量。
>
> ——引自《企业会计准则——基本准则》

根据基本准则的规定,企业一定期间的利润由收入、费用、直接计入当期利润的利得和损失等要素构成。其中收入、费用即为本章第1、2节所述要素,直接计入当期利润的利得和损失在会计核算上表现为营业外收入和营业外支出。

从广义上讲,利润可以细分为营业利润、利润总额、净利润和综合收益总额四种。

1. 营业利润

营业利润是企业日常经营活动产生的经营成果,它由收入和费用计算而来。其具体计算公式如下:

营业利润 = 营业收入 − 营业成本 − 税金及附加 − 销售费用
　　　　− 管理费用 − 财务费用 − 研发费用 − 资产减值损失
　　　　+ 公允价值变动收益（− 公允价值变动损失）
　　　　+ 投资收益（− 投资损失）+ 其他收益
　　　　+ 资产处置收益（− 资产处置损失）

其中,营业收入是指企业经营业务所确定的收入总额,包括主营业务收入和其他业务收入。营业成本是指企业经营业务所发生的实际成本总额,包括主营业务成本和其他业务成本。

税金及附加包括企业经营业务中应负担的税金及附加费用,如消费税、城市维护建设税、资源税、土地增值税、教育费附加等。资产减值损失是指企业计提各项资产减值准备所形成的损失（包括信用减值损失等）。公允价值变动收益（或损失）是指企业以公允价值计量且其变动计入当期损益的金融资产以及采用公允价值计量的投资性房地产等公允价值变动形成的应计入当期损益的收益（或损失）。投资收益（或损失）是指企业以各种方式对外投资所取得的收益（或发生的损失）。资产处置收益是指企业出售划分为持有待售的非流动资产（金融工具、长期股权投资和投资性房地产除外）或处置组（子公司和业务除外）时确认的处置利得或损失，以及处置未划分为持有待售的固定资产、在建工程、生产性生物资产及无形资产而产生的处置利得或损失。债务重组中因处置非流动资产（金融工具、长期股权投资和投资性房地产除外）产生的利得或损失和非货币性资产交换中换出非流动资产（金融工具、长期股权投资和投资性房地产除外）产生的利得或损失也包括在资产处置收益项目中。

除此之外，"研发费用"项目，反映企业进行研究与开发过程中发生的费用化支出，以及计入管理费用的自行开发无形资产的摊销。"其他收益"项目，反映企业计入其他收益的政府补助，以及其他与日常活动相关且记入其他收益的项目。

2. 利润总额

$$利润总额 = 营业利润 + 营业外收入 - 营业外支出$$

其中，营业外收入（或支出）是指企业发生的与日常活动无直接关系的各项利得（或损失），它们直接计入当期利润。

3. 净利润

$$净利润 = 利润总额 - 所得税费用$$

其中，所得税费用是指企业确认的应从当期利润总额中扣除的所得税费用。

4. 综合收益总额

$$综合收益总额 = 净利润 + 其他综合收益扣除所得税影响后的净额$$

其中，其他综合收益是指企业根据会计准则规定未在当期损益中确认的各项利得和损失等。

10.3.2 营业外收支的核算

营业外收支是指企业发生的与日常活动无直接关系的各项收支。营业外收支虽然与企业生产经营活动没有多大的关系，但从企业主体来考虑，同样带来利得或形成企业的损失，也是增加或减少利润的因素,对企业的利润总额及净利润产生较大的影响。

1. 营业外收入

营业外收入是指企业发生的、直接计入当期利润的、与其日常活动无直接关系的各项利得。营业外收入并不是由企业经营资金耗费所产生的,不需要企业付出代价,实际上是一种纯收入,不可能也不需要与有关费用进行配比。因此,在会计核算上,应当严格区分营业外收入与营业收入的界限。营业外收入主要包括:政府补助、盘盈利得、捐赠利得(企业接受股东或股东的子公司直接或间接的捐赠,经济实质属于股东对企业的资本性投入的除外)等。

企业应当通过"营业外收入"科目,核算营业外收入的取得和结转情况。该科目可按营业外收入项目进行明细核算。期末,应将该科目余额转入"本年利润"科目,结转后该科目无余额。

【例10-18】甲公司2014年4月接受其他企业捐赠的银行存款50 000元,没收乙公司缴纳的包装物押金2 000元,甲公司应编制会计分录如下:

借:银行存款　　　　　　　　　　　50 000
　　贷:营业外收入　　　　　　　　　　　50 000
借:其他应付款　　　　　　　　　　2 000
　　贷:营业外收入　　　　　　　　　　　2 000

2. 营业外支出

营业外支出是指企业发生的、直接计入当期利润的、与日常活动无直接关系的各项损失。营业外支出主要包括:非流动资产毁损报废损失、公益性捐赠支出、非常损失、盘亏损失等。其中,公益性捐赠支出,是指企业对外进行公益性捐赠发生的支出。非常损失,是指企业对于因客观因素(如自然灾害等)造成的损失,在扣除保险公司赔偿后计入营业外支出的净损失。

企业应通过"营业外支出"科目核算营业外支出的发生及结转情况。该科目可按营业外支出项目进行明细核算。期末,应将该科目余额转入"本年利润"科目,结转后该科目无余额。

需要注意的是,营业外收入和营业外支出应当分别核算。在具体核算时,不得以营业外支出直接冲减营业外收入,也不得以营业外收入冲减营业外支出。

【例10-19】甲公司2014年8月因违反环保规定被罚款20 000元,通过中国红十字会对灾区捐款100 000元,甲公司应编制会计分录如下:

借:营业外支出——罚款支出　　　　20 000

```
            ——公益性捐赠支出              100 000
    贷：银行存款                                      120 000
```

10.3.3 本年利润的会计处理

企业应当在会计期末计算并确认会计利润，企业应设置"本年利润"科目，核算企业当期实现的净利润（或发生的净亏损）。

会计期末结转本年利润的方法有表结法和账结法两种。

表结法下，各损益类科目每月末只需结计出本月发生额和月末累计余额，不结转到"本年利润"科目，只有在年末时才将全年累计余额结转入"本年利润"科目。但每月末要将损益类科目的本月发生额合计数填入利润表的本月数栏，同时将本月末累计余额填入利润表的本年累计数栏，通过利润表计算反映各期的利润（或亏损）。表结法下，年中损益类科目无须结转入"本年利润"科目，从而减少了转账环节和工作量，同时并不影响利润表的编制及有关损益指标的利用。

账结法下，每月末均需编制转账凭证，将在账上结计出的各损益类科目的余额结转入"本年利润"科目。结转后"本年利润"科目的本月合计数反映当月实现的利润或发生的亏损，"本年利润"科目的本年累计数反映本年累计实现的利润或发生的亏损。账结法在各月均可通过"本年利润"科目提供当月及本年累计的利润（或亏损）额，但增加了转账环节和工作量。

年度终了，应将本年收入和支出相抵后结出的本年实现的净利润，转入"利润分配"科目，借记"本年利润"科目，贷记"利润分配——未分配利润"科目；如为净亏损做相反的会计分录。结转后"本年利润"科目应无余额。

【例10-20】甲公司20×4年末各类损益类账户的发生额数据如表10-1所示。

表10-1　　　　　甲公司相关损益账户信息表　　　　　单位：万元

会计账户	1~11月累计数	12月发生额	全年累计数
主营业务收入	9 000	800	9 800
其他业务收入	500	100	600
公允价值变动损益	50	80（借方）	30（借方）
投资收益	220	50	270

续表

会计账户	1~11月累计数	12月发生额	全年累计数
主营业务成本	7 500	600	8 100
其他业务成本	300	80	380
税金及附加	420	30	450
管理费用	100	10	110
销售费用	70	5	75
财务费用	50	3	53
资产减值损失	30	5	35
营业外收入	600	120	720
营业外支出	450	70	520
本年利润	1 450	187	1 637
所得税费用	370	48	418

其他相关资料：(1) 若采用账结法核算本年利润，前11个月的损益类账户均已经转入本年利润；(2) 若采用表结法核算本年利润，全年发生额一并处理。假设甲公司所得税税率25%，所得税费用为按照企业会计准则规定调整暂时性差异影响后的金额。

1. 账结法

账结法下甲公司应编制会计分录如下：

(1) 将本月发生的收入等账户转入本年利润：

借：主营业务收入	8 000 000
其他业务收入	1 000 000
投资收益	500 000
营业外收入	1 200 000
贷：公允价值变动损益	800 000
本年利润	9 900 000

(2) 将本月发生的费用等账户转入本年利润：

借：本年利润	8 030 000
贷：主营业务成本	6 000 000
其他业务成本	800 000
税金及附加	300 000
销售费用	50 000
管理费用	100 000

　　　　财务费用　　　　　　　　　　　　　　　　30 000
　　　　资产减值损失　　　　　　　　　　　　　　50 000
　　　　营业外支出　　　　　　　　　　　　　　700 000
　（3）确认并结转当月所得税费用（假设不考虑暂时性差异因素）：
　　借：所得税费用　　　　　　　　　　　　　480 000
　　　　贷：应交税费——应交所得税　　　　　　480 000
　　借：本年利润　　　　　　　　　　　　　　480 000
　　　　贷：所得税费用　　　　　　　　　　　　480 000
　　计算年度净利润 = 16 370 000 - 4 180 000 = 12 190 000（元）
　（4）将年度净利润转入利润分配——未分配利润：
　　借：本年利润　　　　　　　　　　　　　12 190 000
　　　　贷：利润分配——未分配利润　　　　　12 190 000

2. 表结法

表结法下甲公司应编制会计分录如下：
（1）将全年各损益类科目累计发生额转入本年利润：
　　借：主营业务收入　　　　　　　　　　　98 000 000
　　　　其他业务收入　　　　　　　　　　　 6 000 000
　　　　投资收益　　　　　　　　　　　　　 2 700 000
　　　　营业外收入　　　　　　　　　　　　 7 200 000
　　　　贷：公允价值变动损益　　　　　　　　　300 000
　　　　　　本年利润　　　　　　　　　　　113 600 000
（2）将全年发生的费用等账户转入本年利润：
　　借：本年利润　　　　　　　　　　　　　97 230 000
　　　　贷：主营业务成本　　　　　　　　　 81 000 000
　　　　　　其他业务成本　　　　　　　　　　3 800 000
　　　　　　税金及附加　　　　　　　　　　　4 500 000
　　　　　　销售费用　　　　　　　　　　　　　750 000
　　　　　　管理费用　　　　　　　　　　　　1 100 000
　　　　　　财务费用　　　　　　　　　　　　　530 000
　　　　　　资产减值损失　　　　　　　　　　　350 000
　　　　　　营业外支出　　　　　　　　　　　5 200 000
（3）将全年所得税费用转入本年利润（假设所得税费用的确认每个月已经处理）：
　　借：本年利润　　　　　　　　　　　　　 4 180 000
　　　　贷：所得税费用　　　　　　　　　　　4 180 000
　　计算年度净利润 = 16 370 000 - 4 180 000 = 12 190 000（元）

(4) 将年度净利润转入利润分配——未分配利润：
借：本年利润　　　　　　　　　　　　　　12 190 000
　　贷：利润分配——未分配利润　　　　　　　　12 190 000

请你分析：假设【例10-20】中甲公司按照净利润的10%提取法定盈余公积，并向投资者分配现金股利300万元，甲公司该如何进行会计处理？

答案提示：甲公司应提取盈余公积1 219×10% = 121.9（万元），编制会计分录如下：
借：利润分配——提取法定盈余公积　　　1 219 000
　　　　——应付现金股利　　　　　　　　3 000 000
　　贷：盈余公积　　　　　　　　　　　　　1 219 000
　　　　应付股利　　　　　　　　　　　　　3 000 000

本 章 小 结

1. 收入的概念和确认条件。收入，是指企业在日常活动中形成的、会导致所有者权益增加的、与所有者投入资本无关的经济利益的总流入。收入确认和计量大致分为五步：第一步，识别与客户订立的合同；第二步，识别合同中的单项履约义务；第三步，确定交易价格；第四步，将交易价格分摊至各单项履约义务；第五步，履约各单项履约义务时确认收入。

企业与客户之间的合同同时满足下列条件的，企业应当在客户取得相关商品控制权时确认收入：（1）合同各方已批准该合同并承诺将履行各自义务；（2）该合同明确了合同各方与所转让的商品（或提供的服务，以下简称转让的商品）相关的权利和义务；（3）该合同有明确的与所转让的商品相关的支付条款；（4）该合同具有商业实质，即履行该合同将改变企业未来现金流量的风险、时间分布或金额；（5）企业因向客户转让商品而有权取得的对价很可能收回。

2. 收入的会计处理。在符合收入确认条件的情况下，企业可以确认收入，不同的情况下企业的处理也会有所不同。企业按照提供收入的业务内容和行业不同可以分为三类收入：（1）销售商品的收入；（2）提供劳务的收入；（3）让渡资产使用权的收入。针对不同的收入业务，其具体的会计处理也各有差别，即使同属于商品销售的收入，又因根据销售方式的不同，其会计处理也存在一定的差异。包括提供劳务的收入和让渡资产使用权的收入也与之同理。

3. 费用的概念和相应的会计处理。费用是指企业在日常活动中发生的、会导致所有者权益减少的、与向所有者分配利润无关的经济利益的总流出。费用有狭义和广义之分：广义的费用泛指企业各种日常活动发生的所有耗费，狭义的费用仅指与本期营业收入相配比的那部分耗费。费用应按照权责发生制和配比原则确认，凡应属于本期发生的费用，不论其款项是否支付，均确认为本期费用；反之，不属于本期发生的费用，即使其款项已在本期支付，也不确认为本期费用。

4. 利润的构成和相应的会计处理。利润是指企业在一定会计期间的经营成果。利润反映了企业经营业绩的主要来源和构成。

广义上讲，利润可以细分为营业利润、利润总额、净利润和综合收益总额四种：

(1) 营业利润＝营业收入－营业成本－税金及附加－销售费用－管理费用－财务费用－研发费用－资产减值损失＋公允价值变动收益（－公允价值变动损失）＋投资收益（－投资损失）＋其他收益＋资产处置收益（－损失）

(2) 利润总额＝营业利润＋营业外收入－营业外支出

(3) 净利润＝利润总额－所得税费用

(4) 综合收益总额＝净利润＋其他综合收益扣除所得税影响后的净额

企业应当在会计期末计算并确认会计利润，企业应设置"本年利润"科目，核算企业当期实现的净利润（或发生的净亏损）。

本章练习题

一、选择题

1. 下列各项中，属于费用确认的基础原则有（　　）。

　　A. 及时性原则　　　　　　　　B. 明晰性原则

　　C. 历史成本原则　　　　　　　D. 配比原则

2. 期间费用主要包括（　　）。

　　A. 制造费用　　B. 销售费用　　C. 管理费用　　D. 财务费用

3. 对于在某一时点履行的履约义务，企业应当在客户取得相关商品控制权时确认收入。在判断客户是否取得相关商品控制权时，企业应考虑（　　）。

　　A. 客户已经接受商品

　　B. 客户已拥有该商品的法定所有权

　　C. 客户已取得该商品所有权上的主要风险和报酬

　　D. 客户就该商品负有现时付款义务

4. 下列交易事项中，不影响发生当期营业利润的是（　　）。

　　A. 投资银行理财产品取得的收益

B. 销售商品的收入
C. 专设销售机构发生的房屋折旧费
D. 固定资产报废损失

5. 2018年9月1日甲公司与乙公司签订一项安装劳务合同，预计安装期6个月，合同总收入200万元，合同总成本预计120万元。至年末已经预收160万元（不含增值税），余款在安装完毕时收回。至2018年末因安装实际发生的成本总计为78万元。预计还将发生42万元；该合同仅包含一项履约义务，且该履约义务满足在一段时间内履行的条件，甲公司采用投入法确认收入，不考虑其他因素，甲公司2018年应确认的收入为（　　）万元。
   A. 130　　　　B. 160　　　　C. 200　　　　D. 78

二、判断题

1. 企业采用具有融资性质分期收款方式销售商品时，应按照销售合同约定的收款日期分期确认收入。（　　）
2. 生产成本是指一定期间生产产品所发生的直接费用和间接费用的总和。（　　）
3. 销售合同中存在重大融资成分的，企业应当按照假定客户取得商品控制权时即以现金支付的应付金额（即现销价格）确定交易价格。（　　）
4. 企业为组织生产经营活动而发生的一切管理活动的费用，包括车间管理费用和企业管理费用，都应作为期间费用处理。（　　）
5. 企业本年度的利润分配完毕之后，"利润分配"科目应无余额。（　　）

三、实务题

1. 甲公司为一般纳税人，适用的增值税税率为13%。2013年12月发生下列经济事项：

（1）12月5日销售A产品1 000件每件不含税售价为200元，单位成本为120元，货已发出，代垫运费为10 000元，已办妥托收手续。

（2）上月收到客户预付的购买B产品的定金20 000元存入银行。12月6日，按合同约定发出B产品500件，每件售价为100元，单位成本为70元，客户将其余款项全部付讫。

（3）12月14日，上月销售的A产品10件因质量问题退货，货到验收入库，其成本为1 200元，开出转账支票退还货款2 000元，增值税260元。

（4）12月17日，销售多余材料，不含税价格20 000元，其成本为12 000元，款已存入银行。

（5）企业以银行存款支付产品广告费60 000元。

（6）以现金购买办公用品10 000元。

（7）以银行存款支付税收滞纳金5 000元。

（8）本月缴纳房产税5 000元，车船税9 800元，印花税200元，以银行支付。

（9）由于对方机构撤销，无法退回丙单位的存入保证金2 000元，经批准转为营业外收入。

要求：根据上述经济事项编制相应会计分录。

2. 甲企业2014年支付以下有关款项：

（1）购买原材料12 000元；

（2）产品展销会展位费50 000元；

（3）因违规遭受税务罚款2 000元；

（4）银行承兑汇票的手续费600元；

（5）购买交易性金融资产手续费20 000元。

（6）采购员报销差旅费3 000元；

（7）给予客户的现金折扣800元；

（8）专设销售机构购买打印纸2 000元；

（9）委托代销商品支付的手续费3 000元；

（10）企业行政管理部门购买办公用品3 000元；

（11）车间购买办公用品1 500元；

（12）为生产工人购买安全帽5 000元。

要求：计算上述各项中属于期间费用项目的金额。

3. 分析并判断以下业务是否应该确认11月份的收入并说明理由；对于确认收入的业务，编制相应的会计分录。

（1）甲公司于2018年11月1日，向乙公司销售一批成本为75万元的商品。开出的增值税专用发票金额为80万元，税款10.4万元。合同约定乙公司有权在3个月内退货（甲公司根据以往经验估计退货率在12%）；2019年11月30日，甲公司尚未收到以上款项。

（2）11月6日甲公司与乙公司签订协议，向乙公司销售商品，成本90万元，开出的增值税专用发票金额为110万元，税款14.3万元。协议规定：甲公司应在半年后以120万元的价格购回上述所销商品并另付增值税15.6万元；假定商品已发出且货款已实际收付。

（3）11月12日，甲公司与丙公司签订分期收款销售合同，向丙公司销售产品50件，单位成本500元，售价每件800元；根据合同规定，丙公司可以享受20%的商业折扣，并在甲公司交货后先期支付总价款的20%（含税价格），其余款项分2个月于每月末等额支付。甲公司于11月18日发出产品并开具增值税专用发票，丙公司如约支付首期款项。

4. 甲公司2×19年发生以下经济业务：

（1）出租无形资产取得当年租金收入100万元，出租无形资产摊销20万元；

（2）出租固定资产取得当年租金收入110万元，出租固定资产计提折旧30万元；

（3）持有的交易性金融资产在持有期间，被投资方宣告发放现金股利，甲公司享有200万元；

（4）持有权益工具投资并在持有期间，被投资方宣告发放现金股利，甲公司享有300万元；

（5）持有长期股权投资（成本法核算），持有期间被投资方宣告发放现金股利，甲公司享有400万元；

（6）持有长期股权投资（权益法核算），持有期间被投资方宣告发放现金股利，甲公司享有500万元。

要求：根据上述资料（假设不考虑其他因素），请计算：

（1）甲公司本年的营业收入；

（2）甲公司本年的投资收益；

（3）甲公司本年的营业利润。

第 11 章 财务报告

本章要点

◇ 明确财务报告的目标
◇ 掌握各种基本会计报表的编制方法
◇ 了解财务报表附注的披露
◇ 清楚财务报表的最新变化情况

11.1 财务报告概述

11.1.1 财务报告及其目标

财务报告是指企业对外提供的反映企业某一特定日期的财务状况和某一会计期间的经营成果、现金流量等会计信息的文件；财务报告包括财务报表和其他应当在财务报告中披露的相关信息和资料。

财务报告目标即会计目标，是向财务报告使用者提供与企业财务状况、经营成果和现金流量等有关的会计信息，反映企业管理层受托责任履行情况，有助于财务报告使用者作出经济决策。财务报告使用者通常包括投资者、债权人、政府及其有关部门和社会公众等。随着企业所有权与经营权的高度分离，绝大部分投资者（股东）不能直接参与公司的经营和管理，然而，投资者（股东）为了保护自己的权益，又不能不关注公司的经营和财务情况，所以他们主要利用企业提供的财务报告来进行了解。因此，投资者（股东）便成为现代企业会计信息的首要服务对象。当然，除了投资者外，会计信息同样还要服务于债权人、政府机构和社会公众等。

作为财务报告最为重要的组成部分，财务报表是对企业会计要素确认、计量结果的综合性描述。一套完整的财务报表至少应当包括"四表一注"，即资产负债表、利润表、现金流量表、所有者权益变动表以及附注。

附注是财务报表不可或缺的组成部分，是对在资产负债表、利润表、现金流量表和所有者权益变动表等报表中列示项目的文字描述或明细资料，以及未能在这些报表中列示项目的说明等。

知识拓展

通常所说的财务报表列报，是指交易和事项在报表中的列示和在附注中的披露。在财务报表的列报中，"列示"通常反映资产负债表、利润表、现金流量表和所有者权益变动表等报表中的信息，"披露"通常反映附注中的信息。我国《企业会计准则第30号——财务报表列报》规范了财务报表的列报情况。

11.1.2 财务报表的分类

财务报表可以按照不同的标准进行分类。

1. 按财务报表编报期间的不同，可以分为中期财务报表和年度财务报表

中期财务报表是以短于一个完整会计年度的报告期间为基础编制的财务报表，包括月报、季报和半年报等。中期财务报表至少应当包括资产负债表、利润表、现金流量表和附注，其中，中期资产负债表、利润表和现金流量表应当是完整报表，其格式和内容应当与年度财务报表相一致。

按照我国的规定，企业至少按年编制财务报表。年度财务报表涵盖的期间短于一年的，应当披露年度财务报表的涵盖期间，以及短于一年的原因以及报表数据不具可比性的事实。

2. 按财务报表编报主体的不同，可以分为个别财务报表和合并财务报表

个别财务报表是由企业在自身会计核算基础上对账簿记录进行加工而编制的财务报表，它主要用以反映企业自身的财务状况、经营成果和现金流量情况。合并财务报表是以母公司和子公司组成的企业集团为会计主体,根据母公司和所属子公司的财务报表,由母公司编制的综合反映企业集团财务状况、经营成果及现金流量的财务报表。

财务报告与
财务报表

11.2 资产负债表

11.2.1 资产负债表的概念和结构

资产负债表是反映企业在某一特定日期的财务状况的会计报表。例如,公历每年 12 月 31 日的财务状况,它反映的就是该日的情况。资产负债表主要回答以下基本问题:一家企业拥有什么资源?它又担负什么义务?所以,资产负债表是对基本会计恒等式的表述:

$$资产 = 负债 + 所有者权益$$

在我国,资产负债表采用账户式结构,报表分为左右两方,左方列示资产各项目,反映企业全部资产的分布及存在形态;右方列示负债和所有者权益各项目,反映全部负债和所有者权益的内容及其结构情况(具体格式见表 11-1)。根据基本会计恒等式的规律要求,资产负债表左右双方应当平衡,即资产总计等于负债与所有者权益总计。

知识拓展

资产负债表正表的列报格式一般有两种:报告式资产负债表和账户式资产负债表。报告式资产负债表是上下结构,上半部列示资产,下半部列示负债和所有者权益。具体排列形式又有两种:一是按"资产=负债+所有者权益"的原理排列;二是按"资产-负债=所有者权益"的原理排列。

11.2.2 资产负债表的项目分类

资产负债表在一个企业的资产、负债及所有者权益的三个会计要素基本框架之下,虽然并不存在必须使用的标准分类,但是我国资产负债表中展示的资产、负债具体项目与国际会计标准一样,即资产负债表的各项目一般分为流动(或短期)项目和非流动(或长期)各项目。至于流动意味着多长时间?一般来讲,流动意味着一年或一个营业周期。

> 1. 流动资产和非流动资产的划分
>
> 第十六条 资产和负债应当分别流动资产和非流动资产、流动负债和非流动负债列示。
>
> ……
>
> 第十七条 资产满足下列条件之一的,应当归类为流动资产:
>
> (一) 预计在一个正常营业周期中变现、出售或耗用。
>
> (二) 主要为交易目的而持有。
>
> (三) 预计在资产负债表日起一年内变现。
>
> (四) 自资产负债表日起一年内,交换其他资产或清偿负债的能力不受限制的现金或现金等价物。
>
> 2. 流动负债与非流动负债的划分
>
> 第十九条 负债满足下列条件之一的,应当归类为流动负债:
>
> (一) 预计在一个正常营业周期中清偿。
>
> (二) 主要为交易目的而持有。
>
> (三) 自资产负债表日起一年内到期应予以清偿。
>
> (四) 企业无权自主地将清偿推迟至资产负债表日后一年以上。
>
> ——引自《企业会计准则第30号——财务报表列报》

知 识 拓 展

值得注意的是,判断流动资产、流动负债时所称的一个正常营业周期,是指企业从购买用于加工的资产起至实现现金或现金等价物的期间。

正常营业周期通常短于一年,在一年内有几个营业周期。但是,也存在正常营业周期长于一年的情况,如房地产开发企业开发用于出售的房地产开发产品,造船企业制造的用于出售的大型船只等,从购买原材料进入生产,到制造出产品出售并收回现金或现金等价物的过程,往往超过一年,在这种情况下,与生产循环相关的产成品、应收账款、原材料尽管是超过一年才变现、出售或耗用,仍应作为流动资产列示。

当正常营业周期不能确定时,应当以一年(12个月)作为正常营业周期。

11.2.3 资产负债表的填列方法

根据规定，企业需要提供比较资产负债表，以便报表使用者通过比较不同时点资产负债表的数据，掌握企业财务状况的变动情况及发展趋势。所以，资产负债表的各项目分为"年初余额"和"期末余额"两栏分别填列。

资产负债表中的"年初余额"栏通常根据上年末有关项目的期末余额填列，且与上年末资产负债表"期末余额"栏相一致。

资产负债表"期末余额"栏，一般应根据资产、负债和所有者权益类科目的期末余额填列。具体地：

1. 根据总账科目的余额填列

（1）根据总账科目的余额直接填列。例如，"其他权益工具投资""递延所得税资产""短期借款""应付票据""应付职工薪酬""应交税费""预计负债""递延收益""递延所得税负债""实收资本（或股本）""其他权益工具""资本公积""库存股""其他综合收益""盈余公积"等项目。

（2）根据几个总账科目的余额计算填列。

①"货币资金"项目，需根据"库存现金""银行存款""其他货币资金"三个总账科目余额的合计数填列。

②"其他应付款"项目，应根据"应付利息""应付股利""其他应付款"科目的期末余额合计数填列。其中的"应付利息"仅反映相关金融工具已到期应支付但于资产负债表日尚未支付的利息；基于实际利率法计提的金融工具的利息应包含在相应金融工具的账面余额中。

③"固定资产"项目，反映资产负债表日企业固定资产的期末账面价值和企业尚未清理完毕的固定资产清理净损益。该项目应根据"固定资产"科目的期末余额，减去"累计折旧"和"固定资产减值准备"科目的期末余额后的金额，以及"固定资产清理"科目的期末余额填列。

④"在建工程"项目，反映资产负债表日企业尚未达到预定可使用状态的在建工程的期末账面价值和企业为在建工程准备的各种物资的期末账面价值。该项目应根据"在建工程"科目的期末余额，减去"在建工程减值准备"科目的期末余额后的金额，以及"工程物资"科目的期末余额，减去"工程物资减值准备"科目的期末余

额后的金额填列。

⑤"债权投资"项目应根据"债权投资"科目的相关明细科目期末余额，减去"债权投资减值准备"科目中相关减值准备的期末余额后的金额分析填列；自资产负债表日起一年内到期的长期债权投资的期末账面价值，在"一年内到期的非流动资产"项目反映；企业购入的以摊余成本计量的一年内到期的债权投资的期末账面价值，在"其他流动资产"项目反映。

⑥"长期应付款"项目，应根据"长期应付款"科目的期末余额，减去相关的"未确认融资费用"科目的期末余额后的金额，以及"专项应付款"科目的期末余额填列。

2. 根据明细账科目的余额计算填列

例如，"交易性金融资产"项目，应根据"交易性金融资产"科目的相关明细科目的期末余额分析填列；自资产负债表日起超过一年到期且预期持有超过一年的以公允价值计量且其变动计入当期损益的非流动金融资产的期末账面价值，在"其他非流动金融资产"项目反映。"应付账款"项目，应根据"应付账款"和"预付账款"两个科目所属的相关明细科目的期末贷方余额合计数填列；"一年内到期的非流动资产""一年内到期的非流动负债"项目，应根据有关非流动资产或非流动负债项目的明细科目余额分析填列；"未分配利润"项目应根据"利润分配"科目中所属的"未分配利润"明细科目期末余额填列。

3. 根据总账科目和明细账科目的余额分析计算填列

例如：(1) 对于"其他债权投资"项目，应根据"其他债权投资"科目的相关明细科目的期末余额分析填列，但自资产负债表日起一年内到期的长期债权投资的期末账面价值，在"一年内到期的非流动资产"项目反映。企业购入的以公允价值计量且其变动计入其他综合收益的一年内到期的债权投资的期末账面价值，在"其他流动资产"项目反映。(2) 对于"长期借款"项目，需根据"长期借款"总账科目余额扣除"长期借款"科目所属的明细科目中将在资产负债表日起一年内到期且企业不能自主地将清偿义务展期的长期借款后的金额计算填列（"应付债券"项目同理）。(3) 对于"长期待摊费用"项目，应根据"长期待摊费用"科目的期末余额减去将于一年内（含一年）摊销的数额后的金额填列。

4. 综合运用上述填列方法分析填列

(1) "其他应收款"项目，应根据"应收利息""应收股利""其他应收款"科目的期末余额合计数，减去"坏账准备"科目中相关坏账准备期末余额后的金额填列。其中的"应收利息"仅反映相关金融工具已到期可收取但于资产负债表日尚未收到的利息。基于实际利率法计提的金融工具的利息应包含在相应金融工具的账面余额中。

（2）"应收账款"项目，应根据"应收账款"和"预收账款"科目所属各明细科目的期末借方余额合计数，减去"坏账准备"科目中有关应收账款计提的坏账准备期末余额后的金额填列；"预付款项"项目，应根据"预付账款"和"应付账款"科目所属各明细科目的期末借方余额合计数，减去"坏账准备"科目中有关预付款项计提的坏账准备期末余额后的金额填列。

（3）"存货"项目，应根据"材料采购"或"在途物资""原材料""发出商品""库存商品""周转材料""委托加工物资""生产成本""受托代销商品"等科目的期末余额及"合同履约成本"明细科目中初始确认时摊销期限不超过一年或一个正常营业周期的期末余额合计，减去"受托代销商品款""存货跌价准备"科目期末余额及"合同履约成本减值准备"科目中相应的期末余额后的金额填列，如果材料采用计划成本核算，以及库存商品采用计划成本核算或售价核算的企业，还应按加或减材料成本差异、商品进销差价后的金额填列。

需要注意的是，"一年内到期的非流动资产"项目，通常反映预计自资产负债表日起一年内变现的非流动资产。对于按照相关会计准则采用折旧（或摊销、折耗）方法进行后续计量的固定资产、使用权资产、无形资产和长期待摊费用等非流动资产，折旧（或摊销、折耗）年限（或期限）只剩一年或不足一年的，或预计在一年内（含一年）进行折旧（或摊销、折耗）的部分，不得归类为流动资产，仍在各该非流动资产项目中填列，不转入"一年内到期的非流动资产"项目。

【例 11-1】甲公司 2013 年 12 月 31 日的资产负债表如表 11-1 所示。

表 11-1　　　　　　　　　　资产负债表

2013 年 12 月 31 日　　　　　　　　　　单位：万元

资产	期末余额	年初余额	负债和所有者权益（或股东权益）	期末余额	年初余额
流动资产：			流动负债：		
货币资金	150		短期借款	30	

续表

资产	期末余额	年初余额	负债和所有者权益（或股东权益）	期末余额	年初余额
交易性金融资产	2		交易性金融负债		
应收票据	25		应付票据	20	
应收账款	30		应付账款	131	
应收款项融资			预收款项		
预付款项	10		应付职工薪酬	11	
其他应收款	0.5		合同负债		
存货	270		应交税费	3.7	
合同资产			其他应付款	5.2	
持有待售资产			持有待售负债		
一年内到期的非流动资产			一年内到期的非流动负债	100	
其他流动资产			其他流动负债		
流动资产合计	487.5		流动负债合计	300.9	
非流动资产：			非流动负债：		
债权投资			长期借款	30	
其他债权投资			应付债券		
长期应收款			其中：优先股		
长期股权投资	25.3		永续股		
其他权益工具投资			长期应付款		
其他非流动金融资产			预计负债		
投资性房地产			递延收益		
固定资产	120		递延所得税负债		
在建工程	150		其他非流动负债		
生产性生物资产			非流动负债合计	30	
油气资产			负债合计	330.9	
使用权资产			所有者权益（或股东权益）：		
无形资产	80		实收资本（或股本）	510	
开发支出			其他权益工具		
商誉			资本公积	3	
长摊待摊费用			减：库存股		
递延所得税资产			其他综合收益		
其他非流动资产			盈余公积	13.29	
			未分配利润	5.61	
非流动资产合计	375.3		所有者权益（或股东权益）合计	531.9	
资产总计	862.8		负债和所有者（或股东权益）合计	862.8	

甲公司 2014 年 12 月 31 日的科目余额表如表 11-2 所示。

表 11-2　　　　　　　　　　科目余额表
2014 年 12 月 31 日　　　　　　　　　单位：万元

科目名称	借方余额	科目名称	贷方余额
库存现金	0.5	短期借款	16.6
银行存款	80	应付票据	20
其他货币资金	1	应付账款	9
应收票据	7	其他应付款	4
应收账款	62	应付职工薪酬	27
坏账准备	-2	应交税费	23
其他应收款	1	长期借款	98
在途物资	26	股本	510
原材料	5	资本公积	3
周转材料	4	盈余公积	16.29
库存商品	200	利润分配（未分配利润）	32.61
长期股权投资	30		
固定资产	270		
累计折旧	-20		
在建工程	40		
无形资产	60		
累计摊销	-5		
合计	759.5	合计	759.5

上述科目余额表中，有关账户明细情况如下：

（1）坏账准备因应收账款而计提。

（2）应付账款总账户贷方余额 90 000 元，由以下明细账户构成："应付账款"账户贷方余额 200 000 元；"应付账款"账户借方余额 110 000 元。

（3）长期借款总账户贷方余额 980 000 元，由以下明细账户（如表 11-3 所示）构成。

表 11-3　　　　　　　　　　长期借款明细

借款起始日期	借款期限（年）	金额（元）
2014.1.1 ~ 2017.1.1	3	680 000
2012.1.1 ~ 2017.1.1	5	200 000
2011.6.1 ~ 2015.6.1	4	100 000

甲公司根据科目余额表及其明细资料，编制 2014 年 12 月 31 日的资产负债表如表 11-4 所示。

表 11-4　　　　　　　　　　　资产负债表
　　　　　　　　　　　　　　2014 年 12 月 31 日　　　　　　　　　　　　单位：万元

资产	期末余额	年初余额	负债和所有者权益（或股东权益）	期末余额	年初余额
流动资产：			流动负债：		
货币资金	81.5	150	短期借款	16.6	30
交易性金融资产		2	交易性金融资产负债		
应收票据	7	25	应付票据	20	20
应收账款	60	30	应付账款	20	131
应收款项融资			预收款项		
预付款项	11	10	合同负债		
其他应收款	1	0.5	应付职工薪酬	27	11
存货	235	270	应交税费	23	3.7
合同资产			其他应付款	4	5.2
持有待售资产			持有待售负债		
一年内到期的非流动资产			一年内到期的非流动负债	10	100
其他流动资产			其他流动负债		
流动资产合计	395.5	487.5	流动负债合计	120.6	300.9
非流动资产：			非流动负债：		
债权投资			长期借款	88	30
其他债权投资			应付债券		
长期应收款			其中：优先股		
长期股权投资	30	25.3	永续股		
其他权益工具投资			长期应付款		
其他非流动金融资产			预计负债		
投资性房地产			递延收益		
固定资产	250	120	递延所得税负债		
在建工程	40	150	其他非流动负债		
生产性生物资产			非流动负债合计	88	30
油气资产			负债合计	208.6	330.9
使用权资产			所有者权益（或股东权益）：		
无形资产	55	80	实收资本（或股本）	510	510
开发支出			其他权益工具		
商誉			资本公积	3	3
长期待摊费用			减：库存股		
递延所得税资产			其他综合收益		

续表

资产	期末余额	年初余额	负债和所有者权益（或股东权益）	期末余额	年初余额
其他非流动资产			盈余公积	16.29	13.29
			未分配利润	32.61	5.61
非流动资产合计	375	375.3	所有者权益（或股东权益）合计	561.9	531.9
资产总计	770.5	862.8	负债和所有者（或股东权益）合计	770.5	862.8

(1) **请你分析**：上述资产负债表（见表 11-3）中，预付款项的期末余额 11 万元是如何计算得出的？

答案提示：上述资产负债表（见表 11-3）中，预付款项的期末余额 11 万元是依据"应付账款"账户的明细资料分析填列的，即根据"应付账款"明细账户的借方余额填列。

(2) **请你分析**：上述资产负债表（见表 11-3）中，存货的期末余额 235 万元又是如何计算得出的？

答案提示：上述资产负债表（见表 11-3）中，存货的期末余额 235 万元是依据甲公司 2014 年末科目余额表中的"在途物资""原材料""周转材料""库存商品"4 个账户期末余额的合计数额计算填列的。

(3) **请你回答**：承"(2) 请你分析"，如果科目余额表中有"存货跌价准备"贷方余额 3 万元，其他资料不变。你能指出它会影响资产负债表中哪个项目的变化吗？

答案提示：如果科目余额表中有"存货跌价准备"贷方余额 3 万元，它会影响资产负债表中存货项目减少 3 万元，即存货项目应填列 232 万元（235-3）。

(4) **请你分析**：上述资产负债表（见表 11-3）中，"一年内到期的非流动负债"期末余额 10 万元是如何计算出来的？

答案提示：表中"一年内到期的非流动负债"期末余额 10 万元是对"长期借款"账户的明细资料进行分析计算填列的，即对于"长期借款"账户中实质上不足一年借款期的"长期借款"独立出来，填列于"一年内到期的非流动负债"项目内。上例〖例 11-1〗，因 2011 年 6 月借入的，到 2014 年末已不足一年，故，应填列在"一年内到期的非流动负债"项目内。

(5) **请你判断**：甲公司 2014 年资产负债表的年初余额数是否就

是该公司 2013 年的年末余额数?

答案提示: 是的。

(6) **请你判断**: 科目余额表中的"坏账准备""累计折旧""累计摊销"数额分别"跑哪"去了?资产负债表中怎么不见它们的"影子"?

答案提示: "坏账准备""累计折旧""累计摊销"分别作为资产负债表中应收账款、固定资产和无形资产项目的抵减因素被抵销掉了。

请你分析: 众所周知,固定资产是任何单位重要的资产。如果某一企业年初拥有固定资产为 500 万元,累计折旧年初余额为 100 万元。本年发生以下相关经济业务:

(1) 当年共支付两笔与固定资产相关的款项,共计 180 万元。一是新购入价值 80 万元的某项设备;二是因对某项固定资产进行扩建,购买工程物资 100 万元,当年已经领用了 70 万元;

(2) 企业当年共计提折旧 50 万元;

(3) 截至年末,固定资产扩建已经完工 80%,在建工程账面价值 230 万元;

(4) 年终,因某项设备报废,转入"固定资产清理"账户的账面价值为 20 万元。

假设不考虑其他因素,针对所给资料,你认为与资产负债表中的哪些项目相关?填列数额为多少?

答案提示: 根据所给资料,与资产负债表中有关的项目为:

(1) 在建工程 = 工程物资 100 - 70 + 在建工程 230 = 260(万元)

(2) 固定资产 = 年初(500 - 100) + 当年购入 80 + 固定资产清理 20 = 500(万元)

11.2.4 资产负债表的评价

资产负债表是任何一个企业最重要的财务报表之一,其作用主要体现在以下几个方面:

(1) 资产负债表提供一个企业财务状况的会计信息,即资产、负债、所有者权益。

(2) 通过资产负债表可以使信息使用者了解一个企业的资本结构。

(3) 资产负债表有助于会计信息使用者分析、评价、预测企业的偿债能力(长、短期)。

(4) 资产负债表有助于会计信息使用者分析、评价、预测企业的变现能力、经营业绩等。

尽管资产负债表可以帮助会计信息使用者了解企业有关财务状况方面的基本情况，但是资产负债表仍然存在一定的局限性，主要表现在：

(1) 资产负债表不能反映一个公司的现值，因为企业很多资产是以历史成本计量，不同的资产项目采用不同的计价方法。

(2) 资产负债表中存在某些资产的遗漏，如有些企业的许多无形资产并不在资产负债表中反映。

(3) 资产负债表中的有关资产和负债，在确认与计量方面都涉及人为估计因素。

11.3 利润表

11.3.1 利润表的概念和结构

不同企业按照各自经营目的进行着日常产品或劳务的交易。在一年之中，企业要发生成百上千的经济业务。如果企业经营成功的话，就会在满足客户需要的同时获得利润；如果失败的话，则会出现亏损。

利润表揭示了企业在一定期间内所发生的总利润或总亏损。利润表，又称损益表，是指企业在一定会计期间的经营成果的报表。例如，某年1月1日至12月31日经营成果的利润表，反映的就是该期间的经营成果情况。

通过利润表，可以反映企业一定会计期间收入的实现情况，如实现的营业收入有多少、实现的投资收益有多少、实现的营业外收入有多少等；可以反映一定会计期间的费用耗费情况，如耗费的营业成本有多少，税金及附加有多少及销售费用、管理费用、财务费用各有多少，营业外支出有多少等；可以反映企业生产经营活动的成果，即净利润的实现情况，据以判断资本保值、增值等情况。

多步式利润表是通过对当期的收入、费用、支出项目按性质加以归类，按利润形成的主要环节列示一些中间性利润指标，分步计算当期净损益；利润表的具体格式见表11-5。

近年来，随着企业经济业务的不断发展，有关经济业务和事项的会计处理也在不断改进与完善之中。比如，随着金融工具的不断创新，公允价值计量在财务报表中得到了日益广泛的应用，会计确认和计量中出现了越来越多的其他综合收益项目，如有关金融资产的公允价值变动、现金流量套期工具产生的利得或损失中属于有效套期的部分、有关金融资产之间重分类形成的利得或损失等；我国为了实现与国际会计准则，尤其是国际列报准则的持续趋同，在利润表中正式引入了"其他综合收益"和"综合收益"项目。

利润表正表的格式一般有两种：单步式利润表和多步式利润表。按照我国会计准则规定，企业应当采用多步式列报利润表，将不同性质的收入和费用类进行对比，从而可以得出一些中间性的利润或收益数据，便于使用者理解企业经营成果的不同来源。企业可以分如下四个步骤编制利润表：

第一步，以营业收入为基础，减去营业成本、税金及附加、销售费用、管理费用、财务费用、研发费用、资产减值损失和信用减值损失，加上公允价值变动收益（减去公允价值变动损失）、其他收益、投资收益（减去投资损失）和资产处置收益，计算出营业利润；

第二步，以营业利润为基础，加上营业外收入，减去营业外支出，计算出利润总额；

第三步，以利润总额为基础，减去所得税费用，计算出净利润（或净亏损）；

第四步，以净利润为基础，加上其他综合收益的税后净额，得出综合收益总额。

普通股或潜在普通股已公开交易的企业，以及正处于公开发行普通股或潜在普通股过程中的企业，还应当在利润表中列示每股收益信息。

知 识 拓 展

单步式利润表是将当期所有的收入列在一起，然后将所有的费用列在一起，两者相减得出当期净损益。在这种结构中，净利润的计算仅通过一个相减的步骤，"单步式"由此得名。单步式利润表的优点在于简单明了，而且能够清楚地表明收入和费用项目的同等重要性，可以避免可能使人误以为收入与费用的配比有先后顺序；但其缺点是信息使用者不能从利润表中直接获取一些类似销售毛利、营业利润、利润总额等必要的信息。

费用在企业利润表中占有十分重要的地位。但对于费用在利润表中按照什么标准分类，具体有两种分类方法，即费用性质法和费用功能法。根据我国会计准则的规定，对于费用在利润表中的列报，企业应当采用"功能法"分类列报，费用功能法是按照费用在企业所发挥的功能进行分类，通常分为从事经营业务发生的成本、管理费用、销售费用和财务费用等，并且将营业成本与其他费用分开披露。就企业而言，其活动通常可以划分为生产、销售、管理、融资等，每一种活动上发生的费用所发挥的功能并不相同，因此，按照费用功能法将其分开列报，有助于使用者了解费用发生的活动领域。例如企业为销售产品发生了多少费用、为一般行政管理发生了多少费用、为筹措资金发生了多少费用等。这种方法通常能向报表使用者提供具有结构性的信息，能更清楚地揭示企业经营业绩的主要来源和构成，提供的信息更为相关。

知识拓展

费用性质法相对于费用功能法来讲，相对比较简单易用。费用按照性质分类，是指将费用按其性质分为耗用的原材料费用、职工薪酬费用、折旧费、摊销费等，而不是按照费用在企业所发挥的不同功能分类。由于关于费用性质的信息有助于预测企业未来现金流量，企业可以在附注中披露费用按照性质分类的利润表补充资料。

11.3.2 利润表的编制方法

为了便于比较，利润表的各项目均需设置"本期金额"栏和"上期金额"两栏。对于"本期金额"栏，应根据有关科目的发生额分析填列。具体地：

1. 根据总分类会计科目发生额填列

比如："营业收入""营业成本""税金及附加""销售费用""管理费用""财务费用""信用减值损失""资产减值损失""公允价值变动收益""其他收益""投资收益""资产处置损益""营业外收入""营业外支出""所得税费用"等项目，应根据有关损益类科目的发生额分析填列。其中，"营业收入"项目根据"主营业务收入""其他业务收入"的合计数填列；"营业成本"项目根据"主营业务成本""其他业务成本"的合计数填列；"公允价值变动收益"项目根据"公允价值变动损益"科目发生额分析填列。

知 识 拓 展

"其他收益"属于损益类科目,主要核算政府补助下采用总额法时,与企业日常活动相关的政府补助以及其他与日常活动相关且应直接记入本科目的政府补助。

企业实际收到或应收时,记入"递延收益",待后期系统地由"递延收益"转为"其他收益"科目。

2. 根据相关会计科目的明细发生额分析填列

(1)"研发费用"项目,反映企业进行研究与开发过程中发生的费用化支出,以及计入管理费用的自行开发无形资产的摊销。该项目应根据"管理费用"科目下的"研究费用"明细科目的发生额,以及"管理费用"科目下的"无形资产摊销"明细科目的发生额分析填列。

(2)"财务费用"项目下的"利息费用"项目,反映企业为筹集生产经营所需资金等而发生的应予费用化的利息支出。该项目应根据"财务费用"科目的相关明细科目的发生额分析填列。该项目作为"财务费用"项目的其中项,以正数填列。"财务费用"项目下的"利息收入"项目,反映企业按照相关会计准则确认的应冲减财务费用的利息收入。该项目应根据"财务费用"科目的相关明细科目的发生额分析填列。该项目作为"财务费用"项目的其中项,以正数填列。

(3)"对联营企业和合营企业的投资收益"项目,应根据"投资收益"科目所属的相关明细科目的发生额分析填列。

(4)"其他综合收益的税后净额"项目及其各组成部分,应根据"其他综合收益"科目其所属明细科目的本期发生额分析填列。其中:

①"其他权益工具投资公允价值变动"项目,反映企业指定为以公允价值计量且其变动计入其他综合收益的非交易性权益工具投资发生的公允价值变动。该项目应根据"其他综合收益"科目的相关明细科目的发生额分析填列。

②"企业自身信用风险公允价值变动"项目,反映企业指定为以公允价值计量且其变动计入当期损益的金融负债,由企业自身信用风险变动引起的公允价值变动而计入其他综合收益的金额。该项目应根据"其他综合收益"科目的相关明细科目的发生额分析填列。

③"其他债权投资公允价值变动"项目,反映企业分类为以公允价值计量且其变动计入其他综合收益的债权投资发生的公允价值变

动。企业将一项以公允价值计量且其变动计入其他综合收益的金融资产重分类为以摊余成本计量的金融资产,或重分类为以公允价值计量且其变动计入当期损益的金融资产时,之前计入其他综合收益的累计利得或损失从其他综合收益中转出的金额作为该项目的减项。该项目应根据"其他综合收益"科目下的相关明细科目的发生额分析填列。

④"金融资产重分类计入其他综合收益的金额"项目,反映企业将一项以摊余成本计量的金融资产重分类为以公允价值计量且其变动计入其他综合收益的金融资产时,计入其他综合收益的原账面价值与公允价值之间的差额。该项目应根据"其他综合收益"科目下的相关明细科目的发生额分析填列。

⑤"其他债权投资信用减值准备"项目,反映企业按照《企业会计准则第 22 号——金融工具确认和计量》第十八条分类为以公允价值计量且其变动计入其他综合收益的金融资产的损失准备。该项目应根据"其他综合收益"科目下的"信用减值准备"明细科目的发生额分析填列。

3. "营业利润""利润总额""净利润""综合收益总额"项目根据本表中相关项目计算填列

4. 普通股或潜在普通股已公开交易的企业,以及正处于公开发行普通股或潜在普通股过程中的企业,还应当在利润表中列示每股收益信息,并在附中详细披露计算过程,以供投资者投资决策参考。每股收益或稀释每股收益项目应当按照《企业会计准则第 34 号——每股收益》的规定计算填列

5. 表中的"上期金额"栏应根据上年该期利润表"本期金额"栏内所列数字填列。如果上年该期利润表规定的各个项目的名称和内容同本期不相一致,应对上年该期利润表各项目的名称和数字按本期的规定进行调整,填入"上期金额"栏

【例 11-2】甲公司 2014 年初共计发行在外的普通股股票共计 1 000 万股,2014 年度该公司既没有回购本公司股票,也没有对外新发行股票。甲公司 2014 年度有关损益类账户本年累计发生净额如表 11-5 所示。

表 11-5　甲公司 2014 年度有关损益类账户本年累计发生净额　　单位:元

账户名称	借方发生额	贷方发生额
主营业务收入		1 130 000
主营业务成本	650 000	

续表

账户名称	借方发生额	贷方发生额
其他业务收入		70 000
其他业务成本	60 000	
税金及附加	4 000	
销售费用	16 000	
管理费用	170 000	
财务费用	20 000	
信用减值损失	20 000	
投资收益		20 000
营业外收入		80 000
营业外支出	10 000	
所得税费用	50 000	

根据上述资料，编制甲公司2014年度利润表（见表11-6，"上期金额"栏省略）。

表11-6　　　　　　　　　利润表

会企02表

编制单位：甲公司　　　　2014年度　　　　　　　　单位：元

项目	行次	本期金额	上期金额
一、营业收入		1 200 000	（略）
减：营业成本		710 000	
税金及附加		4 000	
销售费用		16 000	
管理费用		170 000	
研发费用			
财务费用		20 000	
其中：利息费用			
利息收入			
加：其他收益			
投资收益（损失以"-"号填列）		20 000	
其中：对联营企业和合营企业的投资收益			
以摊余成本计量的金融资产终止确认收益（损失以"-"号填列）			

续表

项目	行次	本期金额	上期金额
净敞口套期收益（损失以"-"号填列）			
公允价值变动收益（损失以"-"号填列）			
信用减值损失（损失以"-"号填列）		20 000	
资产减值损失（损失以"-"号填列）			
资产处置收益（损失以"-"号填列）			
二、营业利润（亏损以"-"号填列）		280 000	
加：营业外收入		80 000	
减：营业外支出		10 000	
三、利润总额（亏损总额以"-"号填列）		350 000	
减：所得税费用		50 000	
四、净利润（净亏损以"-"号填列）		300 000	
（一）持续经营净利润（净亏损以"-"号填列）			
（二）终止经营净利润（净亏损以"-"号填列）			
五、其他综合收益的税后净额			
（一）不能重分类进损益的其他综合收益			
1. 重新计量设定受益计划变动额			
2. 权益法下不能转损益的其他综合收益			
3. 其他权益工具投资公允价值变动			
4. 企业自身信用风险公允价值变动			
（二）将重分类进损益的其他综合收益			
1. 权益法下可转损益的其他综合收益			
2. 其他债权投资公允价值变动			
3. 金融资产重分类计入其他综合收益的金额			
4. 其他债权投资信用减值准备			
5. 现金流量套期储备			
6. 外币财务报表折算差额			
六、综合收益总额		300 000	
七、每股收益：			
（一）基本每股收益		0.03	
（二）稀释每股收益		×	

知识拓展

利润表中的"基本每股收益"和"稀释每股收益"指标是向资本市场广大投资者反映上市公司（公众公司）每一股普通股所创造的收益水平。对资本市场广大投资者（股民）而言，是反映投资价值的重要指标，是投资决策最直观、最重要的参考依据，是广大投资者关注的重点。鉴于此，将这两项指标作为利润表的表内项目列示，同时要求在附注中详细披露计算过程，以供投资者投资决策参考。

计算基本每股收益时，分子为归属于普通股股东的当期净利润，即企业当期实现的可供普通股股东分配的净利润或应由普通股股东分担的净亏损金额。发生亏损的企业，每股收益以负数列示。分母为当期发行在外普通股的算数加权平均数，即期初发行在外普通股股数根据当期新发行或回购的普通股股数与相应时间权数的乘积进行调整后的股数。

请你分析：上述利润表中的"营业收入"120万元及"营业成本"71万元是如何计算出来的？

答案提示：上述利润表中的"营业收入"120万元是依据甲公司2014年度有关损益类账户本年累计发生净额（见表11-5）中"主营业务收入"和"其他业务收入"账户的净发生额合计计算填列的。同理，"营业成本"71万元是依据甲公司2014年度有关损益类账户本年累计发生净额（见表11-5）中"主营业务成本"和"其他业务成本"账户的净发生额合计计算填列的。

请你分析：上述利润表中的每股收益0.03元又是如何计算出的？

答案提示：上述利润表中的每股收益0.03元的算式是：净利润÷加权平均股数 即：

300 000元÷10 000 000股＝0.03（元/股）

请你分析：上述利润表中的所得税费用50 000元是依据利润总额与所得税税率的乘积计算出来的吗？

答案提示：不是。所得税费用50 000元应当依据利润总额经过按照税法规定纳税调整后计算出来的。

利用利润表的本期和上期净利润，会计信息使用者可以计算生成净利润增长率，反映企业获利能力的增长情况和长期的盈利能力趋势；利用净利润、营业成本、销售费用、管理费用和财务费用，会计信息使用者可以计算生成成本费用利润率，反映企业投入产出情况。利用利润表数据与其他报表或有关资料，可以生成反映企业投资回报等有关情况的指标。比如，利用净利润和净资产可以计算净资产收益率，利用普通股每股市价与每股收益可以计算出市盈率等。

尽管利润表可以帮助会计信息使用者了解企业一定期间的经营成果，但是，利润表毕竟是基于权责发生制的前提下编制出来的，相关损益类的信息数据并不一定意味着就有相关现金流量的支持，如主营业务收入、利润总额及净利润等。

知识拓展

企业对利润的计量有两种方法。一是根据资产负债表来确定利润，称为资产负债观；二是根据收益确定利润，称为收入费用观。

采用资产负债观，是通过对照前后资产负债表的所有者权益（净资产）来确定企业在一定期间实现利润（收益）。所有者权益增加即为盈利，所有者权益减少即为亏损（但在此期间由所有者追加投资和分红引起的净资产变动除外）。资产负债观理论强调的是资本保全，即企业只有在原资本得到维持或成本得到弥补之后，才能确认收益（利润）。

采用收入费用观，是通过设置收入类、费用类账户，遵循配比原则计算当期利润，它以一定期间发生的交易或其他事项所产生的收入及费用之间的差额作为当期收益（利润）。

11.4 现金流量表

11.4.1 现金流量表的概念和作用

在某些情况下，利润表中的营业利润、利润总额和净利润无法使会计信息使用者获得有关一家企业在某一特定时期经营状况的真实情况。比如利润表能够提供一个企业的营业利润，但是营业利润所对应的实际现金流入或流出信息却无法提供，使得会计信息使用者无法判断营业利润的质量。而资产负债表仅反映企业某一特定日期财务状况，它无法说明一个企业的资产、负债和所有者权益为什么发生变化。这时现金流量表就显得非常重要，因为现金流量表可以告诉信息使用者一些从资产负债表和利润表中尚不能知道的信息事实。

> 现金流量表，是反映企业一定会计期间现金和现金等价物流入和流出的报表。
>
> 编制现金流量表的主要目的，是为财务报表使用者提供企业一定会计期间内现金和现金等价物流入和流出的信息，以便于财务报表使用者了解和评价企业获取现金和现金等价物的能力，并据以预测企业未来现金流量。现金流量表的作用主要体现在以下几个方面：一是有助于评价企业支付能力、偿债能力和周转能力；二是有助于预测企业未来现金流量；三是有助于分析企业收益质量及影响现金净流量的因素，掌握企业经营活动、投资活动和筹资活动的现金流量，可以从现金流量的角度了解净利润的质量，为分析和判断企业的财务前景提供信息。
>
> ——引自《企业会计准则讲解（2008）》

11.4.2 现金流量表的编制基础

现金流量表是继资产负债表和利润表之后产生的，它专门揭示了企业在某一特定时期内现金及现金等价物的变动。企业的资产负债表和利润表是以权责发生制为原则编制的，而现金流量表是按照收付实现制原则编制的。现金流量表是以现金及现金等价物为基础编制的。

1. 现金

现金流量表中的现金，是指企业库存现金以及可以随时用于支付的存款。不能随时用于支付的存款不属于现金。现金主要包括：

（1）库存现金。库存现金是指企业持有可随时用于支付的现金，与"库存现金"账户的核算内容一致。

（2）银行存款。银行存款是指企业存入金融机构、可以随时用于支取的存款，与"银行存款"账户核算内容基本一致，但不包括不能随时用于支付的存款。例如，不能随时支取的定期存款等不应作为现金；提前通知金融机构便可支取的定期存款则应包括在现金范围内。

（3）其他货币资金。其他货币资金是指存放在金融机构的外埠存款、银行汇票存款、银行本票存款、信用卡存款、信用证保证金存款和存出投资款等，与"其他货币资金"账户核算内容一致。

2. 现金等价物

现金等价物，是指企业持有的期限短、流动性强、易于转换为已知金额现金、价值变动风险很小的投资。其中,"期限短"一般是指从购买日起3个月内到期,例如可在证券市场上流通的3个月内到期的短期债券等。现金等价物虽然不是现金,但其支付能力与现金的差别不大,可视为现金,例如,企业为保证支付能力,手持必要的现金,为了不使现金闲置,可以购买短期债券,在需要现金时,随时可以变现。

对于流动性很高的投资,是否属于现金等价物,一般应具备以下四个条件,即:(1)期限短;(2)流动性强;(3)易于转换为已知金额的现金;(4)价值变动风险很小。其中,期限短、流动性强,强调了变现能力,而易于转换为已知金额的现金、价值变动风险很小,则强调了支付能力的大小。现金等价物通常包括3个月内到期的短期债券投资。由于权益性投资变现的金额通常不确定,因而不属于现金等价物。

知识拓展

不同企业现金及现金等价物的范围可能不同。企业应当根据经营特点等具体情况,确定现金及现金等价物的范围。

商业银行与一般工商企业的现金及现金等价物的范围可能不同,例如,某商业银行的现金及现金等价物包括库存现金、存放中央银行可随时支取的备付金、存放同业款项、拆放同业款项、同业间买入返售证券、短期国债投资等。

根据我国企业会计准则——现金流量表准则及其指南的规定,企业应当根据具体情况,确定现金及现金等价物的范围,一经确定不得随意变更。如果发生变更,应当按照会计政策变更处理。

11.4.3 现金流量的分类

现金流量具体表现为现金流入量和现金流出量。在现金流量中,现金的收支分为三个类型:经营活动产生的现金流量、投资活动产生的现金流量和筹资活动产生的现金流量。

1. 经营活动

经营活动是指企业投资活动和筹资活动以外的所有活动。各类企业由于行业特点不同,对经营活动的认定存在一定差异。对于工商企业而言,经营活动主要包括销售商品、提供劳务、购买商品、接受劳务、支付税费等。一般来说,经营活动是企业最主要的营业活动,也是影响企业现金流量变动的最重要的因素。

2. 投资活动

投资活动是指企业长期资产的购建和不包括在现金等价物范围内的投资及其处置活动。长期资产是指固定资产、无形资产、在建工程、其他资产等持有期限在一年或一个营业周期以上的资产。这里所讲的投资活动，既包括实物资产投资，也包括非实物资产投资。投资活动一般包括两个方面：一是购买或出售企业生产过程中所使用的长期资产；二是为了获取投资报酬或其他经营目的的长期投资，通过转让而收回投资的有关活动。一般来说，投资活动现金流量代表着企业为了获得未来收益和现金流量而导致资源转出的程度。

3. 筹资活动

筹资活动是指导致企业资本及债务规模和构成发生变化的活动。筹资活动是企业开展经营活动和投资活动的基础或前提。这里所说的资本，既包括实收资本（股本），也包括资本溢价（股本溢价）；这里所说的债务，指对外举债，包括向银行借款、发行债券以及偿还债务等。通常情况下，应付账款、应付票据等属于经营活动，不属于筹资活动。

知 识 拓 展

在会计实务中，有些业务属于企业日常活动之外特殊的、不经常发生的特殊项目，如自然灾害损失、保险赔款、捐赠等，应当归并到相关类别中，并单独反映。比如，对于自然灾害损失和保险赔款，如果能够确指属于流动资产损失，应当列入经营活动产生的现金流量；属于固定资产损失，应当列入投资活动产生的现金流量。如果不能确指，则可以列入经营活动产生的现金流量。捐赠收入和支出，可以列入经营活动。

请你判断：甲公司以银行存款2 000元购买一批A材料。该业务与现金流量有关吗？为什么？

答案提示：该业务涉及现金流量（经营活动现金流量）的变化，具体表现为现金流出量发生2 000元，因为银行存款属于现金的范畴。

请你判断：甲公司购买一批A材料，价款34 000元尚未支付，材料已经验收入库。该业务与现金流量有关吗？为什么？

答案提示：该业务不涉及现金流量的变化，因为购买的材料价款拖欠，记入的是"应付账款"账户；属于该笔业务没有现金及现金等价物项目的任何变化，故，与现金流量无关。

请你判断：甲公司以银行存款购买一批办公用电脑，计500 000

元。该业务与现金流量有关吗？为什么？

答案提示：该业务涉及现金流量的变化。因为是购买长期资产，故，属于投资活动现金流量，具体表现为现金流出量 500 000 元，因为银行存款属于现金的范畴。

请你判断：甲公司接受乙公司投入的银行存款计 1 000 000 元。该业务与现金流量有关吗？为什么？

答案提示：该业务与现金流量有关，具体地，因属于筹资活动，即涉及筹资活动现金流入量共计 1 000 000 元。

请你判断：甲公司销售一批产品，价款及税款共计 11 700 元存入银行。该业务与现金流量有关吗？为什么？

答案提示：该业务与现金流量有关。因为属于企业日常销售业务，故，属于经营活动现金流入量 11 700 元。

请你判断：企业从银行提现以及企业用现金购买短期到期的国债。这 2 笔业务与企业的现金流量是否有关？为什么？

答案提示：以上业务均不涉及企业现金流量的变化。因为这 2 笔业务均涉及一个现金及现金等价物此增彼减的情况，所以最终与现金流量无关。

11.4.4　现金流量表的结构

现金流量表由正表和附表两部分组成。由于现金流量分为经营活动产生的现金流量、投资活动产生的现金流量和筹资活动产生的现金流量，所以现金流量表的结构就是以反映该三大现金流量为基础。现金流量表具体格式见表 11-7。

对于现金流量表正表的结构，它是根据"现金净流量 = 经营活动现金净流量 + 投资活动现金净流量 + 筹资活动现金净流量"这一会计公式构造而成的。

表 11-7　　　　　　　　　现金流量表

会企 03 表

编制单位：　　　　　　　×年度　　　　　　　单位：元

项目	行次	本期金额	上期金额
一、经营活动产生的现金流量：	1		
销售商品、提供劳务收到的现金	2		
收到的税费返还	3		

续表

项目	行次	本期金额	上期金额
收到其他与经营活动有关的现金	4		
经营活动现金流入小计	5		
购买商品、接受劳务支付的现金	6		
支付给职工以及为职工支付的现金	7		
支付的各项税费	8		
支付其他与经营活动有关的现金	9		
经营活动现金流出量小计	10		
经营活动产生的现金流量净额	11		
二、投资活动产生的现金流量:	12		
收回投资收到的现金	13		
取得投资收益收到的现金	14		
处置固定资产、无形资产和其他长期资产收回的现金净额	15		
处置子公司及其他营业单位收到的现金净额	16		
收到其他与投资活动有关的现金	17		
投资活动现金流入量小计	18		
购建固定资产、无形资产和其他长期资产支付的现金	19		
投资支付的现金	20		
取得子公司及其他营业单位支付的现金净额	21		
支付其他与投资活动有关的现金	22		
投资活动现金流出量小计	23		
投资活动产生的现金流量净额	24		
三、筹资活动产生的现金流量:	25		
吸收投资收到的现金	26		
取得借款收到的现金	27		
收到其他与筹资活动有关的现金	28		
筹资活动现金流入量小计	29		
偿还债务支付的现金	30		
分配股利、利润或偿付利息支付的现金	31		
支付其他与筹资活动有关的现金	32		
筹资活动现金流出量小计	33		
筹资活动产生的现金流量净额	34		
四、汇率变动对现金的影响	35		

续表

项目	行次	本期金额	上期金额
五、现金及现金等价物净增加额	36		
加：期初现金及现金等价物余额	37		
六、期末现金及现金等价物余额	38		
补充资料	行次	本期金额	上期金额
1. 将净利润调节为经营活动现金流量：	39		
净利润	40		
加：资产减值准备	41		
信用减值准备	42		
固定资产折旧、油气资产折耗、生产性生物资产折旧	43		
无形资产摊销	44		
长期待摊费用摊销	45		
处置固定资产、无形资产和其他长期资产的损失（收益以"-"号填列）	46		
固定资产报废损失（收益以"-"号填列）	47		
公允价值变动损失（收益以"-"号填列）	48		
财务费用（收益以"-"号填列）	49		
投资损失（收益以"-"号填列）	50		
递延所得税资产减少（增加以"-"号填列）	51		
递延所得税负债增加（减少以"-"号填列）	52		
存货的减少（增加以"-"号填列）	53		
经营性应收项目的减少（增加以"-"号填列）	54		
经营性应付项目的增加（减少以"-"号填列）	55		
其他	56		
经营活动产生的现金流量净额	57		
2. 不涉及现金收支的重大投资和筹资活动：	58		
债务转为资本	59		
一年内到期的可转换公司债券	60		
融资租入固定资产	61		
3. 现金及现金等价物净变动情况：	62		
现金的期末余额	63		
减：现金的期初余额	64		
加：现金等价物的期末余额	65		
减：现金等价物的期初余额	66		
现金及现金等价物净增加额	67		

11.4.5 现金流量表的编制方法

现金流量表的编制方法有多种，但是不管哪种方法，均必须提供以下信息资料：

1. 比较资产负债表

通过比较资产负债表可以提供企业从期初到期末资产、负债和所有者权益变动的数额。

2. 当期的利润表

通过当期的利润表，有助于分析、确定期内由经营活动产生或运用的现金数额。

3. 其他相关资料

其他相关资料一般来源于企业日常的会计记录。借助其他相关资料有助于了解期内现金来源与运用的具体情况。

现金流量表的编制方法主要有：分析填列法、工作底稿法和T型账户法等。

分析填列法，是直接根据资产负债表、利润表和其他有关会计资料进行分析，计算出现金流量各项目的金额，并据以编制现金流量表的一种方法。

工作底稿法，是以工作底稿为手段，以资产负债表和利润表数据为基础，对每一项目进行分析并编制调整分录，从而编制现金流量表。工作底稿法的程序是：

第一步，将资产负债表的期初数和期末数过入工作底稿的"期初数"栏和"期末数"栏。

第二步，对当期业务进行分析并编制调整分录。编制调整分录时，要以利润表项目为基础从"营业收入"开始，结合资产负债表项目逐一进行分析。在调整分录中，有关现金和现金等价物的事项，并不直接借记或贷记现金，而是分别记入"经营活动产生的现金流量""投资活动产生的现金流量""筹资活动产生的现金流量"有关项目。借记表示现金流入，贷记表示现金流出。

第三步，将调整分录过入工作底稿中的相应部分。

第四步，核对调整分录，借方、贷方合计数均已经相等，资产负债表项目期初数加或减调整分录中的借贷金额以后，等于期末数。

第五步，根据工作底稿中的现金流量表项目部分编制正式的现金流量表。

T型账户法，是以T型账户为手段，以资产负债表和利润表数据为基础,对每一项目进行分析并编制调整分录,从而编制现金流量表。

企业在编制现金流量表时,列报经营活动现金流量的方法有两种:一是直接法;二是间接法。

所谓直接法,是指按现金收入和现金支出的主要类别直接反映企业经营活动产生的现金流量,如销售商品、提供劳务收到的现金;购买商品、接受劳务支付的现金等就是按现金收入和支出的类别直接反映的。在直接法下,一般是以利润表中的营业收入为起算点,调节与经营活动有关的项目的增减变动,然后计算出经营活动产生的现金流量。

所谓间接法,是指以净利润为起算点,调整不涉及现金的收入、费用、营业外收支等有关项目,剔除投资活动、筹资活动对现金流量的影响,据此计算出经营活动产生的现金流量。由于净利润是按照权责发生制原则确定的,且包括了与投资活动和筹资活动相关的收益和费用,如果将净利润调节为经营活动现金流量,实际上就是将按权责发生制原则确定的净利润调整为现金净流入,并剔除投资活动和筹资活动对现金流量的影响。我国现金流量表的附注即补充资料采用的就是间接法。

【例11-3】承〖例11-1〗、〖例11-2〗资料,甲公司其他相关会计资料如下:

(1) 2014年度利润表有关项目的明细资料如下:

① "财务费用" 20 000元的组成内容:计提借款利息12 000元,支付应收票据(银行承兑汇票)贴现利息8 000元。

② "信用减值损失" 20 000元的组成内容:计提坏账准备13 000元,上年末(2013年)为7 000元。

(2) 2014年末资产负债表中有关明细资料如下:

① "存货" 项目金额中生产成本、制造费用的组成内容:职工薪酬400 000元,折旧费用60 000元。

② "应交税费" 项目金额中,2014年度的增值税进项税额为28 300元,增值税销项税额为192 100元。

根据以上资料,采用直接法计算甲公司现金流量表中经营活动现金流量中的"销售商品、提供劳务收到的现金"和"购买商品、接受劳务支付的现金"项目金额。

如果按照直接法计算"销售商品、提供劳务收到的现金"和"购买商品、接受劳务支付的现金",其计算公式如下:

销售商品、提供劳务收到的现金 = 营业收入 + 应交税费(应交增值税——销项税额)

$$\begin{aligned}&+(应收账款年初余额-应收账款年末余额)\\&+(应收票据年初余额-应收票据年末余额)\\&-(预收款项年初余额-预收款项年末余额)\\&-当期计提的坏账准备-票据贴现的利息\end{aligned}$$

购买商品、接受劳务支付的现金 = 营业成本 + 应交税费(应交增值税——进项税额)

$$\begin{aligned}&-(存货年初余额-存货年末余额)\\&+(应付账款年初余额-应付账款年末余额)\\&+(应付票据年初余额-应付票据年末余额)\\&-(预付账款年初余额-预付账款年末余额)\\&-当期列入生产成本、制造费用的职工薪酬\\&-当期列入生产成本、制造费用的折旧费和固定资产修理费\end{aligned}$$

根据以上公式,可以计算如下:

销售商品、提供劳务收到的现金 = 1 200 000 + 192 100 + (300 000 − 600 000)
  + (250 000 − 70 000) − 13 000 − 8 000
  = 1 251 100(元)

购买商品、接受劳务支付的现金 = 710 000 + 28 300 − (2 700 000 − 2 350 000)
  + (1 310 000 − 200 000) + (200 000
  − 200 000) − (100 000 − 110 000)
  − 400 000 − 60 000
  = 1 048 300(元)

至于现金流量表正表中的其他信息,与上述"销售商品、提供劳务收到的现金""购买商品、接受劳务支付的现金"计算分析同样道理,此不再赘述。

但是,对于现金流量表的附注即补充资料,则采用了间接法进行分析计算相关的经营活动现金流量。从现金流量表补充资料的格式可以看出,为计算经营活动产生的现金流量净额,是在以净利润为起点的基础上,不断地进行必要的增减调整。这是因为利润表中的净利润是权责发生制下的利润,而有一些收入和费用却是非现金收入和费用,为此就有必要将其剔除,另外,还要剔除投资活动和筹资活动对现金流量的影响,以求得真正的经营活动现金流量。

例如,权责发生制条件下,折旧是非现金支出,因此,反映在"累计折旧"账户的这一金额也必须加回。承〖例11 − 1〗、

【例 11 - 2】，假设 2014 年甲公司当年计提折旧为 100 000 元，则采用间接法时，就应在 2014 年净利润 300 000 元的基础上，将 2014 年当年计提的 100 000 元折旧予以加回。

请你分析：承〖例 11 - 2〗（见表 11 - 6），如果甲公司 2014 年因出售股票而取得投资收益 20 000 元。那么这部分内容按照间接法的要求，该如何调整呢？

答案提示：虽然该部分投资收益 20 000 元体现的是现金收益，但是由于投资收益属于投资活动现金流量，不属于经营活动现金流量，属于应当在净利润 300 000 元的基础上予以剔除，即减：投资收益 20 000 元。

请你分析：承〖例 11 - 2〗（见表 11 - 6），如果甲公司 2014 年计提信用减值损失 13 000 元，这部分数额按照间接法的要求，又该如何调整呢？

答案提示：该部分数额属于非现金支出，但其数额已经包括在权责发生制利润中，所以，计算经营活动现金流量净额时，应当予以剔除。因最初在净利润中是作为减项，故，调整时应在净利润 300 000 元的基础上予以加回，即加：信用减值准备项目 13 000 元。

11.5 所有者权益变动表

11.5.1 所有者权益变动表的概念和结构

> 所有者权益变动表是反映构成所有者权益的各组成部分当期的增减变动情况的报表。所有者权益变动表应当全面反映一定时期内所有者权益变动的情况，不仅包括所有者权益总量的增减变动，还包括所有者权益增减变动的重要结构性信息，有助于报表使用者理解所有者权益增减变动的根源。
> ——引自《企业会计准则 30 号——财务报表列报》应用指南

所有者权益变动表的结构为矩阵式。通过该结构可以一方面了解导致所有者权益变动的交易或事项，使报表使用者准确理解所有者权益增减变动的根源；另一方面按照所有者权益各组成部分（包括实收资本、资本公积、其他综合收益、盈余公积、未分配利润和库存股）及其总额列示交易或事项对所有者权益的影响，以对所有者权益的变化有一个全面的概括的认识。

所有者权益变动表还就各项目进一步分为"本年金额"和"上年金额"两栏分别填列。所有者权益变动表的具体格式详见表11-8。

表 11-8　　所有者权益（股东权益）变动表（局部）

会企04表

编制单位：甲公司　　　　　　2014 年度　　　　　　单位：万元

项目	本年金额						
	实收资本（或股本）	资本公积	减：库存股	其他综合收益	盈余公积	未分配利润	所有者权益合计
一、上年年末余额	510.00	3.00			13.29	5.61	531.90
1. 会计政策变更							
2. 前期差错更正							
3. 其他							
二、本年年初余额	510.00	3.00			13.29	5.61	531.90
三、本年增减变动金额（减少以"-"号填列）							
（一）综合收益总额						30.00	30.00
（二）所有者投入和减少资本							
1. 所有者投入的普通股							
2. 其他权益工具持有者投入资本							
3. 股份支付计入所有者权益的金额							
4. 其他							
（三）利润分配							
1. 提取盈余公积						3.00	-3.00	0
2. 对所有者（或股东）的分配							
3. 其他							
（四）所有者权益内部结转							
1. 资本公积转增资本（或股本）							
2. 盈余公积转增资本（或股本）							
3. 盈余公积弥补亏损							
4. 设定受益计划变动额结转留存收益							
5. 其他综合收益结转留存收益							

续表

项目	本年金额						
	实收资本（或股本）	资本公积	减：库存股	其他综合收益	盈余公积	未分配利润	所有者权益合计
6. 其他							
四、本年年末余额	510.00	3.00			16.29	32.61	561.90

注：上述"所有者权益变动表"共分别有"本年金额"和"上年金额"两栏，它们所包括内容相同，分别包括："实收资本（或股本）""其他收益工具（含优先股、永续股和其他）""资本公积""库存股（减项）""其他综合收益""专项储备""盈余公积""未分配利润"八项具体的所有者权益。因版面所致，报表有所省略。

11.5.2 所有者权益变动表的编制方法

1. 上年金额栏的列报方法

所有者权益变动表"上年金额"栏内各项数字，应根据上年度所有者权益变动表"本年金额"栏内所列数字填列。如果上年度所有者权益变动表规定的各个项目的名称和内容同本年度不相一致，应对上年度所有者权益变动表各项目的名称和数字按本年度的规定进行调整，填入所有者权益变动表"上年金额"栏内。

2. 本年金额栏的列报方法

（1）所有者权益变动表"本年金额"栏内各项数字（横向项目内容）一般应根据"实收资本（或股本）""资本公积""其他综合收益""盈余公积""利润分配""库存股""以前年度损益调整"等科目的发生额分析填列。

（2）所有者权益变动表中的各纵向项目，应按照以下要求进行填列：

①"上年年末余额"项目，应根据上年资产负债表中"实收资本（或股本）""资本公积""其他综合收益""盈余公积""未分配利润"等项目的年末余额填列。

②"会计政策变更"和"前期差错更正"项目，应根据"盈余公积""利润分配""以前年度损益调整"等科目的发生额分析填列，并在"上年年末余额"的基础上调整得出"本年年初金额"项目。

③"本年增减变动额"项目分别反映如下内容：

a."综合收益总额"项目，反映企业当年的综合收益总额，应根据当年利润表中"其他综合收益的税后净额"和"净利润"项目填列，并对应列在"其他综合收益"栏和"未分配利润"栏。

b. "所有者投入和减少资本"项目,反映企业当年所有者投入的资本和减少的资本,其中:"所有者投入资本"项目,反映企业接受投资者投入形成的实收资本(或股本)和资本公积,应根据"实收资本""资本公积"等科目的发生额分析填列,并对应列在"实收资本"栏和"资本公积"栏。

"股份支付计入所有者权益的金额"项目,反映企业处于等待期中的权益结算的股份支付当年计入资本公积的金额,应根据"资本公积"科目所属的"其他资本公积"二级科目的发生额分析填列,并对应列在"资本公积"栏。

c. "利润分配"下各项目,反映当年对所有者(或股东)分配的利润(或股利)金额和按照规定提取的盈余公积金额,并对应列在"未分配利润"栏和"盈余公积"栏。其中:

"提取盈余公积"项目,反映企业按照规定提取的盈余公积,应根据"盈余公积""利润分配"科目的发生额分析填列。

"对所有者(或股东)的分配"项目,反映对所有者(或股东)分配的利润(或股利)金额,应根据"利润分配"科目的发生额分析填列。

d. "所有者权益内部结转"下各项目,反映不影响当年所有者权益总额的所有者权益各组成部分之间当年的增减变动,包括资本公积转增资本(或股本)、盈余公积转增资本(或股本)、盈余公积弥补亏损等。其中:

"资本公积转增资本(或股本)"项目,反映企业以资本公积转增资本或股本的金额,应根据"实收资本""资本公积"等科目的发生额分析填列。

"盈余公积转增资本(或股本)"项目,反映企业以盈余公积转增资本或股本的金额,应根据"实收资本""盈余公积"等科目的发生额分析填列。

"盈余公积弥补亏损"项目,反映企业以盈余公积弥补亏损的金额,应根据"盈余公积""利润分配"等科目的发生额分析填列。

【例11-4】承〖例11-1〗、〖例11-2〗资料,甲公司编制2014年度的所有者权益变动表(上年金额略,见表11-8)。

请你分析:承上例,如果甲公司2014年度向投资者分配现金股利50 000元,其他资料不变。那么所有者权益变动表该会发生什么样的变化?假设不考虑原资产负债表和利润表。

答案提示:如果甲公司2014年度向投资者分配现金股利50 000元,其他资料不变。那么所有者权益变动表的变化如下:纵向"利润分配"部分的第2项"对所有者（或股东）的分配",横向"未分配利润"项目中增加"-50 000元"数额,同时,纵向"利润分配"部分的第2项"对所有者（或股东）的分配",横向"所有者权益合计"项目中增加"-50 000元"数额（"所有者权益合计"项目与"未分配利润"项目在横向的同一行）；相应地,所有者权益变动表最后一行"本年年末余额"（纵向）与横向的"未分配利润"和"所有者权益合计"也相应地减少50 000元（在原来数额基础上）。

请你分析：所有者权益变动表与前面三张报表有关系吗？

答案提示：所有者权益变动表主要与资产负债表相联系,比如各项项目内容的构成（表中横向各指标项目列示）,另外该表中的综合收益又与利润表有一定关联。但是从该表纵向的项目列示可以看出,所有者权益变动表反映的是动态会计信息,而资产负债表反映的是静态会计信息；另外资产负债表是月报,所有者权益变动表是年报。

几种报表的比较或衔接

11.6 财务报表附注

11.6.1 财务报表附注概述

1. 财务报表附注的概念

企业基本的会计报表只提供一个足够简短以供理解并且尽量完整的,以满足信息使用者需要的会计信息,但它不能提供使用者所需要的全部信息。会计信息使用者,如债权人和投资人对企业提供的会计报表中的数字需要知道企业使用的是什么样的会计方法以达到会计报表中的数额。所以,为了解释包含在会计报表中的数字,就需要财务报表附注。

财务报表附注属于表外的会计信息,是财务报表的一个必备的、不可或缺的组成部分,它是对在资产负债表、利润表、现金流量表和所有者权益变动表等报表中列示项目的文字描述或明细资料,以及对未能在这些报表中列示项目的说明等。

财务报表附注与资产负债表、利润表、现金流量表、所有者权益变动表等报表具有同等的重要性。报表使用者了解企业的财务状况、经营成果和现金流量,应当全面阅读财务报表附注。

请你判断：通过前面资产负债表的学习,你已经清楚资产负债上只提供了固定资产的一个总括信息,而固定资产在一个企业,尤其是对产品制造企业来讲,是特别重要的一项资产,其种类多、金额大。你能判断出报表附注中需要提供什么样的详细信息才能满足信息使用者来了解资产负债表中固定资产的具体情况吗?

答案提示:财务报表附注中需要进一步借助固定资产数量上的或者是叙述性的信息以支持资产负债表中固定资产的具体情况,诸如固定资产的折旧情况、固定资产的减值情况、固定资产的明细分类情况等。

2. 财务报表附注披露的基本要求

(1)附注披露的信息应是定量、定性信息的结合,从而能从量和质两个角度对企业经济事项完整地进行反映,也才能满足信息使用者的决策需求。

(2)附注应当按照一定的结构进行系统合理的排列和分类,有顺序地披露信息。由于附注的内容繁多,因此更应按逻辑顺序排列,分类披露,条理清晰,具有一定的组织结构,以便于使用者理解和掌握,也更好地实现财务报表的可比性。

(3)附注相关信息应当与资产负债表、利润表、现金流量表和所有者权益变动表等报表中列示的项目相互参照,以有助于使用者联系相关联的信息,并由此从整体上更好地理解财务报表。

11.6.2 财务报表附注披露的主要内容

财务报表附注应当按照以下顺序披露有关内容:

1. 企业的基本情况

(1)企业注册地、组织形式和总部地址。

(2)企业的业务性质和主要经营活动,如企业所处的行业、所提供的主要产品或服务、客户的性质、销售策略、监管环境的性质等。

(3)母公司以及集团最终母公司的名称。

(4)财务报告的批准报出者和财务报告批准报出日。如果企业已在财务报表其他部分披露了财务报告的批准报出者和批准报出日信息,则无须重复披露;或者已有相关人员签字批准报出财务报告,可以其签名及其签字日期为准。

(5)营业期限有限的企业,还应当披露有关其营业期限的信息。

2. 财务报表的编制基础

持续经营是会计的基本前提,也是会计确认、计量及编制财务报表的基础。

3. 遵循企业会计准则的声明

企业应当声明编制的财务报表符合企业会计准则的要求，真实、完整地反映了企业的财务状况、经营成果和现金流量等有关信息。以此明确企业编制财务报表所依据的制度基础。

如果企业编制的财务报表只是部分地遵循了企业会计准则，附注中不得做出这种表述。

4. 重要会计政策和会计估计

会计政策，是指企业在会计确认、计量和报告中所采用的原则、基础和会计处理方法。会计估计，是指企业对结果不确定的交易或者事项以最近可利用的信息为基础所作的判断。

根据我国企业会计准则的规定，企业应当披露采用的重要会计政策和会计估计，不重要的会计政策和会计估计可以不披露。会计政策、会计估计是否重要，应当根据其所处的环境，从性质和金额等方面予以判断。重要的会计政策，例如存货的计价可以有先进先出法、加权平均法、个别计价法等；固定资产的折旧，可以有平均年限法、工作量法、双倍余额递减法、年数总额法等。企业在发生某项经济业务时，必须从允许的会计处理方法中选择适合本企业特点的会计政策，企业选择不同的会计处理方法，可能极大地影响企业的财务状况和经营成果，进而编制出不同的财务报表。为了有助于报表使用者理解，有必要对这些会计政策加以披露。重要的会计估计，例如固定资产可收回金额的计算需要根据其公允价值减去处置费用后的净额与预计未来现金流量的现值两者之间的较高者确定，在计算资产预计未来现金流量的现值时需要对未来现金流量进行预测，并选择适当的折现率，应当在附注中披露未来现金流量预测所采用的假设及其依据、所选择的折现率为什么是合理的等。又如，为正在进行中的诉讼提取准备时最佳估计数的确定依据等。这些假设的变动对这些资产和负债项目金额的确定影响很大，有可能会在下一个会计年度内做出重大调整。因此，强调这一披露要求，有助于提高财务报表的可理解性。

5. 会计政策和会计估计变更以及差错更正的说明

会计政策变更，是指企业对相同的交易或者事项由原来采用的会计政策改用另一会计政策的行为。

会计估计变更，是指由于资产和负债的当前状况及预期经济利益和义务发生了变化，从而对资产或负债的账面价值或者资产的定期消耗金额进行调整。

重要的前期差错，是指足以影响财务报表使用者对企业财务状况、经营成果和现金流量做出正确判断的前期差错。

企业应当按照规定,披露会计政策和会计估计变更以及重要的前期差错更正的有关情况。

6. 报表重要项目的说明

企业应当以文字和数字描述相结合、尽可能以列表形式披露报表重要项目的构成或当期增减变动情况,并且报表重要项目的明细金额合计,应当与报表项目金额相衔接。在披露顺序上,一般应当按照资产负债表、利润表、现金流量表、所有者权益变动表的顺序及其项目列示的顺序。

7. 其他需要说明的重要事项

这主要包括或有事项和承诺事项、资产负债表日后非调整事项、关联方关系及其交易等,具体的披露要求须遵循相关会计准则的规定。

知 识 拓 展

根据企业会计准则的规定,企业还应当在报表附注中披露如下信息:(1)费用按照性质分类的利润表补充资料,可将为耗用的原材料、职工薪酬费用、折旧费用、摊销等。(2)关于其他综合收益各项目的信息,包括:①其他综合收益各项目及其所得税影响;②其他综合收益各项目原计入其他综合收益、当期转出计入当期损益的金额;③其他综合收益各项目的期初和期末余额及其调节情况。

本 章 小 结

1. 财务报告的目标。财务会计的任务是对企业发生的经济活动予以确认、计量、记录,并主要通过财务报告的形式向其利益相关者(如投资者、债权人等)提供会计信息,以便于其做出理性的经济判断和决策。企业编制财务报告的目标,是向财务报告使用者提供与企业财务状况、经营成果和现金流量等有关的会计信息,反映企业管理层受托责任履行情况,有助于财务报告使用者作出经济决策。

2. 各种基本会计报表的编制方法。基本的会计报表主要有四种:资产负债表、利润表(又称损益表)、现金流量表和所有者权益变动表。各种会计报表提供的会计信息不同、特点不一,其编制方法也各异。其中,资产负债表是依据有关会计账户(资产、负债和所有者权益)的期末余额填列,反映特定日期企业财务状况情况的会计信息;利润表则是主要根据有关损益类账户和部分所有者权益账户的本期发生额分析填列,反映一定时期企业经营成果情况的会计信息;现金流量表是结合资产负债表、利润表以及相关会计资料进行分析填列，反映企业一定时期经营活动现金流量、投资活动现金流量、筹资活动现金流量情况的会计信息；所有者权益变动表是根据所有者权益类账户的发生额分析填列，以反映企业一定时期所有者权益各组成部分当期的增减变动情况的会计信息。

3. 财务报表附注的披露。由于企业基本的会计报表不能提供使用者所需要的全部信息，为满足信息使用者的需要，就需要财务报表附注。财务报表附注属于表外的会计信息，它可以提供文字描述或明细资料，以及对未能在这些报表中列示项目的说明等。

4. 财务报表的最新变化情况。随着经济的不断发展，会计信息的提供也在不断的完善。所学者应适时地密切关注财务报告方面的最新变化。例如，利润表中的综合收益理念、资产负债表中新增的"其他综合收益"项目等。

本章练习题

一、选择题

1. 下列各项中，应作为资产负债表中资产列报的有（　　）。
   A. 委托加工物资　　　　　　B. 发出商品
   C. 融资租入固定资产　　　　D. 固定资产清理

2. 下列各项中，应记入现金流量表中"经营活动产生的现金流量"项目的有（　　）。
   A. 销售商品收到的现金
   B. 收回投资收到的现金
   C. 收到的税费返还
   D. 取得长期股权投资支付的手续费

3. 某企业2014年发生的营业收入为2 000万元，营业成本为1 200万元，销售费用为40万元，管理费用为100万元，财务费用为20万元，投资收益为80万元，资产减值损失为140万元（损失），公允价值变动损益为160万元（收益），营业外收入为50万元，营业外支出为30万元。该企业2014年的利润总额为（　　）万元。
   A. 660　　　　B. 780　　　　C. 640　　　　D. 760

4. 下列交易或事项中应计入其他综合收益的有（　　）。
   A. 其他权益工具投资公允价值上升
   B. 按照权益法核算的在被投资单位其他综合收益中所享有的份额
   C. 债权投资重分类为其他权益工具投资而产生的价差

D. 其他权益工具投资发生减值

5. 有一种报表，只反映企业一定时点状态下的财务状况信息，而不反映一定时期。这个报表是（　　）。

　　A. 利润表　　　　　　　　B. 现金流量表
　　C. 所有者权益变动表　　　D. 资产负债表

二、判断题

1. 财务报告包括财务报表和其他应当在财务报告中披露的相关信息和资料。（　　）

2. 期末其他权益工具投资和交易性金融资产均按照公允价值在资产负债表中进行列示。（　　）

3. 所有者权益变动表"未分配利润"项目的本年年末余额应当与本年资产负债表"未分配利润"项目的年末余额相等。（　　）

4. 其他综合收益反映企业根据企业会计准则规定已在损益中确认的各项利得和损失扣除所得税影响前的净额。（　　）

5. 综合收益总额反映企业净利润与其他综合收益的税后净额的合计金额。（　　）

三、实务题

1. 甲企业有关账户的相关资料如下：

（1）甲企业"应收账款"总账科目月末借方余额800万元，其中："应收乙公司账款"明细科目借方余额700万元，"应收丙公司账款"明细科目借方余额100万元；"预收账款"科目月末贷方余额600万元，其中："预收红星工厂账款"明细科目贷方余额1 000万元，"预收光明工厂账款"明细科目借方余额400万元。与应收账款有关的"坏账准备"明细科目贷方余额为20万元，与其他应收款有关的"坏账准备"明细科目贷方余额为10万元。

（2）甲企业年末"工程物资"科目的余额为200万元，"发出商品"科目的余额为160万元，"原材料"科目的余额为200万元，"材料成本差异"科目的贷方余额为20万元，"生产成本"科目的余额为100万元，"库存商品"科目的余额为300万元，"存货跌价准备"科目的余额为60万元。

（3）甲企业"应付账款"科目月末贷方余额800万元，其中："应付乙公司账款"明细科目贷方余额700万元，"应付丙公司账款"明细科目贷方余额100万元；"预付账款"科目月末贷方余额600万元，其中："预付长虹工厂账款"明细科目贷方余额1 000万元，"预付宏图工厂账款"明细科目借方余额400万元。

（4）甲企业2013年12月31日"固定资产"科目余额为1 000

万元,"累计折旧"科目余额为 400 万元,"固定资产减值准备"科目余额为 200 万元。

要求:计算甲企业 2013 年 12 月 31 日下列项目在资产负债表中的填列金额(用万元表示):

(1)"应收账款"项目;
(2)"存货"项目;
(3)"应付账款"项目;
(4)"固定资产"项目。

2. 甲企业 2014 年 1 月 1 日支付 2 000 万元,购买乙公司 20%的股权份额,对乙公司能够施加重大影响,购买日乙公司的可辨认净资产公允价值为 11 000 万元,2014 年末按照购买日可辨认净资产公允价值计算的净利润为 1 000 万元,其他综合收益为 200 万元。

要求:不考虑其他因素,计算甲企业长期股权投资的期末报表列示金额(用万元表示)。

3. 甲公司 2014 年营业收入为 600 万元,营业成本为 200 万元,税金及附加为 10 万元,销售费用 24 万元,管理费用为 30 万元,财务费用为 4 万元,资产减值损失为 3 万元,公允价值变动收益为 16 万元,投资损失为 7 万元,营业外收入为 8 万元,营业外支出为 1 万元,其他综合收益为 50 万元。

要求:计算甲公司 2014 年利润表中营业利润的填列金额(用万元表示)。

4. 甲公司 2014 年度共发生管理费用 3 700 万元,其中:以现金支付管理人员薪酬 1 360 万元,存货盘亏损失(管理不善引起)56 万元,计提固定资产折旧 640 万元,无形资产摊销 260 万元,其余均以现金支付。

要求:假定不考虑其他因素,计算甲公司 2014 年度现金流量表中"支付其他与经营活动有关的现金"项目的本期列报金额(用万元表示)。

5. 甲公司为增值税一般纳税企业。2014 年度,甲公司主营业务收入为 2 000 万元,增值税销项税额为 260 万元;应收账款期初余额为 200 万元,期末余额为 300 万元;预收账款期初余额为 100 万元,期末余额为 20 万元。

要求:假定不考虑其他因素,计算甲公司 2014 年度现金流量表中"销售商品、提供劳务收到的现金"项目的金额(用万元表示)。

6. 甲公司 2×19 年度发生的有关业务资料如下:

(1)权益法下可转损益的其他综合收益增加 3 300 万元;

(2) 其他债权投资公允价值变动增加 800 万元;
(3) 金融资产重分类计入其他综合收益减少 600 万元;
(4) 其他债权投资信用减值准备 200 万元。

要求：根据以上资料计算 2×19 年度利润表中"将重分类进损益的其他综合收益"项目金额。

练习题答案

第1章

一、复习思考题
略
二、选择题（含单项选择和多项选择，后同）
1. D 2. C 3. B 4. ABCD 5. AC
三、判断题
1. √ 2. √ 3. √ 4. × 5. ×

第2章

一、选择题
1. AB 2. A 3. A 4. D 5. ABD
二、判断题
1. × 2. √ 3. × 4. √ 5. ×
三、实务题
略

第3章

一、选择题
1. A 2. B 3. B 4. ACD 5. ABC
二、判断题
1. √ 2. × 3. × 4. × 5. ×
三、实务题
略

第4章

一、选择题
1. ABC 2. C 3. D 4. B 5. ABCD
二、判断题
1. × 2. × 3. √ 4. × 5. ×

三、实务题

1．（2）单位成本 =（40 000 − 4 000 + 4 400 + 74 000 + 103 000 + 1 200）/20 000 = 218 600/20 000 = 10.93（元）

（3）当期损益总额 = 10.93 × 2 000 = 21 860（元）

（4）期末结存材料实际成本 =（40 000 − 4 000 + 4 400 + 74 000 + 103 000 + 1 200）− 174 880 = 218 600 − 174 880 = 43 720（元）

2．（1）材料成本差异率 =（− 6 000 + 34 000）/（100 000 + 460 000）× 100% = 28 000/560 000 × 100% = 5%

（2）原材料账户期末余额 =（100 000 + 460 000）− 500 000 = 60 000（元）

（3）材料成本差异账户期末余额 =（− 6 000 + 34 000）− 25 000 = 3 000（元）

结存原材料实际成本 = 60 000 + 3 000 = 63 000（元）

第 5 章

一、选择题

1．C 2．C 3．C 4．ABCD 5．D

二、判断题

1．× 2．√ 3．√ 4．√ 5．×

三、实务题

略

第 6 章

一、选择题

1．ABCD 2．ABCD 3．ABD 4．BD 5．BCD

二、判断题

1．√ 2．× 3．√ 4．× 5．√

三、实务题

3．（1）双倍余额递减法：

折旧率 = 1/5 × 2 × 100% = 40%

第三年折旧额 = 6 +（100 − 40 − 24）× 40% × $\frac{9}{12}$ = 16.8（万元）

第四年折旧额 = 3.6 +（100 − 30 − 28 − 16.8 − 3.6 − 2）÷ 2 × $\frac{9}{12}$ = 10.95（万元）

年数总和法：

第三年折旧额 = 6.53 + 14.7 = 21.23（万元）

第四年折旧额 = 4.9 + 9.8 = 14.7（万元）

(2) 年限平均法：

预计净残值率 = 2 ÷ 100 × 100% = 2%

年折旧率 = 1 - 2% ÷ 5 = 19.6%

年折旧额 = 100 × 19.6% = 19.6（万元）

第7章

一、选择题

1. C 2. A 3. D 4. AD 5. AC

二、判断题

1. √ 2. √ 3. × 4. √ 5. √

三、实务题

略

第8章

一、选择题

1. AC 2. BD 3. ABCD 4. A 5. ABD

二、判断题

1. √ 2. √ 3. √ 4. √ 5. ×

三、实务题

略

第9章

一、选择题

1. AD 2. AC 3. B 4. A 5. ABC

二、判断题

1. √ 2. √ 3. √ 4. √ 5. ×

三、实务题

3. 甲公司 2014 年 12 月 31 日所有者权益总额 = 100 + 20 + 5 + 5 + 20 + 100 - 20 = 230（万元）

第10章

一、选择题

1. D 2. BCD 3. ABCD 4. D 5. A

二、判断题

1. × 2. × 3. √ 4. × 5. ×

三、实务题

2. 期间费用项目的金额 = 50 000 + 600 + 3 000 + 2 000
                    + 3 000 + 3 000 = 61 600（元）

3. 业务（1）11月份甲公司应确认收入；

业务（2）甲公司向乙公司销售商品不应确认收入；因为与商品有关的控制权没有转移，又因回购价格大于售价，所以应按融资交易处理；

业务（3）甲公司向丙公司销售产品，虽然采用分期收款，但该项收款不属于融资性质。甲公司应根据售价扣除商业折扣后的金额为基础确认收入，即：

收入 = 50 × 800 × (1 − 20%) = 32 000（元）

4. 营业收入 = 100 + 110 = 210（万元）

投资收益 = 200 + 300 + 400 = 900（万元）

营业利润 = 210 + 900 − (20 + 30) = 1 060（万元）

第 11 章

一、选择题

1. ABCD 2. AC 3. D 4. ABC 5. D

二、判断题

1. √ 2. √ 3. √ 4. × 5. √

三、实务题

1.（1）(700 + 100) + 400 − 20 = 1 180（万元）

（2） 160 + 200 − 20 + 100 + 300 − 60 = 680（万元）

（3） 700 + 100 + 1 000 = 1 800（万元）

（4） 1 000 − 400 − 200 = 400（万元）

2. 2 200 + (1 000 + 200) × 20% = 2 440（万元）

3. 600 − 200 − 10 − 24 − 30 − 4 − 3 + 16 − 7 = 338（万元）

4. 3 700 − 1 360 − 56 − 640 − 260 = 1 384（万元）

5. 2 000 + 260 − 100 − 80 = 2 080（万元）

6. "将重分类进损益的其他综合收益"项目金额 = 3 300 + 800 − 600 + 200 = 3 700（万元）

参考文献

[1]《企业会计准则——基本准则》，中华人民共和国财政部制定，2014年修订。

[2]《企业会计准则——应用指南》，中华人民共和国财政部制定，含2014～2019年修订。

[3]《企业会计准则》，中华人民共和国财政部制定，含2014～2019年修订。

[4]《中级会计实务》，财政部会计资格评价中心，2019。

[5]《会计》，2019年度注册会计师全国统一考试辅导教材，中国注册会计师协会编写。

[6]《一般企业财务报表格式》，中华人民共和国财政部发布，2019年修订。